新世纪普通高校工商管理类统编教材编委会

新世纪普通高校工商管理类统编教材　　总主编　王性玉
本书受河南工业大学2013年《管理学》优培课程项目资助

管理沟通

Management Communication

主　编　程云喜
副主编　王　伟

河南大学出版社
·郑州·

图书在版编目(CIP)数据

管理沟通/程云喜主编.—郑州:河南大学出版社,2013.9
(新世纪普通高校工商管理类统编教材　总主编　王性玉)
ISBN 978-7-5649-1337-3

Ⅰ.①管…　Ⅱ.①程…　Ⅲ.①管理学—高等学校—教材　Ⅳ.①C93

中国版本图书馆 CIP 数据核字(2013)第 219423 号

责任编辑　陈　巧
责任校对　辛　卡
封面设计　郭　灿

出版发行　河南大学出版社
地址:郑州市郑东新区商务外环中华大厦 2401 号　　邮编:450046
电话:0371-86059712(高等教育出版分社)
0371-86059713(营销部)　　网址:www.hupress.com
排　版　郑州市今日文教印制有限公司
印　刷　郑州市今日文教印制有限公司
版　次　2014 年 2 月第 1 版　　**印　次**　2014 年 2 月第 1 次印刷
开　本　787mm×1092mm　1/16　　**印　张**　16
字　数　379 千字　　**印　数**　1—2000 册
定　价　29.00 元

总　序

始于18世纪英国的工业革命(Industrial Revolution)对管理学产生了极为重要的影响。工业革命带来了生产方式的巨大变革，计划、组织、领导和控制等职能成为管理工厂和企业生产运营的主要手段。以“科学管理”为代表的一系列管理理论，为工商管理(Business Administration)学科的建立奠定了坚实的理论基础。而管理学和商学的标准化教育由美国开始，以1881年宾夕法尼亚大学沃顿商学院(The Wharton School of the University of Pennsylvania)的建立为标志，产生了现代意义上的商学院。第二次世界大战结束后，由于企业对管理人才的需求迅速膨胀，管理教育开始蓬勃发展。工商管理教育至20世纪90年代趋于成熟，并向国际化、综合化和现代化的方向迈进。

中国的工商管理随着洋务运动由西方引入。1839年，洋务运动的倡导者张之洞在武昌创立了湖北自强学堂，其下设的商务门堪称我国最早的商科专业。1912年中华民国成立后，商科被单列为独立学科，保证了它的自由发展。1949年中华人民共和国成立后，院系进行调整，由综合性大学与财经院校共同培养财经类人才。国家教委在1997年颁布了新的《普通高等学校本科专业目录》，把管理学设置为独立的学科门类，工商管理划归为管理学门类下的一级学科。

经初步统计，目前，全国1200多所本科院校中，有85%的学校设置了工商管理或相近的专业，它们已成为我国十大热门招生和就业的专业，培养出了一批经济建设人才。与资本主义市场经济相比，中国社会主义市场经济有其独特的性质，中国的工商管理学科的发展不仅要向西方的同类学科理论学习，更要结合中国国情，形成适合中国社会主义经济建设的理论方法和知识体系。

从我国普通高校工商管理类教材的情况来看，经过改革开放30多年的建设，商科教育知识体系已逐步完善，如国内教材在知识点宽度指标上普遍高于国外教材，但还存在若干需要解决和创新的问题。一是国内教材比较侧重于对理论框架的介绍，即“是什么、为什么”，而对具体方法“怎么做”介绍较少。二是国内教材一般在书后不列或列出为数不多的参考文献，且多以同类教材和相关专著为主，对学术期刊、原版书参考较少；主要理论来源于同类教材，导致内容和结构趋同，难以体现出特色。三是国内教材有的缺乏案例，即使有相应案例，其篇幅很短，基本为文字描述，没有详尽的背景资料和数据，编写案例的目的主要是为了加深对某些知识点的理解，而不是通过案例分析提高操作的实际能力。四是很多国内教材对其适用人群进行说明时定位过于宽泛，不少教材的使用范围不仅涉及相关专业的本科生、研究生、MBA以及管理培训，还可以作为实际工作者的参考资料。这样定位过于宽泛，必然导致失去特色。

鉴于此，我们根据作者多年的教育经验和教学体会，按照教育部《关于积极推进“高等教育面向21世纪教学内容和课程体系改革计划”》的要求，组织编写了这套“新世纪普通高校工商管理类统编教材”。为解决或部分解决上述国内教材存在的若干问题，达到编写目的，我们认真组织编写力量，单本教材的主编和副主编，均具有博士学位或副教授以上职称，并长期坚持在教学第一线，就该门课程课堂讲授过五遍以上。我们还聘请知名专家担任主审，与主编共同定稿。

本套教材在编写过程中力求体现以下五点特色。

一、内容系统全面

根据工商管理类专业人才培养目标及其对知识体系的要求，本套教材内容系统全面，涵盖了工商管理类各主要专业，如工商管理、会计学、财务管理、市场营销、人力资源管理、供应链管理、电子商务等，较大限度地满足了这些专业课程的教学需要。

二、定位明确，编写理念特色化

工商管理各个层次的教学目的和要求不同，必然要求其教材的侧重点不同。本套教材基于这样的编写理念，主要面向大学本科生的专业教学，为学生搭建一个专业学习平台。本套教材的编写者除大学教师外，还邀请了有丰富实践经验的业界管理人员、咨询专家和研究人员等参与教材的编写，他们为教材注入许多新的理念和观点，突破了传统单本教材“大而全”的结构体系。

三、反映前沿，力求创新

工商管理的理论和实践发展十分迅速，一本教材如不能及时地跟上理论与实践的发展，必然会在几年后被其他同类教材所取代，因此，优秀的工商管理教材应该不断地更新内容，体现与时俱进的思想。本套教材在编写过程中，力求既能够反映已经成熟或公认的理论与学术思想，又能够反映具有代表性的工商管理各专业领域最新理论、技术和方法。

四、采用本土化案例，提高案例质量

案例教学是工商管理的学科特色。在国外，尤其是美国的工商管理教材对案例十分重视。本套教材在案例编写过程中，立足于国情，采用了大量的真实案例，包括经典案例和最新案例，以及实际咨询工作中的经验总结，并对背景资料和各种数据作了比较详尽的介绍。通过对这些来自业界的真实案例进行分析讨论，有助于学生识别问题、分析问题和解决问题能力的提高。

五、理论联系实际，做到学以致用

本套教材在编写过程中，不仅对“是什么、为什么”等概念、原理等进行阐述，而且还注重介绍“怎么做”，设计了大量的方法讲解和过程分析，使学生在接触新知识的同时了解相关理论在现实社会中如何运用。

本套教材在编写过程中，得到了河南大学出版社、许多高校和研究机构的专家学者的大力支持，在此一并致谢。由于编者想局部突破并有所创新，各方面对这套教材的期望与要求都很高，这无疑加大了编写的难度，加之水平有限和时间紧促，书中难免存在一些缺点和疏漏，恳请专家和广大读者提出宝贵意见，以期日臻完善。

王性玉

2012年教师节于河南大学

前　言

伴随着人类祖先踏上陆地的第一声足音，沟通便已产生。呼喝应答，临风长啸，指点比划，无不在传递着丰富的信息。正是这原始、古朴的沟通，燃起了人类的文明之火并绵亘至今。

目前，管理沟通已成为一门科学，成为自然科学和社会科学的混合体；也成为一门艺术，成为现代管理的一种有效工具；还成为一种技能，成为衡量一个人情商高低的标准。不论是管理者还是普通员工，情商有时比知识更为重要，用好了使你事事顺利、挥洒自如，用不好或是不会用，则会使你处处受制、窘困不堪。沟通能力在某种程度上决定了一个人的职业生涯甚至一生的命运。美国普林斯顿大学曾以10000份人事档案为样本进行实证分析，发现：智慧、专业技术、经验三者只占成功因素的25%，其余75%取决于良好的人际沟通。哈佛大学对500名被解职员工的调查显示，因人际沟通不良而导致工作不称职者占82%。

未来学家约翰·奈斯比特说，未来竞争将是管理的竞争，竞争的焦点在于每个社会组织内部成员之间及内部成员与外部组织之间的有效沟通。因此，现代企业越来越重视通过加强内部或外部的沟通来解决管理中的各种矛盾和冲突。因为沟通不仅有利于提高工作效率，而且有利于激励员工的工作积极性，在企业中建立良好的人际关系和组织氛围，国内外很多名企无不视沟通为管理的真谛。企业要实现高效率，依赖于下情、上意能迅速准确地传达，部门之间能互通信息、互知甘苦，同时还要打破等级制度，而这都需要高速、有效的沟通。良好的沟通能让员工感受到企业对自己的尊重和信任，因而产生极大的责任感、信任感和归属感，促使员工以强烈的事业心报效企业。沟通渗透于管理的各个方面，无论管理多么复杂，无论在管理的哪个层次，无论是什么类型的管理，都需要通过沟通来完成和实现。

编一本管理沟通教材的构想由来已久，这一想法得到王伟等人的理解和支持，因为我们有着共同或相似的感受。在长期的教学实践中，我们接触的与管理沟通同名或相近的教科书，要么理论感过重而晦涩难懂，要么偏于技能而显得单薄。我们深知，作为一门科学和艺术兼具的学科，适度的理论阐释和有效的技能导向都是非常必要的。有鉴于此，我们编写了这本教材。

在编写过程中，我们力求使本书体现如下几个特点。

1. 内容体系更加务实。本书从内容体系上大致分为沟通导论、管理沟通基础理论、管理沟通实务和管理沟通专题四个部分。在篇幅的安排上，实务部分和专题部分的比重大于导论和基础理论，介绍的知识内容力求是与管理沟通活动紧密相关的实用知识。寓原理概念的阐述于典型案例的介绍分析之中，是本书的特色之一。

2. 知识内容新颖。本书及时反映了近年来管理沟通理论及实践的新变化和出现的新情况、新问题等。如及时增添了现代商务背景下的管理沟通、网络环境下的主客体沟通策略等，同时舍弃或更换了已过时的内容。作为一门应用性很强的学科，管理沟通应该有更为系统的理论和训练体系，根据实践要求和管理沟通的理论脉络和应用技巧，本书除了在内容上迎合学生求新、求变的需求以外，在教学方式方法上融入了自我测试、情景模拟和案例分析等实训教学方式，有助于学生管理沟通技巧的提升。

3. 信息量大，知识含量高，文风活泼生动。书稿以作者长期积累的大量资料为支撑，在有限的篇幅中尽可能为读者奉献更多的“干货”。本书概括了管理沟通的经典理论，也涉及了一些与时俱进的内容，既展示了沟通技巧层面的经典案例，也融入了网络环境下的沟通问题。

本书适合于高等院校经济管理类本科生、研究生、MBA 类课程教学使用。

本书由河南工业大学程云喜总编并审核，王伟协同校正和审查。各章的编写情况如下：河南工业大学程云喜编写第 1 章、第 2 章，河南工业大学孟祥菊编写第 7 章、第 9 章，河南工业大学邢晓柳编写第 5 章、第 6 章、第 8 章，河南工业大学王伟编写第 3 章、第 10 章、第 12 章，河南工业大学刘克非编写第 4 章、第 11 章。

在写作过程中，我们参考了国内外许多有价值的文献，在此向原作者表示衷心感谢。另外还要特别感谢河南大学出版社，它的高度信任和鼎力支持是本书得以出版的重要保障。

程云喜

2013 年 6 月

目　录

第一章 沟通导论

【学习目的与要求】

了解管理沟通的学科发展过程，理解管理沟通的对象，理解并掌握沟通的含义、过程及要素，理解和掌握沟通的障碍和克服策略，把握管理和沟通的关系。

【教学重点与难点】

教学重点是：沟通的含义、过程及要素，管理和沟通的关系。教学难点是：理解和掌握沟通的障碍和克服策略。

引导案例

秀才买柴

从前，有一个秀才去买柴，他对卖柴的人说："荷薪者过来！"卖柴的人听不懂"荷薪者"（担柴的人）三个字，但是听得懂"过来"两个字，于是把柴担到秀才面前。秀才问他："其价几何？"卖柴的人听不太懂这句话，但是听得懂"价"这个字，于是就告诉秀才柴的价钱。秀才接着说："外实而内虚，烟多而焰少，请损之。（你的木柴外表是干的，里头却是湿的，燃烧起来会浓烟多而火焰小，请降些价钱吧。）"卖柴的人因为听不懂秀才的话，于是担着柴走了。

思考与分析

（1）卖柴的人与秀才在沟通时不对称的原因何在？

（2）如果你是这个秀才，你会怎样和卖柴的人进行沟通？

第一节 沟通的定义

世界著名实业家和管理学家卡耐基说："交流沟通是人类行为的基础，并且涉及各式各样的活动。"沟通活动贯穿于人类社会生产活动的整个发展过程。"沟通"这个概念的提出几乎就像沟通本身一样悠久，沟通的定义也众说纷纭。

"沟通"英文为"communication"。据考证,"沟通"一词源于拉丁语"communis",14世纪在英文中为"comynycacion",15世纪以后逐渐演变为现代词形"communication",译为"交流、交际、交通、通信、传播、沟通"。这些词在汉语中的意思不尽相同,但它们本质上都涉及了信息交换和交流,其基本含义是与他人分享共同的信息。

在汉语中,"沟通"本指挖开沟以使两水相通。《左传·哀公九年》曰:"秋,吴城邗,沟通江淮。"后人看到水渠交叉、互相贯通,联想到人与人的交流也如水渠一样交汇往来,达到彼此一致,所以就用这个词泛指使两方相连通,也指把信息、思想和情感在个人或群体间传递,以达成共同协议的过程。

根据美国威斯康星大学教授F.丹斯的统计,人们对于"沟通"的定义达126种之多。下面仅介绍几种具有代表性的沟通定义。

(1) 哈罗德·拉斯韦尔认为,沟通就是"什么人说什么,由什么路线传至什么人,达到什么效果"。

(2) 美国著名学者贝克认为,沟通是一个涉及思想、信息、情感、态度或印象的互动过程,沟通是组织的生命线,传递组织的发展方向、期望、过程、产物和态度。

(3) 斯蒂芬·P.罗宾斯认为,沟通就是"意义的传递和理解"。

(4) 美国学者桑德拉·黑贝尔斯、里查德·威沃尔在最新著作《有效沟通》一书中,将沟通定义为:"沟通是人们分享信息、思想和情感的任何过程。这种过程不仅包含口头语言和书面语言,也包含形体语言、个人的习气和方式、物质环境——即赋予信息含义的任何东西。"

(5) 我国学者苏勇、罗殿军等认为,沟通是信息通过一定的符号载体,在个人和群体间从发送者到接收者进行传递,并获取理解的过程。魏江则认为,沟通者为了某一目的,运用一定的策略和手段,将某一信息(或意见)传递给客体或对象,以期取得客体相应的反应和反馈的整个过程就是沟通。

尽管人们对于沟通的定义不尽相同,但在某些方面是明确且达成共识的,例如,从科学的角度来讲,沟通是在一定情景下,发生在沟通主体(信息发送者)和沟通客体(信息接收者)之间的信息传递与接收的过程。从实用的角度来讲,沟通是一门人与人之间交往的艺术。

基于目前理论界和公众对沟通的认识和理解,本书把沟通定义为:沟通是在一定环境下,为了特定目的,发生在信息发送者和信息接收者之间的信息传递和接收的过程。本定义可以从以下三个方面来理解:(1) 沟通是一种具有明确目标的过程和活动;(2) 沟通的结果应达成共同的协议;(3) 沟通要实现信息、思想和情感的交流。

第二节 沟 通 过 程

一、沟通过程的含义

“沟通过程”的概念是由美国学者哈罗德·拉斯韦尔(Harold Dwight Lasswell)在1948年首次提出的。一般来说,沟通过程是指沟通主体(又称信息发送者)对沟通客体(又称信息接收者)进行有目的、有计划、有组织的思想、观念、信息交流,使沟通成为双向互动的过程。

二、沟通过程模型

在国外,对沟通过程的研究经历了一个逐步完善的过程,形成了许多沟通过程模型,例如沙农(Shannon)的信息理论模型(主动模型)、维纳(Weiner)的反馈控制论模型(双向沟通模型)和沟通过程的新模型(生态模型)等。

随着管理沟通理论的引进和学习,我国学者也形成了一些有代表性的沟通过程模型,如魏江提出了反应—反馈模型和自我沟通模型。一般沟通实践中普遍认可的沟通过程模型是由美国的约翰·V.希尔等提出的(如图1—1)。

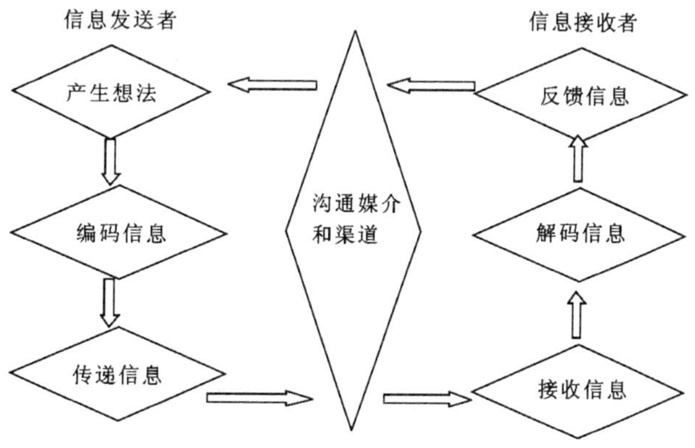

图1—1 沟通过程模型

如图1—1所示,信息被传递、接收和理解,需要经过一个过程:首先信息发送者发布信息,信息经过语言、文字等媒介的编码转换进入书信、文件、电话、电视频道、广播、面谈等信息渠道,由接收者接收,再经过必要的加工处理的解码阶段,最后反馈给信息发送者,从而构成一个思想、意见或信息沟通的全过程。可见,沟通过程一般可分为以下六个阶段。

(1) 产生想法阶段。这一阶段的主要任务是由沟通主体,即信息的发送者或来源,构思创造出信息。

(2) 编码阶段。在这一阶段,沟通主体将信息与意义符号化,编成文字等语言形式或其他形式的符号,以便传递下一步的信息。

(3) 信息传递阶段。沟通主体借助一定的媒介或渠道实现信息向沟通客体的传播。

(4) 信息接收阶段。信息接收阶段即沟通客体机械接收信息的阶段。

(5) 解码阶段。在这一阶段,沟通客体在接收到信息后,将符号化的信息还原为信息与意义,并理解其内容与含义。也就是说,在这一阶段,沟通客体用特定方法对接收到的信息做出解释和理解。

(6) 反馈信息阶段。反馈是指信息接收者把接收到并理解了的信息反馈给信息发送者,以便信息发送者对信息接收者是否正确理解了信息进行核实。完整无缺的沟通过程必定包括信息的反馈过程。为了检验信息沟通的效果,即接收者是否正确、完美、及时地接收并理解了已经传达的信息,反馈是必不可少和至关重要的。如果反馈显示接收者接收并理解了信息的内容,这种反馈为正反馈,反之则为负反馈。

从沟通过程模型可以看出,沟通过程具有一些基本特征:沟通是一个多环节的循环过程,每个环节对沟通过程起承上启下的作用;沟通主体和沟通客体是相对而言的;沟通是有目标导向的,是一个多要素的过程。

第三节　沟通的要素

目前,国内外学者对于沟通的要素并没有一个统一的说法,综合起来,常见的观点有"三要素"说、"四要素"说、"五要素"说、"六要素"说和"七要素"说等。

一、"三要素"说

我国著名的沟通专家余世维指出,沟通包括心态、关注和主动三要素。

1. 沟通的基本问题——心态(Mindset)

很多人都以为沟通是一种讲话的技巧,其实这样理解是不对的。沟通的基础应该是心态,人一旦自利、自我起来,他的嘴就是像弹簧一样也没有用,也很难与他人沟通,这是心态不对的典型症状。

2. 沟通的基本原理——关注(Concern)

在沟通问题上,关注共触及三个方面,即关注情景与难处、关注需求与不便、关注困苦与问题。沟通上说的关注就是关注他人的情景。

3. 沟通的基本要求——主动(Initiative)

主动就是从沟通客体的内在需求出发,设身处地地提供尽可能的援助。问题的重点是洞察、适合和有效。

情景故事

东京台风

几年前，日本东京曾发生过一次台风事故。由于东京很少有台风登陆，所以那一次灾难致使整个东京交通瘫痪，地铁、电车都停运了。地铁站内滞留了两三万人，大家都很焦虑，特别是国外的游客。但没过多久，大家就听到广播："各位乘客请注意，此刻外面有暴风雨，交通完全中断，但请各位少安毋躁，不要远走，我们很快将盒饭送过去……"这件事情是怎样做到的呢？原来东京地铁站向东京市政府紧急呼救，全市所有做盒饭的餐厅一下子就送过去了两三万份盒饭。至于每份盒饭多少钱已经不重要了，重要的是在最快的时间内，为地铁站里出不去的人送来了两三万份盒饭。本案例的重点就是主动反应和主动救济。

对有效沟通而言，一是要主动救济，二是要主动反应。任何公司能同时做到这两点，沟通就会顺畅。

二、"五要素"说

美国学者哈罗德·拉斯韦尔在《传播在社会中的结构和功能》一文中提出了传播过程的五种基本要素，即"5W"：信息发送者（Who）、信息（Say What）、沟通渠道（in Which Channel）、信息接收者（to Whom）、沟通目的（with What Effect）。

1. 信息发送者

信息发送者是沟通的启动者，也是制造信息来源的人。信息发送者在沟通中居于主动地位，他首先要确定沟通的目标，明确要传送的内容，考虑采用什么形式进行传送，然后把所要传送的思想、情报、情感等内容，通过转换变成对方所能理解的信息传送出去，经过一定的渠道让对方接收。

2. 信息

信息作为信息论中的一个术语被提出和使用，可追溯到1928年R. V. Hartley在《信息传输》一文中的描述：信息是指有新内容、新知识的消息。而关于信息，有多种定义。1948年，C. E. Shannon博士在《通信的数学理论》中指出：信息是用来消除随机不定性的东西。1975年，意大利学者G. Longo在《信息论：心得趋势与未决问题》中指出：信息是反映事物构成、关系和差别的东西，它包含在事物的差异之中，而不在事物的本身。可见，至今为止，信息的概念仍然仁者见仁、智者见智。

按照性质，信息可分为语法信息、语义信息和语用信息；按照地位，信息可分为客观信息和主观信息；按照作用，信息可分为有用信息、无用信息和干扰信息；按照应用部门，信息可分为工业信息、农业信息、军事信息、政治信息、科技信息、文化信息、经济信息、市场信息和管理信息等。

可见，信息是指传递过程中有意义的内容。当然，这些有意义的内容能够成为被传递的信息，首先需要转变为信息接收者和信息发送者都能理解的语言、文字等符号。

3. 沟通渠道

信息传递的途径和方式也可称为沟通渠道，是指由信息发送者选择的借以传递信息的媒介，包括直观、口头、书面以及感官等。

渠道的选择直接关系到信息传递或反馈的效果。不同的信息内容要求不同的渠道，不同的沟通渠道具有自身的优势和劣势。信息发送者必须确定何种渠道是正式的，何种渠道是非正式的。一般来说，正式渠道由组织建立，它传递那些与工作相关的活动信息，并遵循组织中的权力网络；另一种信息形式在组织中是通过非正式渠道来传递的。沟通渠道还分为个人沟通渠道和非个人沟通渠道两大类型。通过个人沟通渠道，两个或更多的人直接互相交流，他们可以面对面、通过电话或者通过邮件交流。非个人沟通渠道包括主要媒体、氛围和活动，主要媒体包括报刊媒体、广播媒体和展示媒体；氛围是特别设计的沟通环境；活动是安排好的事件，向目标受众传达信息。

4. 信息接收者

沟通需要把一定的信息传送给特定的对象，即信息接收者。信息接收者是响应的沟通者，其与信息发送者共同构成沟通主体。需要特别注意的是，因为沟通多以双向沟通的形式出现，所以沟通中信息发送者和信息接收者的划分只是相对而言的，当信息接收者将自己的反应或问题反馈到信息发送者时，两者的位置就会互换。

情景故事

IBM 网络会议

2001 年，IBM 召开了一次为期四天的网络会议，参加人员是全球各地的五万多名员工，展示了大批员工虚拟集会的可行性。这次网络会议的召开利用了 IBM 的内部网站，参加会议的员工通过 IBM 的局域网在实时聊天室里交流意见，或在网上布告栏中贴出自己的意见，而且可以投票选出自己认为合理的建议。通过这次会议，IBM 的管理层收集了数千条建议，很多员工表示将在工作中尝试这些建议。

5. 沟通目的

沟通目的是指沟通要达到的效果或者结果。从最终目的角度来看，任何沟通都旨在达成共识，找到解决问题的办法或完成任务。从具体目的角度来看，沟通的目的可分为四类：一是控制成员的行为，二是激励员工改善绩效，三是表达情感，四是流通信息。

三、“六要素”说

“六要素”说即认为沟通包括发送者、接收者、信息、沟通渠道、反馈和环境等六要素。

1. 发送者

发送者即制造信息来源的人，负责传递内容和思想，是沟通的启动者。

2. 接收者

接收者即信息的接收者，通过一定的渠道收到信息并有选择地吸收消化这些信息，转化为自己理解的内容和意念，经过判断采取相应的行为，是沟通的响应者。

3. 信息

信息即发送者向接收者传递的内容，一般需转换为双方都理解的符号即语言、文字等。

4. 沟通渠道

沟通渠道即传递的途径和方式，是传递信息的媒介，包括直观、口头、书面以及感官等。

5. 反馈

反馈即接收者对发送者信息的反应，有认识、说服、证实、决定、实行等多种表现。通过反馈，发送者可以了解接收者对传送信息的要求、愿望、评价和态度等。

6. 环境

环境即沟通发生的情景和场合。沟通的环境可以影响其他要素或者整个沟通过程。

四、“七要素”说

“七要素”说来源于美国项目管理协会提出的“七要素”沟通模型(如图1－2)，该观点认为沟通要素包括信息、信息发送者、信息接收者、媒介、反馈、干扰和个性化滤网。其中反馈指接收者对发送者信息的反应，这种反应有认识、说服、证实、决定、实行等多种表现，通过反馈，发送者可以了解接收者对信息的要求、愿望、评价和态度等。干扰包括影响沟通的各种环境因素。个性化滤网则指编码和译码时对信息的理解不同而产生的信息过滤。我国学者魏江从其他角度提出的沟通“七要素”则包括信息源、信息、媒介和渠道、目的、环境、反馈和信息接收者。

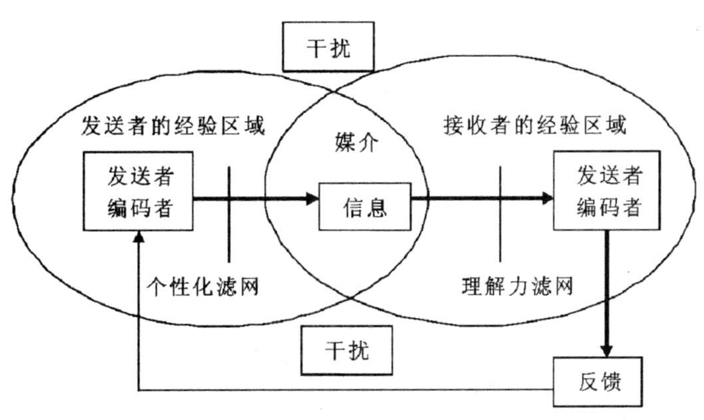

图1－2　“七要素”沟通模型

第四节　沟通的障碍及其克服

一、沟通的障碍

情景故事

今天的我，是我，也可能不是我

赵先生是一家周报的记者，MSN是这家报社最重要的沟通工具，他和同事们利用它传送稿件、交流看法、分派工作任务甚至开会。

赵先生这两天正在家忙着赶稿子，突然接到领导的电话，一向温文尔雅的领导竟然火冒三丈，责怪赵先生为什么不去完成他布置的外出采访。赵先生丈二和尚摸不着头脑，反问领导何时通知他去采访了？领导更加生气了："一天到晚挂着你的MSN，交代你的工作却不做，你是不满意还是不想在这儿干了？去查你的MSN记录，上面一清二楚！"接着就挂了电话。

第二天，赵先生一大早就赶去报社，经过一番深刻的检讨和申辩，领导终于相信了前一天在网上见到的确实不是他。至于为何MSN上一直显示他为在线状态，其实很简单：老板跟他交代工作的时候，可能是别人在使用他的电脑，而他的MSN设置了"开机启动＋自动登录"模式，结果老板当然以为是他在线了。

不仅如此，赵先生在他的MSN里发现，一些朋友把名字改为了"今天的我，是我，也可能不是我"，一聊才知道，原来MSN的受害者大有人在啊。

1. 沟通障碍的含义

沟通障碍是指信息在传递和交换过程中，由于信息意图受到干扰或误解，而导致沟通失真的现象。正如上述案例故事中所发生的沟通障碍问题那样，在现实生活中，沟通过程常常因各种因素的影响和干扰而受到阻碍。

2. 沟通障碍的形成

从来源上看，根据图1－1(见本书第3页)可知，沟通障碍无外乎来源于三个方面，即信息发送者、信息接收者和信息传播渠道。其中，来自信息发送者的沟通障碍主要表现在信息发送者表达能力不佳，信息传送不完备，信息传递不及时或不适时，知识经验的局限，对信息的过滤等；来自信息接收者的沟通障碍有信息译码不准确，对信息的筛选不同，对信息的承受力不同，心理上的障碍，过早评价和情绪等；来自信息传播渠道的沟通障碍主要有沟通媒介选择不当，媒介间相互冲突，沟通渠道过长以及外部干扰(如沟通场所的噪声、空间距离、空气环境质量、温湿度、光线的明亮度和色彩等)。

从形式上看,沟通障碍包括组织方面的沟通障碍、个人方面的沟通障碍和文化方面的沟通障碍。

(1) 组织方面的沟通障碍。在管理中,合理的组织机构有利于信息沟通。但是,如果组织机构过于庞大,信息传递的中间环节太多,不但会造成信息的损耗和失真,而且还会浪费大量时间,影响信息的及时性。据统计,如果一个信息在高层管理者那里的正确性是100%,到了信息的接收者手里可能只剩下20%的正确性(如图1—3)。其次,组织结构不健全,沟通渠道堵塞,也会导致信息无法传递。再次,处于不同层次组织的成员,对沟通的积极性不相同,也会造成沟通的障碍。最后,信息超载和时间压力也是常见的组织沟通障碍。

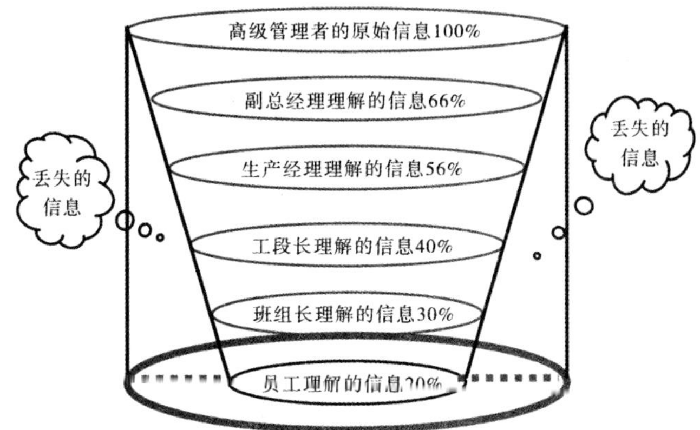

图1—3　组织沟通中信息的损耗和失真

(2) 个人方面的沟通障碍。个人方面的沟通障碍包括五个方面,一方面是由于当事人个性因素所引起的障碍。信息沟通在很大程度上受个人心理因素的制约,例如许多员工害怕和领导交流,甚至见了领导连话都说不清楚;有的上司不喜欢和下属沟通,只习惯于发号施令;还有的人不愿正视自己的内心世界。因此,个体的性格、气质、态度、情绪和见解等的差别,都会影响信息的沟通。

情景故事

谈禅说道

有一个妇人,特别喜欢为一些琐碎的小事生气。她也知道自己这样不好,便去求一位高僧为自己谈禅说道,开阔心胸。

高僧听了她的讲述,一言不发地把她领到一座禅房中,落锁而去。

妇人气得跳脚大骂。骂了许久,高僧也不理会。妇人又开始哀求,高僧仍置若罔闻。妇人终于沉默了。高僧来到门外,问她:"你还生气吗?"

妇人说:"我生我自己的气,怎么自愿到这个地方来受这份罪。"

"连自己都不原谅的人怎么能心如止水?"高僧拂袖而去。

又过了一会儿,高僧问她:"还生气吗?"

“不生气了。”妇人说。

“为什么?”

“气也没有办法呀。”

“你的气并未消逝,还压在心里,爆发后将会更加剧烈。”高僧又离开了。

高僧第三次来到门前,妇人告诉他:“我不生气了,因为不值得气。”

“还知道值不值得,可见心中还有衡量,还是有气根。”高僧笑道。

当高僧的身影迎着夕阳立在门外时,妇人问高僧:“大师,什么是气?”高僧将手中的茶水倾洒于地。妇人视之良久,顿悟,叩谢而去。

另一方面是由于知识、经验水平的差距所导致的障碍。在信息沟通中,如果双方经验水平和知识水平差距过大,就会产生沟通障碍。此外,个体经验差异对信息沟通也有影响,信息沟通的双方往往依据经验上的大体理解去处理信息,这样会拉大彼此理解的差距,形成沟通障碍。在现实生活中,人们往往凭经验办事。一个经验丰富的人会对信息沟通做通盘考虑,谨慎细心;而一个初出茅庐者却会不知所措。

情景故事

借　宿

两个旅行中的天使到一个富有的家庭借宿。这家人对他们并不友好,并且拒绝让他们在舒适的客房过夜,而是在冰冷的地下室给他们找了一个角落。当他们铺床时,较老的天使发现墙上有一个洞,就顺手把它修补好了。年轻的天使问为什么,老天使答道:“有些事并不像它看上去那样。”

第二天晚上,两个天使到了一个非常贫穷的农家借宿。主人夫妇对他们非常热情,把仅有的一点食物拿出来款待客人,又让出自己的床铺给两个天使。第二天一早,两个天使发现农夫和他的妻子在哭泣,他们唯一的生活来源——一头奶牛死了。年轻的天使非常愤怒,他质问老天使为什么会这样:第一个家庭什么都有,老天使还帮助他们修补墙洞;第二个家庭如此贫穷还热情款待客人,老天使却没有阻止奶牛的死亡。

“有些事并不像它看上去那样。”老天使答道,“当我们在地下室过夜时,我从墙洞看到墙里面堆满了金块。因为主人被贪欲所迷惑,不愿意别人来分享这笔财富,所以我把墙洞填上了。昨天晚上,死亡之神来召唤农夫的妻子,我让奶牛代替了她。所以有些事并不像它看上去那样。”

第三个方面是对信息的态度不同所造成的障碍。这可以从不同的层次来考虑。一是认识差异。在管理活动中,员工和管理者忽视信息作用的现象很普遍,这就为正常的信息沟通造成了很大的障碍。二是利益观念。在团体中,不同的成员对信息有不同的看法,选择的侧重点也不相同。很多员工只关心与他们的物质利益有关的信息,而不关心组织目标、管理决策等方面的信息,这也造成信息沟通的障碍。

情景故事

我要去拿燃料,我还要回来

美国知名主持人林克莱特访问一名小朋友,问他:“你长大后想要做什么?”小朋友天真地回答:“我要当飞机的驾驶员!”林克莱特接着问:“如果有一天,你的飞机飞到太平洋上空时,所有引擎都熄火了,你会怎么办?”小朋友想了想说:“我会先告诉坐在飞机上的人系好安全带,然后我挂上我的降落伞跳出去。”当在现场的观众笑得东倒西歪时,林克莱特继续注视着孩子,想看他是不是自作聪明的家伙。没想到,接着孩子两行热泪夺眶而出,这使林克莱特发觉这孩子的悲悯之情远非笔墨所能形容。于是林克莱特问他:“为什么要这么做?”孩子的答案透露出一个小孩真挚的想法:“我要去拿燃料,我还要回来。”

第四个方面是沟通者的畏惧感以及个人心理品质造成的沟通障碍。在管理实践中,信息沟通的成败主要取决于上级与下级、领导与员工之间的全面有效的合作。但在很多情况下,这些合作往往会因下属的恐惧心理以及沟通双方的个人心理品质而形成障碍。一方面,如果主管过分威严,会给人造成难以接近的印象,或者管理人员缺乏必要的同情心,不愿体恤下属,容易造成下级人员的恐惧心理,影响信息沟通的正常进行。另一方面,不良的心理品质也是造成沟通障碍的因素。

第五个方面是当事人的直觉系统造成的沟通障碍。在沟通过程中,特别是在信息传递过程中,许多人总是凭兴趣和直觉去沟通,很容易导致沟通上的偏差。例如有些人喜欢“拍马屁”,有些人喜欢揣摩领导意图,仅仅因为领导说一句话,下属就凭直觉去理解、去办事,结果不能达到领导的要求。这种凭直觉的沟通,很容易造成传达上的误差和工作上的失误。

(3) 文化方面的沟通障碍。文化背景的不同对沟通带来的障碍是不言而喻的。例如沟通是通过语言文字来表达的,而语言文字本身不仅是文化的组成部分,更是文化的载体,所以不注意文化差异的话,商务谈判、经济谈判、军事谈判都会出现问题。比如我们和外国人进行科技交流时总说“自主创新”,若译文不妥,外国人就会不理解,他们会误认为是不合作,闭门造车。除了语言不通带来的沟通困难,由于风俗习惯、社会规范的差异而引起的误解,在我们的社会生活中也屡见不鲜。

情景故事

保罗的困惑

加拿大一家重要的高科技生产商和埃及一个公共部门进行深入合作谈判。公司副主席保罗·怀特了解到埃及方面将派一个代表团到多伦多进行谈判的最后签字工作。

令保罗高兴的是,穆哈默德·阿穆德博士刚到达就明确地暗示,将要进行的谈判会顺利进展并且结果令人欣喜。毕竟,这笔合同是保罗公司目前所进行的规模最大和最赚钱的生意。

意识到建立关系的重要性,保罗邀请埃及代表团在著名的豪华宾馆参加一流的招待会和轻松的宴会,并把阿穆德博士视为尊敬的访问者。

阿穆德博士富有魅力、态度和蔼,他到达宴会时,和保罗亲切地握手。几分钟的寒暄后,保罗带领重要的客人到一个餐桌旁,上面摆放有葡萄酒、白酒、果汁和软饮料。“阿穆德博士,请随便饮用!”保罗微笑着邀请。

“噢,我现在什么都不想喝。”埃及人微笑答道。两个人愉快地讨论着运动、音乐和其他相互感兴趣的话题。过了一会儿,保罗将客人带到另一张摆有各种美味佳肴的桌子旁,他们已了解到阿穆德博士很喜欢吃这些。当阿穆德博士再一次礼貌地拒绝时,保罗非常惊讶。

客人对他们的酒菜不感兴趣,保罗很是困惑,他想知道是哪里出了问题。在阿穆德博士早早离开宴会后,保罗和其他一些客人攀谈起来。

在第二天的谈判会上,阿穆德博士态度冷漠而疏远,协议没有一点儿进展。下午,保罗了解到埃及代表团对他的同事们大声抱怨在宴会上受到了“粗鲁、无礼的接待”,并说“我坚决不和这样无礼的人做生意”。

在代表团离开三天后,保罗才绝望地知道:当你招待埃及人时,要记住三次原则,他们认为前两次拒绝提供的食物是一种礼貌,只有第三次拒绝才是真的拒绝。显然保罗不太清楚埃及人的这一特殊礼仪。

二、沟通障碍的克服

关于如何克服沟通障碍,人们的观点各异。余世维提出克服沟通障碍有三种方法,即利用反馈、简化语言和主动倾听。

1. 利用反馈

利用反馈是有效沟通的检验和保证。反馈是沟通过程中信息接收者对接收到的信息所做出的反应,获取反馈讯息是信息发送者的意图和目的,发出反馈是信息接收者能动性的体现。反馈要求信息接收者客观地描述和分析自己的感受,向信息发送者提供足够的信息以帮助他们分析并调整自己的行为。反馈也有助于设定目标,改进工作。例如员工可以从业绩评价中得到反馈信息——通过下级或上级对自己业绩的评价反馈,员工可以了解到自己与他人的差距,从而确定未来的努力方向。

情景故事

玛丽的过错

迈克在一家食品加工厂的包装车间里当管理人员,玛丽是车间里贴标签的工人。玛丽刚刚犯了一个严重的错误——包装流水线上的产品换了,她却没有换上相应的标签。迈克为此事找玛丽谈话。

迈克：你怎么可能让这种事情发生？我早就对你说了，而且要你特别当心。

玛丽：当时我以为要换流水线上的产品，而且我会从打包工那里得到这个信息，可他什么也没对我说。

迈克：这不是我当时的意见，我说“打包者”，指的是打包机，当产品换线时，它们的红灯就亮了。

玛丽：我想我大概误解了你的意思。不管怎么说，那天你对我说这件事的时候，我母亲正在医院里开刀，我很担心。我真的没想到，贴标签会惹下这么大的麻烦。

2. 简化语言

世界著名文学家托尔斯泰说过：“人的智慧越是深奥，其表达想法的语言就越简单。”其实真正打动人心的语言往往不是长篇大论，而是那些简洁有力的话语。简洁的语言是打动和吸引听众的重要条件，也是有效沟通的主要手段。

简化语言就是用尽可能少的语言来沟通，既节约自己的时间，又节约受众的时间，使其易于接受，提高沟通的效率和效果。如美国宝洁公司(P&G)有一个规定——提供给高层管理者的报告或备忘录不得超过两页纸，这就对沟通者如何以尽可能少的语言完成信息的完全传递提出了挑战。在沟通中简化语言，要求做到讲话有重点，善用比喻、类比等修辞方法，从而使信息更清晰、生动，便于信息接收者正确有效地理解信息。在重要场合下，或面对重大事件时，往往更需要简洁有力的语言，即用最精练的语言讲述丰富的内容，表达准确的意思，并且使语言充满新意。下面的例子是丘吉尔最著名的演讲，这是世界上最短的演讲，同时也是世界上最震撼的演讲。

情景故事

永不放弃

第二次世界大战期间，面对希特勒的进攻，英国节节败退，人心惶惶，士气低沉。当时的英国首相丘吉尔觉得有必要作一场演讲，来激励士兵的士气，挽救国家的命运。

丘吉尔拄着拐杖，戴着草帽，缓步走向讲台。他先把草帽放在讲台上，然后用目光从左到右横扫了整个军营，说：“永不放弃！”然后又从右到左横扫了整个军营，说：“永不放弃！”当时整个军营鸦雀无声，连一根针掉在地上的声音都可以听到。然后他又从左到右横扫了一次整个军营，加大音量说：“永不放弃，永不放弃，永不放弃，永不放弃！”整个军营都振奋了起来，高呼声淹没了整个军营。此后英国接连打败了希特勒的数次进攻。

3. 主动倾听

主动倾听不仅是有效沟通的基础和前提，也是成功沟通的关键。倾听的功能不仅仅在于你听到了别人所说的话，真正的倾听意味着全神贯注地听别人说话，并尽量理解它。借助于倾听，你可以深入理解他人所做事情的原因和感受，也可以更好地理解他人的期望和需要。

情景故事

保险业务员

在一部电影中，香港演员张曼玉扮演一位保险业务员。在她好不容易见到目标客户后，对方却给了她一枚硬币，说是给她回家的路费。当时她很生气，在扭头要走的一瞬间，她看到客户的办公室里挂了一张小孩的头像，于是她对着头像深鞠一躬说："对不起，我帮不了你了。"客户大为惊讶，忙问究竟，于是头一单生意就这样谈成了。原来这个客户最爱护他的儿子，所以把儿子的画像挂在办公室里天天看。

美国著名的公共关系专家特立普、森特在他们合著的被誉为"公关圣经"的著作《有效的公共关系》中提出了有效沟通的"7C 原则"。

Credibility：可信赖性，即建立对传播者的信赖。

Context：一致性（又译为情境架构），指传播须与环境（物质的、社会的、心理的、时间的环境等）相协调。

Content：内容的可接受性，指传播内容须与受众有关，必须能引起他们的兴趣，满足他们的需要。

Clarity：表达的明确性，指信息的组织形式应该简洁明了，易于公众接受。

Channels：渠道的多样性，指应该有针对性地运用传播媒介，以达到向目标公众传播信息的作用。

Continuity and consistency：持续性与连贯性，沟通是一个没有终点的过程，要达到渗透的目的，必须对信息进行重复，但又须在重复中不断补充新的内容，这一过程应该持续地坚持下去。

Capability of audience：受众能力的差异性，沟通必须考虑沟通对象能力的差异（包括注意能力、理解能力、接受能力和行为能力），采取不同方法实施传播，这样才能使传播易为受众理解和接受。

小　结

1. 沟通是信息传递和接收的过程。

2. 沟通过程是指沟通主体（又称信息发送者）对沟通客体（又称信息接收者）进行有目的、有计划、有组织的思想、观念、信息交流，使沟通成为双向互动的过程。

3. 从来源上看，沟通障碍来源于三个方面，即信息发送者、信息接收者和信息传播渠道。从形式上看，沟通障碍包括组织方面的沟通障碍、个人方面的沟通障碍和文化方面的沟通障碍。

4. 克服沟通障碍的方法有三种，即利用反馈、简化语言和主动倾听。

思考题

(1) 什么是沟通？它与管理有何联系？

(2) 简要阐述沟通的基本过程。

(3) 沟通的障碍有哪些？如何克服？

(4) 解释组织沟通对组织效率的重要性。

案例分析一

群众面粉厂的危机

2000年3月15日，春光明媚，西安市钟楼广场彩旗飘飘，横幅高悬。陕西省技术监督局为了维护消费者的合法权益，向广大市民推荐一批名优食品，为此举行的大型粮油产品展销会正在热烈的气氛中进行着。西安市群众面粉厂的展台被人群围了个水泄不通，取货、解释、收款、包装、散发传单……20多名身穿醒目标志服的职工忙得不亦乐乎。

看着一个个消费者满意而去，厂长贾合义的心里油然生发出一阵阵自豪和快意。

“叮铃铃……”中午12时40分，一阵急促的手机铃声打断了正沉浸在遐想中的贾厂长。

电话是市粮食局的一位朋友打来的，他说西安群众面粉厂生产的“爱菊”牌特一粉添加剂超标，上了“黑榜”，正被中央电视台《新闻30分》作为“榜首”报道。

贾厂长难以相信自己的耳朵。一会儿，有几名消费者走过来说：“你们还在这里展销呢，中央电视台把你们曝光了，说你们生产的面粉不合格……”

一下子，全场大乱，人群离开了展台，买了产品的顾客要求退货。在一片谴责声中，贾厂长和职工都好难堪。

此时，厂里也乱成一片。各科室的质问电话一个接一个地响。

“你们太没有人性了，为什么要欺骗消费者？我要投诉你们！”

“我是你们厂的长期用户，没想到你们生产的面粉里添加剂超标，如果我的身体有个三长两短，我找你们算账……”

群众面粉厂处在恶言、秽语、辱骂、质问的海洋里。这些话，像一支支利箭，刺痛了职工们的心。

接着，销售科告急：批发商、零售商要求退货。厂门卫告急：有些消费者已来到厂门口，要讨个说法。厂里的生产被逼停止，销量也由过去的每天5000袋跌到300多袋。

“3·15”本是群众面粉厂提高知名度、树立企业形象的大好时机，如今却成了败坏声誉的节日，这是面粉厂的职工们做梦也想不到的。

西安群众面粉厂始建于1936年，是西北地区最早的粮食加工企业，生产规模居陕西省同行业之首，已形成食品公司、挂面厂、编织袋厂、华峰储运中心、大米车间等十多个下属企业，生产经销的“爱菊”牌多规格多品种专用面粉、优质大米、橡头馍、酱菜、熟食等系列产品深受用户的欢迎。特别是主打产品“爱菊”牌特一粉，连续7年被评为西安市质量第1名，荣获西安市、陕西省、全国食品行业名牌产品、全国用户满意产品称号，目前市场销量已占西安市的1/4强。况且，在参加“3·15”展销会前，厂里刚接到省技术监督局的合格证书和陕西省名牌产品3年审验合格的文件。

然而，怎么会突然冒出个不合格呢？此时，厂长贾合义的思想压力特别大，心情也非常沉重。他知道，如果不迅速地处理好这件事，很可能给企业造成致命的打击，这样的话，如何对厂里的一千多名职工交代？处于四面楚歌中的群众面粉厂面对突如其来的打击，厂领导并没有一蹶不振，而是马上组织应对策略，因为他们对自己产品的质量是有信心的。

厂里在事发当天下午14点召开科级以上干部紧急会议，先从厂内查起。同时，一面派人分头到省市技术监督局、卫生防疫站查询情况，一面让厂部办公室立即和中央电视台联系。另外，让厂里的职工对消费者的投诉电话一一耐心解释：“请您放心，我们和您的心情一样，现在事故正在调查中，我们一定会给您一个满意的答复。”

下午17点，办公室终于从中央电视台得到确切事实，消息来源于卫生部卫生法制与监督司，监督司的数据来自于陕西省卫生防疫站。接着，去防疫站的人也带回结论：原来，省卫生防疫站向国家卫生部上报面粉抽检结果时，将群众面粉厂生产的“爱菊”牌特一粉检验结果中的添加剂过氧化苯甲酰的含量0.0066克/千克，误打为0.066克/千克，超出了国家规定的标准0.06克/千克的含量。

查清事实后，贾厂长松了一口气，而厂里的职工们愤愤不平，要厂里和省卫生防疫站打官司，以洗刷蒙受的不白之冤。

思考与分析

(1) 如果你是贾厂长，你会选择打官司吗？为什么？

(2) 请为群众面粉厂策划一个沟通方案，并对方案实施中应注意的问题进行分析。

案例分析二

高科公司人才流失之反思

2006年年底，高科公司技术中心陷入了严重的困境。高科公司是一家大型综合性食品公司，其资产规模、年营业额均居同行业前列。但是销量增加、利润下滑的局面已持续多年，以前公司一直将此归咎于人员过多、负债过重，但这两年已陆续裁员近三成。各职能部门经过反复研究，得出了令人震惊的结论：公司产品竞争力的持续下滑是问题的根本所在，这必然导致利润的下滑。

要扭转局面，就必须提升产品的竞争力，而提升产品竞争力的重要途径就是提高科研投入，于是公司开始酝酿成立高水准的技术开发中心。

高科公司希望技术中心不断涌现出有市场价值的科研成果；研究所的科技人员则认为从此可以安心搞科研，不必再为经费不足而担忧，因此并不完全按照市场需要，而是根据学术水平和研究兴趣自由选择科研项目。

随着高科公司对技术中心投入的加大,领导层计划分三步对技术中心实施“手术”:第一步,将无效率的后勤、实验室的大部分人员分流;第二步,按年龄画线,让一部分年龄偏大、工作技能差的老员工提前退休;第三步,将学历低、技能差的员工分流出去,同时大幅度从境内外引进博士、硕士和本科生充实科研队伍。

技术中心来了位新主任——王主任,新产品开发研究所原来的领导、骨干被逐步撤换。王主任是高科公司有名的分流“专家”,他按照国家减员增效的政策在高科公司频频出手并大获全胜。在王主任看来,在不违背《劳动法》的前提下,要解雇员工是相当容易的:先安排其临时下岗,随后安排两次路途遥远、工作很差的岗位;不愿意去的人就解雇,还可以不作任何赔偿。王主任在每次分流过程中都使出这一法宝,屡试不爽,即使遇到一些难以处理的个案,他再多附加一些条件,也能让你不得不走人。

技术中心的分流工作自然落到了王主任的身上,王主任准备循老套路走:先放风要分流多少人,小道消息传播一段时间后就开始实施。经过一阵吵闹、讨价还价后,就会恢复平静,分流的任务也就大体上完成了。

有了前几次成功的经验,王主任自然不把这一次分流工作看得有多难。他认为,在知识分子较多的地方进行分流是再简单不过的事了,一切都会在平静有序的氛围中进行。在方案实施初期,分流工作的确进展很顺利。但是随着分流工作的推进,问题开始出现。来中心不久的硕士王钢也提交了辞职报告,他声称不愿与老员工争饭碗。更令王主任感到棘手的是,原研究所骨干、曾为公司解决了技术难题的张某和侯某也提出辞职,理由竟然是要为低学历的同事腾位,保护弱势人群。一批科研骨干的流失特别是张某和侯某的离去,让王主任再也神气不起来了。那个屡试不爽的法宝失灵了。

怎样才能挽留住这些骨干人才呢?是自己的工作方法出了问题,还是工作没有做到位?王主任陷入迷茫之中……

思考与分析

(1) 在新一轮员工分流工作中,王主任遇到了怎样的困境?

(2) 王主任在员工分流中的沟通工作做得怎么样?哪些地方需要改进?

(3) 企业在作出一些涉及员工切身利益的重大决策和措施时,应该在沟通方面做哪些努力?

第二章　管理沟通基础

【学习目的与要求】

了解管理沟通的含义，识别管理沟通的类型，理解管理沟通的影响因素，掌握管理沟通的实施途径。

【教学重点与难点】

教学重点是：管理沟通的影响因素，管理沟通对领导力的影响。教学难点是：管理沟通的实施途径。

引导案例

初入职场

杨瑞是一个典型的北方姑娘，在她身上可以明显地感受到北方人的热情和直率，她非常坦诚，有什么说什么，因此，她在上学期间很受老师和同学的欢迎。今年，杨瑞从西安某大学的人力资源管理专业毕业了。她认为，经过四年的学习，自己不但掌握了扎实的人力资源管理专业知识，而且具备了较强的人际沟通技能，因此对自己的未来期望很高。为了实现梦想，她毅然只身去广州求职。

经过将近一个月的简历投递和面试，在权衡了多种因素的情况下，杨瑞最终选定了东莞市的一家研究生产食品添加剂的公司。她之所以选择这家公司，是因为该公司规模适中、发展速度很快，最重要的是该公司的人力资源管理工作尚处于尝试阶段，如果杨瑞加入，她将是人力资源部的第一人，因此她认为自己施展能力的空间很大。

但是到公司实习一个星期后，杨瑞就陷入了困境。原来该公司是一个典型的小型家族企业，企业中的关键职位基本上都由老板的亲属担任，其中充满了各种裙带关系。尤其是老板安排了他的大儿子做杨瑞的临时上级，而这个人主要负责公司的研发工作，根本没有管理理念，更不要说人力资源管理理念。在他的眼里，只有技术最重要，公司只要能赚钱，其他的一切都无所谓。但是杨瑞认为，越是这样就越有自己发挥的空间，因此在到公司的第五天，杨瑞拿着建议书走进了直接上级的办公室。“王经理，我到公司已经快一个星期了，有一些想法想和您谈谈，您有时间吗？”“来来来，小杨，本来早就应该和你谈谈了，只是最近一直扎在实验室里，就把这件事忘了。”“王经理，对于一个企业尤其是处于上升阶段的企业来说，要持续企业的发展必须在管理上狠下工夫。我来公司已经快一个星期了，据我目前对公司的了解，我认为公司主要的问题在于职责界定不清，雇员的自主权力太小致使员工觉得公司对他们缺乏信任，员工薪酬结构和水平的制定随意性较强，缺乏科学合理的基础，因此薪酬的公平性和激励性都较低。"杨瑞按照自己事先所列的提纲开始逐条向王经理叙述。

王经理微微皱了一下眉头说："你说的这些问题在我们公司确实存在，但是你必须承认一个事实——我们公司在盈利，这就说明我们公司目前实行的体制有它的合理性。""可是，眼前发展并不等于将来也可以发展，许多家族企业都是败在管理上。""好了，那你可有具体方案？""目前还没有，这些只是我的一点想法而已，但是如果能得到您的支持，我想方案只是时间问题。""那你先回去做方案，把你的材料放这儿，我先看看然后给你答复。"说完王经理的注意力又回到了研究报告上。

杨瑞此时真切地感受到了不被认可的失落，她似乎已经预测到了自己第一次提建议的结局。果然，杨瑞的建议书石沉大海，王经理好像完全忘记了这件事。杨瑞陷入了困惑之中，她不知道自己是应该继续和上级沟通，还是干脆放弃，另找一份有发展空间的工作。

思考与分析

(1) 双方沟通失败的主要原因是什么？

(2) 双方沟通的目标是什么？沟通的期望达到没有？为什么？

第一节　管理沟通的含义及特征

一、管理沟通的含义

管理沟通是指为了达到管理目的而进行的沟通，即管理者通过某种沟通方式将信息传递给组织内部成员、外部公众或社会组织，并根据信息接收者的反馈调整或者修正管理者行为的过程。管理沟通作为组织或企业的信息交流行为，是管理的实质和核心内容，它广泛存在于企业或组织的所有成员当中。

简而言之，管理沟通主要是借鉴传播学的意义，即管理过程中意义的传递与理解。这里的意义包括知识、经验、技能与技巧、态度与情感等。

二、管理沟通的特征

(1) 过程与范围的一致性。沟通的行为和过程发生在管理的过程和职能范围内，与管理的过程与范围基本相同或相似。

(2) 目的与目标的一致性。管理沟通是特殊的沟通形式，其沟通的目的或目标是为了达到管理的目的或目标。

(3) 职能与任务的一致性。管理职能的实施,管理功能的实现,都有赖于沟通的有效进行。管理中的沟通是为了执行管理功能、职能而进行的,其职能与具体任务与管理的职能与具体任务相同或相似。

(4) 内容与层次的相对一致性。管理中需要的内容均为管理沟通所要传达的内容。根据内容的重要性可划分为基本日常管理沟通、团队沟通、部门决策沟通、企业决策沟通、企业战略管理沟通及企业文化管理沟通等。这些沟通基本发生在个人之间、团队之间、部门之中、部门之间、组织内部以及组织外部,这与按照沟通范围大小、参与人数多少来划分的个体间沟通、团队沟通、部门内沟通、跨部门沟通、组织沟通以及组织与外部沟通相对一致。

三、提升管理沟通的有效性要素

除了具备沟通的基础要素之外,管理沟通还须具备以下三个要素,才能保证管理沟通的有效。

(1) 价值,即管理中的沟通能为沟通双方及组织带来增值,包括经济利益上的,也包括情感方面的。

(2) 真诚,即沟通者在沟通时的态度,不涉及价值判断。

(3) 技巧,即对沟通时机、沟通渠道的选择。

有效的管理沟通应以共同的价值为基础,真诚为催化剂,选择适合的技巧,最终实现组织的管理目标。

四、管理沟通的学科性质

一直以来,在理论和学术界存在两个流派:一是基于行为科学理论的管理沟通,如基于受众分析的沟通战略——理论与思想;二是基于技能与技巧的管理沟通,如写作、语言、信息或说服技能、演讲等。本书的教学视角是基于整合的管理沟通,即"沟通理念+沟通技能"。管理沟通课程在融合了管理学、心理学、组织行为学等课程理论和实务的基础上,形成了独立的理论体系。本课程的主要特点是:强化理论传授,注重实践教学,培养学生的权变能力。

第二节 管理沟通理论的发展

伴随着经济学、行为科学和管理学等相关学科的发展,管理沟通理论也处在不断演变的过程中。根据不同时期的特点,可以把管理沟通理论的发展历程划分为三个阶段,即管理沟通理论的萌芽阶段、管理沟通理论在行为科学理论中的发展、以信息革命和网络技术为背景的现代沟通理论。各个阶段的研究内容、特征及代表理论如表 2—1 所示。

表 2—1 管理沟通理论的发展阶段

发展阶段	研究的特征与内容	发展年代、代表人物及理论
萌芽阶段	① 伴随“科学管理”的出现而初显 ② 沟通实践和研究集中在非个人沟通——组织沟通上，并以上下沟通和行政沟通为基本特征	① 1895—1912 年：泰勒职能工长制的下行沟通 ② 1905 年：韦伯的行政组织沟通 ③ 1916 年：法约尔的等级链沟通 ④ 1910—1915 年：埃莫森直线组织的下行沟通和跳板沟通（“跳板”指同级之间的沟通）
发展阶段	① 伴随“行为科学”的盛行而发展 ② 研究以横向沟通和人际沟通为特征	① 1924—1932 年：梅奥的人际关系沟通（提出了非正式组织的概念） ② 1938 年：巴纳德的社会系统沟通 ③ 1957 年：需要层次理论中的沟通 ④ 1973 年：明茨伯格的领导行为沟通 ⑤ 1980 年：企业文化理论的沟通
飞跃阶段	凭借现代信息和网络技术的突破而飞跃	① 1945—1963 年：西蒙决策理论的沟通 ② 1966 年：卡茨与卡恩的系统组织沟通

一、组织沟通理论的雏形：法约尔的等级链沟通和跳板沟通

1916 年，法国的亨利·法约尔（Henry Fayrol）在《工业管理与一般管理》一书中阐述了一般管理的 14 条原则，并提出了著名的“等级链和跳板”原则，这一原则从整个组织结构的角度分析了信息的传递与沟通。法约尔认为，组织内部信息传递和沟通的方法首先要遵循“等级链”的原则，即从最上级到最下级各层权力联成的等级结构，沟通以等级链的方式进行，有时为了提高沟通效率，同级之间可以采用“跳板”进行横向沟通。法约尔对于促进管理沟通特别是组织沟通的研究起了重要的作用，其思想可以认为是组织沟通理论的雏形。

二、管理沟通理论研究的基础：梅奥的人际关系学说

1924—1932 年，梅奥（George E. Mayo）在芝加哥西方电气公司霍桑工厂进行了著名的霍桑试验。这一项由国家研究委员会赞助的研究计划，最初是要研究企业中工作环境与工人劳动生产率之间的关系，但试验的结果却出人意料地促成了人际关系学说的诞生。梅奥认为组织中的人不是孤立存在的，而是属于某一团体并受其影响。他由此还提出了非正式组织的概念，并指出人所追求的不单纯是金钱收入，还有实现自我价值的社会需求。人际关系的这一系列观点其实正是体现了管理沟通的思想，强调人与人之间的相互沟通，包括上下沟通和人与人之间的沟通，其中非正式组织理念的提出拓宽了后人对于组织沟通领域的研究范围。可以说人际关系论的创立是管理沟通领域具有重要意义的事件，为管理沟通的理论研究奠定了基础；也有学者认为是梅奥首次正式确立了沟通在管理中的作用。

三、经理角色理论的创立:明茨伯格的领导行为沟通

国际著名管理学者明茨伯格首先创立了经理角色理论,指出管理工作有 10 种作用,其中,沟通和人际关系占三成。“喜欢用口头交谈方式”和“重视同外界和下属的信息联系”为经理角色六个特点中非常重要的两个特点。经理们的口头交谈除了传递的字句里所包含的信息以外,还能通过音调的变化和反应的快慢来传递信息。经理处于下属和其他人之间,用各种方式把他们联系起来,同外界有一个信息联系网络,以便从外界获得信息。

四、强调信息联系的双向双渠道过程:西蒙决策理论的沟通

西蒙特别强调信息联系的作用,提出:“没有沟通,管理过程就不会影响个人的决定。”他认为信息联系是双向双渠道过程:既包括从组织的各个部分向决策中心的传递,也包括从决策中心向各个部分的传递;既可以通过正式渠道,包括等级路线(直线信息联系)和职能线路(水平或参谋信息联系),如通知、指示、会议传达和各种交流以及情报组织搜集,也包括非正式渠道,决策时利用的情报大部分是由非正式渠道信息联系传递的。西蒙还特别重视利用会议作为信息沟通的手段。

五、服从权威,行使权力的感情模式:彼得斯的感情沟通

与科学管理思想中纯理性的管理模式不同,管理学家彼得斯认为,管理思想的深刻改变,在于指出管理界到处充满着感情用事的人,他们通过直觉来进行管理和决策,用直觉和简单的决策规则进行思维。人们以自我为中心,需要用赞美来沟通,乐于服从权威,行使权力。该理论观点形成于 20 世纪 80 年代,在当时的世界管理学界产生了很大的影响。

六、横向沟通的管理系统:德鲁克的知识型沟通

1988 年,国际著名管理学家德鲁克提出,在知识管理下,沟通方式由纵向沟通为主转向以横向沟通为主。知识型沟通的主要方法是人与人之间的相互交流,企业的注意力应该主要集中在对知识沟通进行鼓励并为它创造条件上。

七、学习型组织:彼得·圣吉的研究视点

20 世纪 90 年代以来,国际著名学者彼得·圣吉认为,企业通过学习,建立一种符合人性的、有机的、扁平化的组织,即学习型组织。这要求员工进行自我超越(Personal Mastery)、改善心智模式(Improving Mental Models)、建立共同愿景(Building Shared Vision)、团队学习(Team Learning)和系统思考(Systems Thinking)。

上述五项修炼中，“系统思考”的修炼是非常重要的，它是整合其他各项修炼成一体的理论与实务，而全方位沟通是实现整合的必备手段。

第三节　管理沟通的过程及类型

一、管理沟通的过程

与一般意义上的沟通一样，管理沟通的过程同样由七个要素组成，即信息源、信息、编码、通道(渠道)、解码、接收者及反馈。沟通始于某一个意图，即要被传递的信息。信息被转化为信号形式(编码)，并通过媒介(渠道)传送给接收者，由接收者将接收到的信号转译过来(解码)，如图2—1所示。

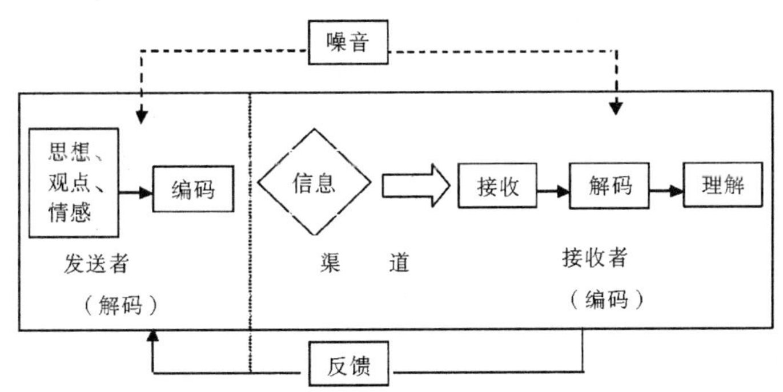

图2—1　管理沟通过程图

1. 发送者与接收者

发送者把头脑中的想法进行编码生成信息，被编码的信息的质量高低受到四个因素的影响，即发送者的技能、态度、知识以及社会—文化系统。与发送者一样，接收者同样受到技能、态度、知识以及社会—文化系统四个因素的影响。

2. 信息

信息就是要沟通的内容，至少包括四个要素，即事实、情感、价值取向和意见观点。一次沟通可能传递一个方面，也可能同时涉及几个方面。所有的沟通信息都由两种符号构成:语言符号和非语言符号。

3. 通道

通道是信息经过的路线，是信息到达发送者、接收者的手段。沟通渠道包括个人谈话、电子沟通、小组会议、实况广播、录像带、信函、街头传闻或小道消息。

4. 反馈

反馈是发送者和接收者相互间的反应。是否存在反馈，是沟通与传播的主要区别。大众传播往往是单向的，不存在反馈;政府发布的公告、通告等，也往往没有反馈。

5. 噪音

噪音是指妨碍信息沟通的任何因素。

二、管理沟通的类型

依据不同的标准，沟通可以分为不同的类别。

1. 按照功能，沟通可分为工具式沟通和感情式沟通

工具式沟通（浅层沟通）指发送者将信息、知识、想法和要求等传递给接收者，目的是影响和改变接收者的行为。

感情式沟通（深层沟通）指沟通双方在个人情感、态度、价值观等方面进行较为深入的交流，以获得对方精神上的同情和谅解，最终改善相互之间的人际关系。

2. 按照方法，沟通可分为口头沟通、书面沟通、非语言沟通和电子媒介沟通等

各种沟通方式的优缺点如表 2—2 所示。

表 2—2 各种沟通方式比较

沟通方式	举例	优点	缺点
口头沟通	交谈、讲座、电话、讨论会	快速传递、快速反馈、信息量很大	传递中经过层次越多信息失真越严重、核实越困难
书面沟通	报告、备忘录、文件、信件、布告、内部期刊	持久、有形、可以核实	效率低、缺乏反馈
非语言沟通	声、光信号，体态、语调	信息意义十分明确、内涵丰富、含义灵活	传递距离有限，界限模糊，只能意会、不能言传
电子媒介沟通	传真、闭路电视、计算机网络、电子邮件（E-mail）	快速传递、信息容量大、一份信息可同时传递给多人、廉价	单向传递、电子邮件可以交流但看不见表情

3. 按照是否进行反馈，沟通可分为单向沟通和双向沟通

一般来说，单向沟通指没有反馈的信息传递；双向沟通指有反馈的信息传递，是发送者和接收者之间进行信息交流的沟通。两者之间的比较如表 2—3 所示。

表 2—3 单向沟通和双向沟通的比较

花费时间	双向沟通比单向沟通需要更多的时间
信息和理解的准确程度	在双向沟通中，接收者理解发送者意图的准确程度大大提高
满意度	接收者比较满意双向沟通，发送者比较满意单向沟通
噪音	由于与问题无关的信息较易进入沟通过程，双向沟通的噪音比单向沟通要大得多

4. 按照组织系统，沟通可分为正式沟通和非正式沟通

一般来说，正式沟通指以企业正式组织系统为渠道的信息传递，非正式沟通指以企业内的非正式组织系统或个人为渠道的信息传递。

正式沟通指由组织内部明确的规章制度（正规的组织程序）所规定的沟通方式，如按

组织系统正式颁布的命令、指示、规章、手册、通知、公告和简报等，以及组织召开的正式会议等。按照信息的流向可分为上行、下行、平行和斜向沟通四种形式。为克服横向沟通和斜向沟通对等级链的冲击，可运用法约尔的“等级链和跳板”原则予以解决。

正式沟通渠道是组织中的沟通主渠道，其优点是强制性，比较规范，井然有序，约束力强，沟通效果好。缺点是传递线路固定、呆板，沟通速度较慢；中间环节多，信息易耗损；对人的素质要求较高；信息易失真。

正式沟通渠道有四种典型信息沟通网络，即链型、轮型、环型和全通道型。为了说明各种信息沟通网络，假定这一组织由五个成员组成，如图 2—2 所示，几种典型沟通网络的特点如表 2—4 所示。

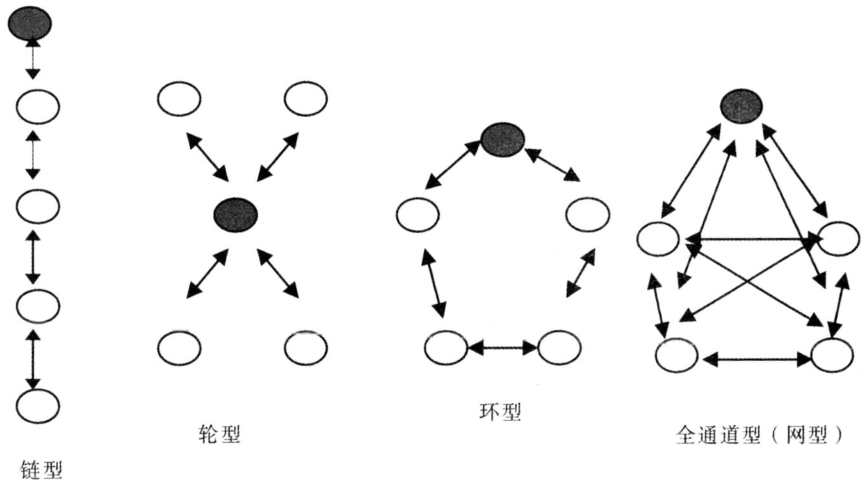

图 2—2　正式沟通模式图

表 2—4　正式沟通网络类型的比较

网络模式	解决问题速度	信息精确度	组织化	领导人	士气	工作变化弹性
链型	较快	较高	慢、稳	较显著	低	慢
轮型	快	高	快、稳	较显著	低	慢
环型	慢	低	不易	不发生	高	快
全通道型	最慢	最高	最慢、稳	不发生	最高	最快

非正式沟通是指以社会关系为基础，以企业内的非正式组织系统或个人为渠道的信息传递。

非正式沟通的形式不拘一格，直接明了，传递信息速度快，容易及时了解一些正式沟通难以提供的内幕消息；但其传递的信息容易失真、不确切，难于控制，易在组织内引起内部矛盾，影响组织的凝聚力。

非正式沟通作为一种自然状况下出现的沟通方式，一般来说，可归纳为四种模式，如图 2—3 所示。

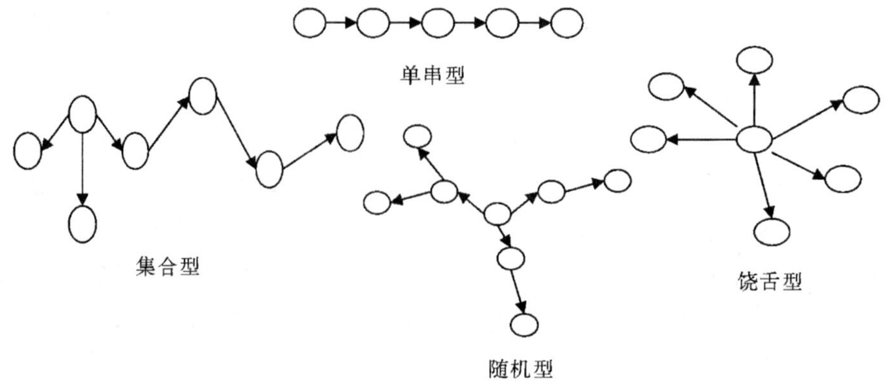

图 2—3　非正式沟通模式图

(1) 单串型。信息在非正式通道中依次传递，这一串的人之间并不一定存在正规的组织关系。

(2) 饶舌型。信息由一个人通过闲聊等方式向其他人散布。

(3) 集合型。信息发送者有选择地寻找一批对象传播信息，而这些对象在获得信息后又传递给自己的亲近者。这种传播效率最高。

(4) 随机型。信息通过一种随机的方式传播，即每一个人都是随机地将信息传递给其他人，并无一定的中心人物或选择性。

5. 按照沟通主体的不同，沟通可分为人际沟通、组织外部沟通和跨文化沟通

人际沟通指人和人之间的信息和情感相互传递的过程，组织外部沟通指涉及不同特质组织之间的沟通，跨文化沟通指发生在不同文化背景下的人们之间的信息和情感的相互传递过程。

人际沟通是一种特殊的信息沟通，是人与人之间的情感、态度、兴趣、思想、人格特点的相互交流、相互感应的过程。人际沟通本质上是人与人的心理沟通，是一种受多种心理的作用和影响的复杂的心理活动。

沟通双方要有相通的沟通能力。只有具备共同的或相通的沟通能力，沟通双方才会有"共同的语言"，才能成为沟通主体。所以，人际沟通效果与进行沟通的双方之间的思维能力、情感、动机、精神状况和态度密切相关。一般而言，人际沟通过程通常包含三个层次和四个阶段。

人际沟通的三个层次包括：(1) 信息层次。这是人际沟通的最基本层次。(2) 情感层次。在信息交流中，双方对所交流信息的译码和对方需求、兴趣、价值观等的感知，都伴随着情感体验。(3) 行为层次。这个层次是沟通双方的行为互动层次。

从纵向看，人际沟通可以划分为四个阶段，这四个阶段的连接，社会心理学称之为社会渗透过程。(1) 定向过程。人们根据自己的价值观、审美观、需求和动机等心理定势选择沟通对象。(2) 探索情感交换阶段。选择沟通对象后，双方产生进一步了解的强烈愿望，沟通向深层发展。(3) 情感交换阶段。在这一阶段，双方自由地相互赞许或批评对方的行为。(4) 稳定感情阶段。信息互动高度频繁，沟通方式丰富多彩，其外部行为表现为近距离交往等。

在上述四个阶段中，无论哪一个阶段出现故障，都可能导致沟通的中断或人际关系的破裂。

组织是生存于一定的环境之中的，除了要进行内部沟通以外，还必须处理好与周围的顾客、股东、上下游企业、社区、新闻媒体等的关系。有效地同其他组织进行业务往来与合作，必须要进行外部沟通，包括组织与客户的沟通，组织与其他组织之间的沟通。

搞好跨文化沟通是搞好跨文化管理的重要条件。要顺利进行跨文化交往，首先必须理解不同文化背景的差异。这些差异的产生，有的是地域的原因，有的是历史的原因，有的是语言的原因，有的是人种的原因，有的是信仰的原因，有的是道德和价值观的原因。这种差异必然体现在其思维和行为上，如英国人的持重和善于助人、德国人的负责、意大利人的灵活多变、法国人的幽默诚恳、荷兰人的谨慎正统、美国人的热情外露等。

尽管跨文化交往的各方代表不同的文化背景，但他们和文化背景相似的人们交往时的途径和方式是一致的，如口头交谈、书信往来、刊物、书籍、报纸、告示牌、广播电视、录音录像和空中文字等。

第四节　管理沟通的影响因素

一、组织结构因素

组织结构会形成管理沟通的障碍，具体表现形式为地位差别、信息传递链、团体规模和空间约束四个方面。

1. 地位差别

地位是沟通中的一个重要障碍。有关研究表明，地位的高低对沟通的方向和频率有很大的影响。组织成员间因地位不同而造成心理隔阂，即位差效应，指由于地位的不同使人形成上位心理与下位心理。具有上位心理的人因处在比别人高的层次而有某种优势感，具有下位心理的人因处在比别人低的层次而有某种自卑感；有上位心理者的自我感觉能力等于他的实际能力加上上位助力，而有下位心理者的自我感觉能力等于他的实际能力减去下位减力。

沟通双方的地位很大程度上取决于他们的职位，由于地位差别而产生的障碍也可歪曲信息的向上传递。“报喜不报忧”的心理，导致信息的“筛选”问题在向上沟通时非常严重。信息通过的等级越多，到达目的地的时间越长，失真率越大。

2. 信息传递链

日本管理学家在实践中证实：信息每经过一个层次，其失真率约为10％－15％；上级向他的直接下属所传递的信息平均只有20％－25％被正确理解，而下属向他的直接上级所反映的信息被正确理解的不超过10％。传统组织的直线型职能结构中，信息流动是单向的，每一个层次只对它的上一个层次负责。过多的管理层次导致下情往往要通过重重关卡才能上达。因此在信息沟通中非常容易出现放大和缩小效应,导致信息失真。所以,管理者在与下属沟通和交流时,除了要尽力获得原始信息外,还应多注意了解反面信息,并在沟通和交流中保持信息内容的准确无误。

3. 团体规模

工作团体规模越大,人与人之间的沟通相应变得越困难。这是因为人员的增长对沟通渠道的增长具有乘数效应,其增长速度大大超过人数的增长速度。而个人的精力和时间都是有限的,沟通人数太多会影响沟通的效果。

法国管理学者丘纳斯根据管理者和下属之间、人与人之间的相互关系,推理出一条结论:在向经理汇报的人数以算术级数增加时,他们之间可能的相互关系的数量就以几何级数增加。当经理有 N 个下属时,可能存在的关系数值由公式决定:$C=n[2^{n-1}+(n-1)]$。经过计算,当下属人数从 1 人增加到 7 人时,该经理要处理的关系数从 1 增加到 490。尽管这种可能的关系数在实际工作中不会同时出现,但是随着人数的增加、相互关系的数量急剧上升,这个结论通常是正确的。

4. 空间约束

主管与下级之间的空间距离减少了他们面对面沟通的机会,易导致误解或不能理解所传递的信息,还会使得主管和下级之间的误解不易澄清。空间约束不利于员工之间的交流,也限制了他们的沟通。一般来说,两个人之间的距离越短,他们交往的频率也就越高,沟通的效果也会越好;反之,则沟通效果越差。

二、心理因素形成的管理沟通曲解

1. 沟通主体知觉引发的沟通障碍

认知上的差异是有效沟通的主要障碍之一。由于不同的个人受到价值、文化背景以及当时其他环境因素的影响,沟通对象通常会站在不同的立场上,对同一个信息的评价各有不同。对于与自己立场不同的信息,人们常常认为此信息比实际上更加背离自己的观点;而对于接近他们立场的信息,则认为比实际上更加接近自己的观点,甚至认为与自己的观点完全相同。这表明,立场不同的人们,评价那些与立场有关的现象时常常是不客观的。人们很难同样地接受事物和环境,知觉对沟通有着重要的影响,主要表现在以下几个方面。

(1) 先入为主。这在行为学中被称为“首因效应”,它是指在进行社会知觉的过程中,对象最先给人留下的印象,这对以后的社会知觉会产生重大影响。

(2) 刻板印象。当沟通主体过于简化沟通客体的差异,并将他们按照属性和特质进行分类时就会产生“刻板印象”。一旦被归类,这些“刻板印象”将长期存在且难以改变,这对正确认识人的本质常常具有破坏性,因为它忽视了个体和群体的其他特征。在组织中,刻板印象的产生主要有三个来源,即年龄、种族和性别。对于年龄较大、比较传统的员工的六个常见的刻板印象是:对组织变革有较大的抗拒心理,创造力较小,比较不愿意承担可预期的风险,身体较差,比较不愿意学习新方法,新技术的接受能力较差。对性别的刻板印象有:男性被认为比女性更武断、积极、客观、理性和有能力,女性被认为比较被动、情绪化、服从和敏感。

(3) 晕轮效应。当一个人的特征被用于建立一个人或一种情形的整体印象时，就产生了晕轮效应。晕轮效应是对个人的某些特质的认知影响了人们对此人其他特质的看法。例如当见到某人的第一面时，晕轮效应可能会引起某些反应，如一个愉快的微笑，会给人留下正面的第一印象；相反，特殊的发型或者着装风格可能会引起消极的反应。晕轮效应像刻板印象一样，会使个人差异变得模糊起来，这在关乎个人工作绩效的沟通中，有着特别重要的影响，如某人的准时性，可能成为作为积极的整体绩效评价的"晕轮"。

(4) 主观投射。投射效应是指在知觉他人时，知觉者以为他人也具备与自己相似的特性，这种把自己的感情、动机和愿望反映到他人身上的倾向称为投射。一个典型的投射是假定他人与自己有着相同的需要、愿望和价值。尤其是当对方的某些特征，如年龄、职业、籍贯、性别、社会地位等与自己相同时，投射效应更容易发生。投射使人们倾向于按照自己的特征去知觉别人，而不是按照知觉对象的真实情况进行，这可能会导致知觉失真。

(5) 知觉的选择性。知觉的选择性是指个体对于接收到的信息，只注意其中的一小部分，而忽略其他部分。由于大脑处理信息的能力有限，人们总是对信息具有选择性。实际上，个体遵从一种心理模式，一般只会注意到周围环境中的一小部分刺激，而其中更少的一部分刺激会得到处理，那些得到处理的刺激也未必能够真正得到客观的处理。因为对信息含义的解释因人而异，个体会受其独特的偏爱、需要及经验的影响。

2. 个体沟通风格差异引发的沟通障碍

性格特征不同的员工会有不同的工作方式和方法，这些会影响他们的沟通，甚至影响到他们的工作绩效。由于工作时间、场所的限制和其他人不同的工作模式的压力，按自己偏爱的方式工作和生活是件难事，人们不得不相应地调整自己的行为。虽然如此，人们还是极少改变他们的核心价值观和基本风格。不管在什么地方，只要有可能，人们还是愿意按自己最熟知的典型方式行事。这些基于核心价值观和深层动机的风格模式如果处理不当，也会形成管理沟通的障碍。

(1) 外向和内向。没有一个人是完全内向或完全外向的，组织的员工都有能力在不同的时间以任何一种方式行动，然而，在建立相互关系时总是有所偏爱。外向的人寻求多样化和刺激，他们喜欢社交，很难按照有结构、有计划的方式做事。内向的人喜欢在沟通之前把事情想清楚，喜欢深刻钻研某个问题。尽管内向者和外向者在智慧方面完全相等，但是因为内向的人比外向者更容易适应学习的要求和排除外部干扰，所以更容易提升到组织的高层；同时由于他们不愿意结识太多的人，因此内向者发挥影响的机会就有可能少一些。

(2) 感觉和直觉。使用感觉方法的人往往非常在意事实，喜欢具体而清晰的任务，偏爱制度和方法，对常规的细节很耐心。使用直觉方法的人有着丰富的想象力，集中注意力于整体而不是具体问题，不喜欢例行公事，具有创造性的眼光和洞察力，遵循自己的灵感，喜欢复杂事物，对常规问题感到厌烦。因此，如果一个注重实践细节、精确性和具体任务的人工作在一个模糊的情境中，他可能会不满；同样，如果一个富于创造力的人处在一种有严格时间束缚的具体的工作情境中，那么他可能会有挫折感并最终离开。

(3) 理性与情感。使用理性思维方法的人在决策前对信息有一个细致的分析过程，他们关心的是所要做的事,从而忽视了其他人的利益和情绪;用情感方法决策的人,具有个人的主观决策标准,用信念衡量决策的对与否。

(4) 判断和知觉。偏爱判断的人不喜欢模糊和松散,他们非常有条理,喜欢把问题清晰化,并解决它;偏爱知觉的人倾向于收集尽可能多的信息,强调诊断过程重于做出结论和解决问题,往往把注意力过多地集中于调查上,努力发掘与问题相关联的事实。

三、人际因素对管理沟通的影响

1. 人际关系

人际关系即信息发送者与接收者之间的相似程度。双方如果相互猜疑,会增加抵触情绪,影响交流;双方若坦诚相对,就有利于有效沟通。人际关系和谐,沟通自然容易;人际关系紧张,沟通就会有难度。如果沟通的一方认为信息会给自己带来危害时,就会对这些信息做一些有利于自己的加工,这样就会造成信息失真,另一方将收到不完整甚至错误的信息。

2. 信任情况

信任情况即沟通者从某种利益、原则出发,认为对方有不值得信任的地方,或缺乏较高的信任度,彼此怀疑而形成的沟通障碍。沟通是发送者与接收者之间给与受的过程,信息传递不是单方面,而是双方面的事情,因此,沟通双方的诚意和相互信任至关重要。上下级之间的猜疑会增加抵触情绪,减少坦率交谈的机会,也就不可能进行有效的沟通。

3. 拒绝倾听

拒绝倾听表现在一些沟通者漫不经心,或者自高自大,拒绝倾听上级和下级的意见,或者源于"我知道所有事情"的优越情绪,或者源于"我一无是处"的自卑情绪。

4. 自我中心

人们习惯于关注自我,总认为自己才是对的。在倾听过程中,过于注意自己的观点,喜欢听与自己观点一致的意见,对不同的意见往往置若罔闻,这样会错过聆听他人观点的机会。

四、沟通传递过程中的障碍因素

1. 信息过滤

信息过滤也称信息失真影响,主要指信息发送者有意操纵信息,修改信息,甚至篡改信息,以使信息显得对信息接收者更为有利。在组织中,当信息在自上而下的传递过程中,下属会揣摩上级的意图,从而导致信息膨胀;而当信息在自下而上的过程中,下属常常压缩或整合信息以使上级不会因此而负担过重,从而导致信息被删减。信息过滤的主要决定因素是组织结构中的层级数目,组织中的纵向层级数目越多,过滤的机会就越多,信息的失真度也就越大,因此组织层级应越少越好。

2. 情绪因素

在接收信息时，接收者的感觉会影响到他对信息的解释。不同的情绪感受会使个体对同一信息的解释完全不同。任何极端的情绪体验，都可能阻碍有效沟通。当人们处于狂喜或盛怒的状态时，由于不能进行客观理性的思维活动，而代之以情绪性的判断，这些都会阻碍有效沟通。因此，组织中的任何人应避免在情绪很不稳定（如沮丧或狂喜等）的时候作出决策。

3. 非语言信息冲突

非语言提示几乎总是与口头沟通相伴，如果二者协调一致，则会彼此强化。比如当你的言语告诉别人你很生气，你的语调和身体动作也应该表明你很愤怒，否则别人会感到不理解，而且信息的清晰度也会受到影响。如果你的上级告诉你，他很想了解一下你目前负责的项目的进展情况，而当你向他汇报时，他却在低头看其他文件，这便是一个相互冲突的信号，它让你无法判断你的上司是否真正关心你的项目。

4. 语言与口语

由于文化程度、自然与社会环境的差异，同样的词汇对不同的人来说含义是不一样的。不同地位或不同部门的人虽然都说汉语或英语，但他们经常说一些不同的“行话”。例如，财务部门的主管在与计划部门的主管进行交谈时，可能会用一些专业术语使对方感到迷惑；同样地，如果计划部门的主管用一些专业术语，也会使对方感到摸不着头脑，这就是所谓的“行话”障碍。另一种语言障碍在于我们所用词语的多义性。同一句话对不同的人或在不同的环境中能表示不同的意思。因此，在传递信息时，传递者必须将那些容易引起误解的词句表达明白、清楚，因为每个信息接收者都是从自己的角度出发理解所收到的信息。也就是说，部门主管在向员工传达指令时，应尽可能使员工明白而不要抱着员工应该明白的态度。因此，他们应该用朴实、直接的语言向员工传达指令。

5. 文化障碍

沟通双方的背景文化差异，如价值观、信仰、知识、行为准则等，可能形成沟通障碍。特别要注意跨文化障碍沟通的微观环境中的文化氛围，这种氛围一旦为某一方认同，双方对其理解程度的差异将严重影响沟通。组织或社会也会有规则差异，不同的规则将导致不同的行为。

6. 主客体层次差异及知识经验水平的限制

主管和下级的层次之间存在的差异主要表现在知识及专业技术层次差异，主管忽视下级的知识层次，倾向于使用技术性的术语，或者是行政性的术语，下级对这些术语却一无所知。若发送者与接收者在知识水平上相差太大，在发送者看来很简单的内容，而接收者却由于知识水平太低理解不了，双方没有“共同的经验区”，接收者不能正确理解发送者的信息，沟通就会出现障碍。

7. 媒介障碍

媒介障碍即沟通者缺乏良好的沟通媒介，如中介人和各种沟通工具、设备、技术、手段通道等。沟通媒介是信息发送者把信息传递到接收者那里所借助的手段，它传递信息是否快捷、清晰，直接影响到沟通的效果。实际上，媒介本身就是信息，选择媒介就是在传递相应的信息。如果缺乏良好的沟通媒介，或是选择了不适当的媒介，都会对沟通效果造成严重影响。

(1) 信息技术对管理沟通的影响。由于信息沟通在组织中无所不在,因此,信息技术的应用,对于管理沟通本身有着十分重要的改善作用。沟通是目的,信息技术要为沟通服务。

(2) 信息技术与沟通的速度。信息技术的应用,对企业的内部沟通来说,其首要的意义就是通过网络和计算机技术使信息传递数字化,加快了信息沟通的速度,使企业的管理沟通变为一种快速的信息交流。

(3) 信息技术对沟通流程的改变。信息化技术的应用或者说企业信息化,使沟通的流程发生变化,并使沟通的方式、手段和类型出现新的形态,例如信息技术使网际的虚拟沟通成为可能。

(4) 信息技术与沟通效果。现在是一个信息爆炸的时代,企业主管人员面临着"信息过量"的问题。尽管信息技术对沟通的信息量、速度都有积极意义,可以改善沟通的效果,但信息技术对于沟通效果是一柄"双刃剑",信息技术应用带来的信息过剩问题,也会导致沟通结果的混杂和无序。信息过量不仅使主管人员没有时间去处理信息,而且也使他们难于向同事提供有效的、必要的信息。

(5) 信息技术创造全新沟通工具。信息技术使企业沟通工具越来越丰富,继传统的人际与书面媒介的沟通工具之后,出现了计算机、网络等电子沟通媒介。信息技术在沟通中的应用,也带来一系列新问题,如网络沟通中的信任、信息的过剩等,这都给组织管理沟通带来了新的挑战。

第五节 现代商务与管理沟通

一、现代商务的概念与特点

现代商务是指经济全球化进入到信息网络化时代后,商务活动的主体——营利或非营利性组织或个人,其生产、交换、分配、消费等活动,越来越多地依赖于信息网络,不仅要从网络上获取大量的经济信息,依靠网络进行预测和决策,而且许多交易行为也直接在信息网络上进行。其特点有以下几个方面。

(1) 商务活动行为受到全球市场变化的影响,非市场化因素的影响日益增大。

(2) 交易双方的利益由对立转为共赢,需在政府、行业组织以及非营利性组织方面实现多赢。

(3) 交易双方的信息不对称更为隐蔽。交易双方可以通过搜索引擎方便地查到对方大到公司最新战略部署,小到CEO的喜好的各种信息。但是对于海量信息的取舍和处理变得十分困难,商务活动的主体必须在尽可能短的时间内迅速识别出真实且有用的信息。

二、现代商务下的管理沟通

互联网经济模式下的现代商务对管理沟通提出了新的挑战，具体体现为以下三点。

1. 由传统模式向电子模式转换

传统沟通的基本渠道是信件、电话、传真，而电子沟通的基本渠道是电子邮件、以Web技术为代表的信息发布系统、视频会议、电子报纸、Internet及企业内部网络。

2. 由互动沟通向全息沟通转换

传统的管理沟通，无论是线下模式还是线上模式，信息的接收方是既定的，信息的编码形式及渠道选择是为了既定的接收方接收、接受并最终反馈而设计的。现代商务环境下，互联网经济、电子商务平台使得沟通双方建立虚拟社会关系成为可能，即使是组织内部，除了电子邮件、即时消息、聊天室等电子沟通手段之外，博客、专题访谈、社区等众多具备沟通功能的信息通道也可以成为管理的手段和方式。组织或企业可以通过上述通道充分而无阻碍地传递信息，定位、发掘、优化、转换客户关系资源和客户关系价值，形成无处不在的全息沟通。这不仅能使沟通参与者彼此正确地理解、掌握和处理所沟通的信息，还能更加精准有效地管理组织内部关系及客户关系，实现对内容和信息更加有效的管理。

3. 由存量沟通向增量沟通转换

传统沟通方式侧重于通过查找用户资料后申请沟通，即对存量关系的粗放型管理；全息沟通侧重于对增量关系的集约型管理，即充分挖掘创造价值、产生增值的优质关系，实现互联网应用在沟通层面的内在潜力，使沟通在不同运用背景下得到独特的体现。相对于传统沟通方式而言，全息沟通是延时、即时和随时沟通的综合统一，真正能够做到“让沟通无处不在”。

第六节　沟通与管理

一、沟通在管理过程中的重要作用

就个人角度而言，沟通与人生的幸福和满意度有着重要的关联。牢记双赢的沟通理念，学会包容与忍让，可以创造出和谐的人际关系。

沟通能力在某种程度上决定职业生涯。美国普林斯顿大学曾以10000份人事档案为样本进行实证分析，发现：智慧、专业技术、经验三者只占成功因素的25%，其余75%取决于良好的人际沟通。哈佛大学也曾对500名被解职的员工进行调查，结果显示，因人际沟通不良而导致工作不称职者占82%。

就管理角度而言，一个有效的管理者应该是知行统一的人，知是愿景设计者，行是方案推行者。只有借助信息沟通，才能明确发展方向，团队成员才会有凝聚力和向心力。美国组织行为学家卢桑斯(Luthans)的研究表明,常规沟通对管理有效性的贡献为44%,对传统管理的贡献为19%,对人力资源的贡献为26%,对社交活动的贡献为11%。由此可见,沟通在管理与领导过程中具有举足轻重的地位和作用。

沟通渗透于管理的各个方面。无论管理多复杂,无论在管理的哪个层次,无论是什么类型的管理,都需要通过沟通来完成和实现,如图2—4所示。

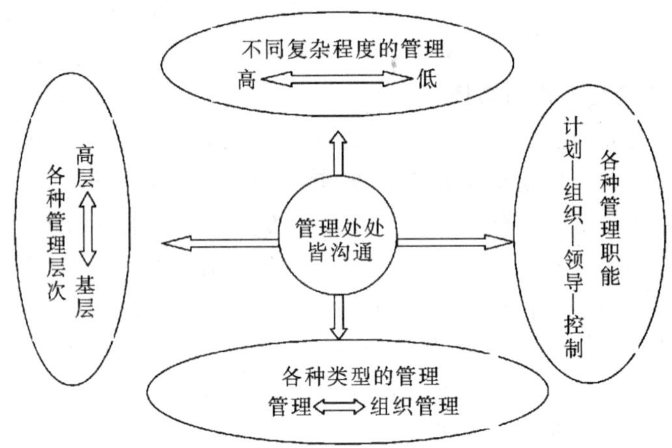

图2—4 沟通在管理中的作用

管理沟通贯穿于整个管理实践的全过程,是企业管理的实质和核心内容,是实施各项管理职能的主要方式、方法、手段和途径,是创造和提升企业精神和企业文化,完成企业管理根本目标的主要方式和工具。在现代信息经济时代和经济政治全球化的大背景下,信息的获取和交流成了事关企业生死存亡的大事,管理沟通因此在企业管理实践中与资本、人力资源共同占据着三个最为核心和优先的位置。

管理沟通对组织内部的作用主要表现在:管理沟通是保证内部人员做好工作的前提,可以启发内部人员的工作热情和积极性,是做好组织内部工作的保障。

管理沟通对组织外部的作用主要表现在:保障外部资源获取,满足市场和顾客需要,实现配置和转化资源并从中取得利润的经济目标;建立与政府、行业组织、一般公众及非营利性组织的良好公共关系,获取必要的理解与支持;缩短与市场和客户、供应商、经销商、竞争对手、金融机构等商业群体之间的距离,加深组织与市场之间的了解,加快组织对于市场变化的反应速度,提高组织经营管理效率与效能;系统展现组织文化,塑造组织形象。

二、沟通是成功管理的法宝

从个人角度看,沟通是个人事业成功的重要因素。只有与人沟通良好,才能为他人所理解;只有与人沟通良好,才能得到必要的信息;只有与人沟通良好,才能获得他人的鼎力相助。

从组织角度看,沟通是组织的生命线。正如人体内的血液循环一样,如果没有沟通,组织就会趋于衰亡。沟通传递组织的发展方向、期望、过程、产物和态度。

企业成功源于沟通。美国沃尔玛公司总裁萨姆·沃尔顿曾说过:"如果你必须将沃尔玛管理体制浓缩成一种思想，那可能就是沟通。因为它是我们成功的真正关键之一。”

沟通是现代企业管理的核心和灵魂。通用电器公司总裁杰克·韦尔奇说“管理就是沟通、沟通再沟通”，日本经营之神松下幸之助说“企业管理过去是沟通，现在是沟通，未来还是沟通”，英国管理学家L.威尔德认为“管理者的最基本能力就是有效沟通”，美国著名实业家卡耐基说“无论何时，管理者应将沟通视为最重要的工作，职位越高，沟通工作越为重要”。

三、沟通不力是引发管理问题的主因

实证研究表明，企业管理者70%的时间用在沟通上，对应的企业管理中70%的问题也主要是由于沟通不畅引发的。

有关研究表明，目前，我国许多企业在管理沟通方面确实存在许多问题，主要表现在：企业缺乏战略管理，员工对企业没有统一的认识；内部沟通渠道单一或不完善，缺乏灵活性，进而使企业内部的信息传递进程缓慢，严重影响了企业的运作进程和决策效率；信息沟通反馈机制不健全，企业内部的沟通发起者根本无从了解信息的传递进程和决策的执行程度；信息不畅，上向下多，下向上不全，横向几乎没有；信息过滤，管理者难以获得全面准确的信息；信息扭曲，管理者无法准确了解情况，不能作出明智的决策；正式沟通少，主要借助非正式沟通，小道消息常被使用。

小　结

1. 管理沟通是指为了达到管理目的而进行的沟通，即管理者通过某种沟通方式将信息传递给组织内部成员、外部公众或社会组织，并根据信息接收者的反馈调整或者修正管理者行为的过程。管理沟通的特征包括过程与范围的一致性，目的与目标的一致性，职能与任务的一致性，内容与层次的相对一致性等。

2. 伴随着经济学、行为科学和管理学等相关学科的发展，管理沟通理论也处在不断演变过程中。根据不同时期的特点，可以把管理沟通理论的发展历程划分为三个阶段，即管理沟通理论的萌芽阶段、管理沟通理论在行为科学理论中的发展、以信息革命和网络技术为背景的现代沟通理论。

3. 与一般意义上的沟通一样，管理沟通的过程同样由七个要素组成，即信息源、信息、编码、通道(渠道)、解码、接收者及反馈。沟通始于某一个意图，即要被传递的信息。信息被转化为信号形式(编码)，并通过媒介(渠道)传送给接收者，由接收者将接收到的信号转译过来(解码)。

4. 依据不同的标准，沟通可以分为不同的类别。(1) 按照功能，沟通可分为工具式沟通和情感式沟通。工具式沟通指发送者将信息、知识、想法和要求等传递给接收者，目的是影响和改变接收者的行为；情感式沟通指沟通双方在个人情感、态度、价值观等方面进行较为深入的交流,以获得对方精神上的同情和谅解,最终改善相互之间的人际关系。(2) 按照方法,沟通可分为口头沟通、书面沟通、非语言沟通和电子媒介沟通等。(3) 按照是否进行反馈,沟通可分为单向沟通和双向沟通。一般来说,单向沟通指没有反馈的信息传递;双向沟通指有反馈的信息传递,是发送者和接收者之间进行信息交流的沟通。(4) 按照组织系统,沟通可分为正式沟通和非正式沟通。一般来说,正式沟通指以企业正式组织系统为渠道的信息传递,非正式沟通指以企业非正式组织系统或个人为渠道的信息传递。(5) 按照沟通主体的不同,沟通可分为人际沟通、组织外部沟通和跨文化沟通。人际沟通指人和人之间的信息和情感相互传递的过程,组织外部沟通指涉及不同特质组织之间的沟通,跨文化沟通指发生在不同文化背景下的人们之间的信息和情感的相互传递过程。

5. 影响管理沟通的障碍因素包括组织结构、心理因素、人际因素和传递因素。组织结构对管理沟通的障碍,具体表现为地位差别、信息传递链、团体规模和空间约束四个方面。组织成员间因地位不同而造成心理隔阂,即位差效应;管理层次的设计为有效管理提供了便利,但由此形成的信息传递链也容易带来信息失真;人员的增长对沟通渠道的增长具有乘数效应,也使得沟通相应变得困难;主管与下级之间的空间距离也增加了沟通的难度。心理因素对管理沟通的影响包括:沟通主体知觉引发的沟通障碍,主要是先入为主、刻板印象、晕轮效应、主观投射、知觉的选择性等心理效应;个体沟通风格差异引发的沟通障碍,主要是外向和内向、感觉和直觉、理性与情感、判断和知觉系统的不同引发的障碍。人际因素形成的障碍包括人际关系、信任情况、拒绝倾听和自我中心等因素。传递因素形成的障碍包括信息过滤、情绪因素、非语言信息冲突、语言与口语、文化障碍、主客体层次差异及知识经验水平的限制、媒介障碍等。

6. 管理沟通是个人和组织成功的法宝。就个人角度而言,沟通与人生的幸福感和满意度有着重要的关联,沟通能力在某种程度上决定职业生涯。从组织角度看,沟通是组织的生命线,正如人体内的血液循环一样,如果没有沟通,组织就会趋于衰亡。沟通传递组织的发展方向、期望、过程、产物和态度。

复习思考题

(1) 阐述管理沟通的特征。

(2) 选择一个明确的沟通对象,阐释影响沟通的障碍因素。

(3) 阐述沟通在管理作用体系中的特殊作用。

案例分析一

摩托罗拉公司的沟通模式

摩托罗拉公司的创始人高尔文有一句名言:对每一个人都要保持不变的尊重。在这一信念的指导下,高尔文从公司创办之初就在此基础上形成了一整套以尊重人为宗旨的企业制度，进而将这一思想渗透到企业文化的各个层面。这个信念有以下几层含义：尊重每一个员工的价值和个人自由，给予员工最大的信赖，尽量满足员工的要求，创造团结、和谐、乐观、向上的整体氛围。

为了体现对员工的尊重，摩托罗拉公司规定：公司上级及下属各层管理者的办公室大门要始终敞开着，意在表明，领导者与一般员工是平等的，始终保持着交流，准许员工随时进入领导者的办公室提出意见和发泄不满。同时，也是向员工宣示，领导者同员工一样，在上班时只有全力以赴投入工作的权力，不能在公司内处理私人的事情。

公开、透明是企业文化的一大法宝。以在天津的摩托罗拉电子有限公司为例，在公司内部，一切规章制度、重大举措、重要活动等都有着极高的透明度。每年年初，公司的每个部门都要把自己在一年中将要做的事情，明明白白地写入计划中，经上级主管部门批准后，告知每一位员工。在公司的厂房和办公区域，最引人注目的是一排排精心布置的内容丰富、风格活泼的布告栏，公司所有能够公开的信息都张贴在布告栏内，如员工如何休假，工资由哪几部分组成，最近的奖惩情况，工会的组织构成，住房政策，娱乐活动内容，重要领导人来访情况，乃至班车路线、一周食谱、招聘信息等。公司认为每一个员工都有得到公平待遇的权利和公平发展的机会。透明为贯彻公平原则提供了可能，也使员工切切实实感受到公司对自己的尊重。

此外，摩托罗拉公司还建立起多种信息反馈与上下沟通的渠道，突破了“总经理一经理一主任一员工”这样一个单向流程，又增加了“员工一总经理”这一环节。为此，公司设立了“畅所欲言”信箱和总经理座谈会。公司的“畅所欲言”信箱是一种保密而有效的双向沟通方式，员工可以对公司的各项事务提出意见建议、评论或投诉，然后由专门的协调人将其姓名隐去，把员工提出的问题转给相关的人员，再由协调人把反馈回来的信息传达给员工。接到反映的部门，必须认真回答和解决员工反映的问题；有些一时解决不了的问题，也要说明理由。对于提出良好建议的员工，公司会给予鼓励与肯定。但对不署名的信件，公司不予受理。总经理座谈会是员工与总经理进行面对面的交流，其间没有任何管理人员参加，一般每月一次。在这样的会上，总经理往往能够了解到公司管理中的不足之处，及时得到员工对公司各项制度的意见和建议，了解他们最真实的想法和需要，针对具体问题及时加以解决。

思考与分析

列出摩托罗拉公司所采用的正式及非正式沟通渠道，讨论不同的沟通渠道存在的原因及作用。

案例分析二

行动学习法

20 世纪 90 年代末，行动学习法逐渐为许多全球一流组织（如美国通用电气公司、花旗银行、壳牌石油公司、霍尼韦尔公司、强生公司、西门子等)所接受和运用,并取得了惊人的效果,被誉为快速提升实战能力和改进绩效的秘密武器。通用电气前总裁 Welch 曾这样说:GE 向全世界宣布,行动学习是 GE 成为"全球思想、快速转变组织"的主要策略。没有引入行动学习法之前,通用电气的国际性业务仅占 18%,实施行动学习法后,这个数字增长到 40%,并将达到 50%。花旗银行将行动学习法用于领导力发展的案例展示了行动学习法的典型实施过程。首先,根据明确标准选择问题和项目参加者。由业务总监推荐需要解决的问题,这些问题应该是跨越不同业务影响花旗银行整体绩效的;项目参加者通过一个内部人才评价程序在全球范围遴选。第二步是为期三天的脱岗会议,用于团队建设和问题定向。第三步是数据收集,在接下来的两至三周内进行,往往需要到花旗银行内部各分支机构或者到花旗银行之外的地方出差。第四步是为期一周的数据分析和形成建议。第五步是向 CEO 或者业务总监汇报。每个行动学习小组用 90 分钟时间陈述他们的方案,其中 30 分钟用于正式陈述,剩余的 60 分钟则是焦点讨论。第六步是一天时间的总结和反思,在教练的帮助下,围绕建议、团队工作过程和个人发展机会等进行反思。最后是高管层在听取汇报后的一到两周之内提供后续支持,决定如何实施所提出的建议。

思考与分析

(1) 行动学习法对提升组织绩效有哪些益处?

(2) 国内企业采用行动学习法有什么障碍和困难? 应如何克服?

第三章　商业伦理与管理沟通

【学习目的与要求】

了解商业伦理的内涵、特征及内容，伦理管理的内涵和跨国公司伦理的内涵；理解和掌握跨国公司伦理冲突原因及规避方式。

【教学重点与难点】

教学重点是：商业伦理和伦理管理的内涵，跨国公司伦理冲突原因及规避方式。教学难点是：伦理管理的实现和跨国公司伦理冲突及规避。

引导案例

王老吉的商标纠纷：基本商业道德的背离？

在广药集团与加多宝方的“王老吉”商标纠纷中，尤其在中国国际经济贸易仲裁委裁决期限为2010年至2020年的两份补充“王老吉”商标许可合同无效后，作为被许可人的加多宝方并没有过多纠缠于仲裁与诉讼程序，而是全力倾注在着重于广告与宣传手段的“商誉移植工程”上。其主要战略与策略均集中在如何最大限度地将其17年来培育成功的被许可使用的“王老吉”商标的巨大商誉，迅速地移植至其独立拥有的“加多宝”品牌上来。

为此，加多宝方运筹帷幄，棋出多招，千方百计地向消费者灌输“昨日的‘王老吉’就是今天的‘加多宝’”这一概念。例如在其红罐装上将原来两面都大书的“王老吉”字样，先过渡为一面“王老吉”另一面“加多宝”，再最终改为两面都是“加多宝”；反复强调加多宝凉茶是“17年的正宗凉茶”，宣称“销售量最大的红罐凉茶改名‘加多宝’”。加多宝方力争将更多的原“王老吉”品牌商誉移植至现“加多宝”品牌上来的上述举措，显然已取得了较显著的成效，譬如不少原来只熟悉“王老吉”而不知道“加多宝”的凉茶“粉丝”们由此恍然大悟，甚至在微博等处发出“从此告别王老吉，今后只喝加多宝”的感叹。从客观上观察，由于加多宝方数箭齐发、多管齐下的有效的商誉移植“组合拳”，昔日“王老吉”品牌的巨大商誉有相当部分已经被成功移植到了“加多宝”品牌上，而且此消彼长的态势仍在继续发展。

不同于大多数著名品牌许可使用中的“先发商誉”（如耐克、可口可乐等注册商标权人是先产生显著商誉后，再许可使用的），广药集团与鸿道集团及加多宝公司之间的“王老吉”品牌许可使用中的商誉是“后发商誉”（即注册商标权人在尚未培育出显著商誉时就进行许可授权，是由被许可方在被许可使用过程中创造出巨大商誉的）。作为“王老吉”品牌“后发商誉”创造者的加多宝方，当前在这场纠纷中正在将其原来创造并依附在“王老吉”

注册商标上的巨大商誉，尽快尽多地移植到其自主品牌“加多宝”上。如果把上述加多宝方将“王老吉”品牌商誉移植至“加多宝”品牌上的具体行为，放到法律与知识产权的坐标系上对号入座，那么，加多宝方行为的正当性与合法性如何？这些行为是否侵害了广药集团“王老吉”注册商标权或者构成了不正当竞争呢？迄今至少有三种意见。

第一种意见认为：上述加多宝方的移植商誉行为，不但构成不正当竞争，也侵害了广药集团的“王老吉”注册商标权。因为商誉的载体是商标，商誉与商标如影随形、浑然一体。广药集团是“王老吉”注册商标权人兼许可方，而加多宝方只是被许可方。即使“王老吉”的商誉大多是加多宝方在被许可使用中所创造的，这些商誉在“王老吉”商标回归广药集团后理当如数随之“回授”，仍应全部归属于广药集团。加多宝方在签订“王老吉”注册商标许可使用合同时，应该说是了解并合理预期了这一结果的。所以在“王老吉”注册商标归还广药集团后，加多宝方的上述移植商誉的行为侵害了“王老吉”注册商标权。加多宝方既然了解并合理预期了这些“后发商誉”必将伴随“王老吉”注册商标一起回归广药集团，现在却千方百计地将负载在“王老吉”品牌上的一部分“后发商誉”移植到其“加多宝”品牌上来，其行为违反了诚实信用的原则，有悖于基本的商业道德，自然构成了不正当竞争。

第二种意见认为：上述加多宝方的商誉移植行为，虽没有侵害“王老吉”注册商标权，但已构成了不正当竞争。其理由主要是：一方面，因加多宝方在上述行为中没有再继续使用“王老吉”的文字商标标识，不存在商标法意义上的侵权使用行为；另一方面，“王老吉”品牌的增值商誉依法只应“回授”归属注册商标权人广药集团。客观上商誉与商标可以适度分离或者相应移植，而加多宝方的上述商誉移植行为，已把原来依附在“王老吉”品牌上的部分商誉转移到了“加多宝”品牌上，使得“加多宝”品牌的商誉不当增值，同时使得广药集团的“王老吉”品牌商誉有所流失或者被损害，有违诚实信用，有悖于商业道德，所以形成了不正当竞争。

第三种意见认为：上述加多宝方的商誉移植行为，既没有侵害“王老吉”注册商标权，也没有构成不正当竞争。首先，知识产权法律不直接保护商誉，知识产权法律能直接保护的是那些凝聚、负载有商誉的并且通过了“权利法定”的知识产权，譬如商标、商号、知名商品特有包装与装潢等方面的知识产权权益（有的已是类型化的权利，有的可能还是非类型化的法益）。其次，借鉴物权法的“添附规则”和知识产权法下“后续开发科技成果”的权益一般归属开发者的现有规范，除另有限制性的“回授条款”类的特别约定外，加多宝方“后发使用”创造的“王老吉”品牌的巨大商誉及其知识产权权益原则上应归属加多宝方。再者，商誉只能与商标、商号、知名商品特有包装与装潢等知识产权的载体相结合才能彰显权利或者权益。所以，如果加多宝方不作为，“王老吉”品牌的全部商誉将自然伴随其注册商标权一起归广药集团；但如果加多宝方积极作为，采取适当的行为努力将负载在原“王老吉”品牌上的部分商誉剥离并移植到其“加多宝”品牌上，如上分析，既不侵害注册商标权，也不构成不正当竞争，既正当，也合法。

（摘自《中国知识产权报》，2012年6月29日第8版，作者：陶鑫良、张冬梅）

思考与分析

(1) 你如何看待王老吉与加多宝品牌之争?

(2) 透过两者之争,你对转轨时期的国内市场竞争有何评价?

第一节　商业伦理概述

20 世纪 50 年代末 60 年代初,美国出现一系列企业经营中的丑闻,包括受贿、规定垄断价格、欺诈交易、环境污染等,公众反应强烈,要求政府进行调查,此举表达了公众对企业中伦理问题的极大关注。针对这种状况,学术界就企业的社会责任、伦理问题展开了热烈的讨论,欧洲、日本的企业领导者也认识到企业伦理对企业发展的重大价值。自此,商业伦理在西方受到普遍关注,被认为是影响企业生存和发展的战略性因素之一。

一、商业伦理的内涵

商业伦理是一种集职业伦理、经济伦理和实践伦理于一身的包含着十分复杂的内容的伦理类型和结构体系。具体而言,商业伦理是指在商业活动中,企业及其成员从事经营时,完善其素质和协调商业内外部利益关系的善恶价值取向以及在行为和品质上遵循的伦理原则、道德规范准则的总和,是在商业发展的过程中为了维持商品交换的自由公平而在特定的社会习俗、价值标准下所形成的以交换价值思想为主要内容的各种伦理规范的总和,是一定社会或阶级的普遍道德要求在商业领域中的具体化和职业化。

作为商业活动各方应遵守的一套行为规范和准则,商业伦理以善良与邪恶、正义与非正义、公正与偏私、诚实与虚伪等相互对立的道德范畴为标准来评价中观层面的商业活动及微观层面商业从业人员的各种行为,在宏观层面上从政治、社会、市场、管理等方面发挥着调节和促进作用,从而调整商业与社会、企业与企业、企业与员工、企业与消费者之间的关系。

商业伦理概括和总结了商业活动中的道德规范,是商业行为普遍认可的道德原则和行为规范体系。作为一种内在的约束力,商业伦理通过社会舆论、风俗习惯等形式,在政治、法制、经济手段等方面发挥了重要作用。

二、商业伦理的特征

1. 商业伦理的功利性

商业伦理不是一般意义上的社会道德,而是经济活动领域中流通环节所特有的道德,它直接联系着效用或功利价值,具有功利性的特征。商业交往、商品交换意味着与经济关系、商品关系相关的伦理关系,效益与效率原则是商业伦理的重要原则,它体现了商业活动的目的就是为了获得更多的物质利益。

2. 商业伦理行为规范的专用性

在商业领域，商业活动作为一种专门从事交换的行业，其结果讲究经济效果，商业伦理也具有专用性的行为规范。如在商业活动中，必须坚持诚信经营、义利结合、公平竞争等商业伦理自身的特殊要求。但专用性也有规范性，商业企业绝不能单以经济效益的高低来决定经营项目，还必须兼顾国家、地方、企业、劳动者个人以及消费者诸方面的利益，不能将自身的利益建立在损害国家利益、其他企业利益和消费者利益的基础之上。商业活动必须符合政策规范、法纪规范的要求，商业伦理的特殊性体现了这种要求。

3. 商业伦理的服务性

商业是最广泛、最直接与消费者打交道的行业，是一种中介行业，其工作的出发点和归宿都是服务。服务是商业伦理的精髓，商业伦理必须建立在良好的商业服务的基础之上。商业企业的成功与否很大程度上取决于它的服务水平与服务质量，最好的商业企业必定是为社会提供最好服务的企业。商业伦理要求良好的商业服务不仅体现为保证商品的质量，把"质量第一"作为商品生产的原则，还体现为在商品销售过程中，为顾客提供细致、周到的服务，把对顾客的关切和爱心作为销售工作的行为准则，更体现为在商品销售后，为顾客提供必需的售后服务，把对顾客的关怀贯彻到销售过程的最后阶段，商业企业绝不能因商品出售而停止商业服务。

三、商业伦理的主要内容

商业伦理的主要内容是组织在处理所有关系中应遵循的伦理规范和准则，主要包括以下几个方面。

1. 关于企业与员工关系的伦理原则和规范

企业与员工之间的关系是否融洽，关系到企业的正常运行与发展，这就要求有一套行之有效的伦理原则和规范来调整。对于企业，商业伦理要求它必须尊重员工、关心员工和热爱员工，并以公正的分配制度保障员工个人的基本权利及合理利益，为促进员工的全面发展创造条件，让员工的生存、发展和享受得到充分满足。

2. 关于企业与消费者关系的伦理原则和规范

企业与消费者之间的关系是现代社会中最广泛和最典型的生产者与消费者的关系。企业需要消费者购买产品，消费者则渴望以合理的价格获得满意的产品和服务。因此，商业伦理要求企业必须以消费者的需要为目标，并且在为消费者提供优质的产品和服务的同时，必须保障消费者在市场购买商品和服务时的正当权益。然而，更多的企业利用广告推销其商品和服务时，为调动消费者的购买欲望，往往会夸大产品的用途和性能，甚至宣传虚假信息，商品的安全性被严重忽视，致使消费者遭受劣质产品的危害。因此，必须强化企业与消费者之间关系的伦理原则和规范，保护消费者的权益和生命健康。

3. 关于企业与企业关系的伦理原则和规范

市场经济条件下，企业与企业之间的竞争是不可避免的，同时，企业与企业之间又必须合作共赢，通过一定程度的合作与共享资源来寻求自身的竞争优势而得到更好的发展。

在竞争与合作的过程中，不同企业为了实现自己的目标、维护和扩大自己的利益而展开的诸如抢夺销售市场、人才、信息等各项活动，都必须遵循一定的商业伦理原则和规范。这就要求企业与企业之间必须遵循公平竞争等伦理原则，做到诚实守信、互利互惠、团结协作。严厉禁止商业欺诈和不正当竞争等不道德商业行为的发生。

4. 关于企业与政府关系的伦理原则和规范

政府和企业是两种性质不同、价值取向有别和行为方式迥异的社会组织，但政府和企业之间通过市场中介的调节和展开发生着客观存在的关系。政企关系没有永恒不变的模式，而是随着时间和空间的变化而变化，在"是否干预"、"如何干预"问题上不断做选择题，在不同的选择和实施过程中，就需要有一定的伦理原则和规范来协调政府与企业之间的关系。政府始终要求企业依法纳税，并遵守政府的各项经营法规和制度；而政府在帮助企业建立现代公司治理结构的转型中，要承担企业冗员、负债等历史遗留问题。大力推进国有企业改革，构建有竞争力的国有经济布局，是我国政府面临的紧迫任务。

5. 关于企业与自然环境关系的伦理原则和规范

企业在进行商品生产的各项活动中，必然与周围的环境发生紧密的联系。目前我国的工业企业很大一部分是属于依靠消耗大量能源和资源的初级加工产业，工艺水平、装备水平和管理水平等都比较低，很少考虑环境因素，由此造成了诸如资源浪费、大气污染等环境问题，给人类带来了严重的威胁。这就要求企业在生存和发展的同时，自觉维护自然界的生态平衡，尽可能地减少对自然环境的影响和破坏，勇敢地承担起对环境污染和生态破坏的责任，为子孙后代的可持续发展提供一个和谐的大自然。

6. 关于企业与社区关系的伦理原则和规范

企业的公益活动可以促进社区居民的健康和教育，保护和改善社区环境以及促进社区经济的发展等。企业在进行各项公益活动的同时也明确展示了经营价值观等伦理文化因素，树立了良好的社会信誉。因此，企业应积极参与社会公益和社会慈善活动，回报社会、造福民众。构建当代商业伦理在企业中的文化精神，一定要注意发挥政府、市场、个人等各种相关因素的作用。

情景故事

巴菲特的道德困境

2008年金融危机肆虐之时，巴菲特果断出手，斥资50亿美元注资高盛集团，此举既为当时风雨飘摇的美国资本市场打了一剂强心针，也为他执掌的伯克希尔·哈撒韦公司带来了丰厚的利润。每年5亿美元的红利，按照巴菲特自己的说法，每天秒针"滴答"一声，高盛集团就要付给伯克希尔公司15美元。但是高盛集团的"欺诈门"丑闻随即也将巴菲特卷入道德旋涡。毕竟，巴菲特是美国商业良心的象征，他现在牵连的却是华尔街的贪婪和对投资者利益的背叛。巴菲特的投资肯定是为了盈利，但为了盈利而让自己声名狼藉，肯定不是巴菲特所愿意的。在2010年伯克希尔公司的股东大会上，开幕影片中巴菲特就别有深意地播放了自己1991年拯救华尔街投行所罗门公司时的警告："如果让公司亏钱了,我还能理解;但是如果让公司名誉受损,那我将毫不留情。"

对高盛集团,情况可能要复杂一点。在华尔街所有公司中,巴菲特和高盛集团一直就是"铁杆"。巴菲特自己也说,从30多年前开始,他认识高盛集团的每一任负责人,伯克希尔公司的很多业务也都是通过高盛集团完成的,"高盛集团帮助创造了现在的伯克希尔"。高盛集团也总是将巴菲特当做"自己人"。于是,对目前成了"过街老鼠"的高盛集团,巴菲特选择"舍弃"还是"力挺",也就成了2010年伯克希尔公司股东大会的最大看点。在这次大会上,巴菲特表示,他100%支持高盛集团。

巴菲特传记《滚雪球》的作者艾丽斯·施罗德女士说,巴菲特其实就是当事人,"只要他是一个投资者,他就必须维护这些投资"。高盛集团声誉受损,作为投资者的伯克希尔也是输家之一,巴菲特显然不愿意看到这样的结果,他愿意为此付出点道德的代价助高盛集团一臂之力。而对高盛集团来说,在目前四面楚歌中,尚有巴菲特这个商界"道德良心"的扶持,也算是不幸中的万幸了。

(摘自《中国证券报》)

思考与分析

对巴菲特的行为你持什么态度?

第二节　伦理管理及其实现

一、伦理管理的内涵

伦理管理,是指企业经营者在经营过程中,应树立正确的伦理价值观,制定符合道德要求的经营理念、管理制度和职权设置等,然后自觉地用伦理价值观处理好企业与内部员工、投资者、顾客、供应商、竞争者等利益相关者关系的行为过程,或者说是企业用正确的伦理价值观治理公司的行为过程。

企业是不可能单独存在的,周围还存在其他的一些影响其生存的群体;其经营活动也不可能独立进行,也会受到相关个人或团体的影响。这些个人或团队依靠企业来实现其战略目标,而企业也依靠他们来维持生存,这些个人或团体被称作利益相关者。

根据利益相关者拥有资源的不同,可分为以下几种:所有权利益相关者,他们持有公司股票,如股东、董事、经理人员等;经济依赖性利益相关者,主要是与公司有经济往来的相关群体,如员工、债权人、内部服务机构、消费者、供应商、竞争者、地方社区、管理结构等;社会利益相关者,是与公司在社会利益上有关系的利益相关者,如政府机关、媒体以及特殊群体。

根据利益相关者对企业产生影响的方式,可分为两种:直接的利益相关者,即直接与企业发生市场交易关系的利益相关者，主要包括股东、企业员工、债权人、供应商、零售商、消费商和竞争者等；间接的利益相关者，即与企业发生非市场关系的利益相关者，如中央政府、地方政府、外国政府、社会活动团体、媒体和一般公众等。

企业伦理管理表现在三个方面：首先，企业的经营者应树立正确的伦理价值观，并将其贯穿于企业的经营理念、管理制度、职权设置等中；其次，企业要运用正确的伦理价值观来处理企业与内部员工的关系，即进行内部的伦理管理；最后，企业要运用正确的伦理价值观处理企业同顾客、投资者、竞争者、供应商、政府、环境、社区等的关系，即进行外部的伦理管理。

一般来说，公司或通过政府和法律，或通过市场，或通过伦理这三种模式进行治理。

与伦理管理相比，基于政府和法律进行公司治理的模式具有明显的局限性，主要表现在四个方面。

（1）法律的调整内容具有限制性。法律并不约束所有的行为，只是对那些触犯了“最基本的行为规范”的行为予以追究，而对那些一般的不道德行为并不追究。

（2）法律的制定与颁布具有明显的滞后性。法律不能不断更新，往往在不道德的行为出现后，才通过制定和颁布法律予以调整。

（3）法律调整范围的局限性。从深度上看，法律只约束人的外在行为，并不约束人的内心。法律条文大多是属于禁止性的，激励性较弱，它只对那些“不应该的”行为做出禁止性规定，而对那些“应该的”行为则不做说明，这使它只能惩恶，而不能扬善。

（4）法律的实施成本较高。法律通过国家的强制力保证实施，如各种司法机构的运行。

基于市场进行公司治理的模式也有，但现实中的市场都是不完全竞争的、信息不充分的、存在外部性效果的。所以，经济活动中常常出现“政府失灵”和“市场失灵”的现象。

基于伦理的治理模式则可以对上述两种治理模式的局限性进行纠偏，原因如下。

（1）伦理管理具有自治性。伦理管理要求企业树立正确的伦理价值观，不仅要求其行为具有伦理性，同时要求企业的经营理念符合道德标准，企业伦理管理水平的高低取决于企业的自治能力。

（2）伦理管理具有超越性。如果企业选择了伦理目标，其经营理念与经营行为也会超越眼前的经济目标，而追求卓越发展。企业伦理管理的效益不能着眼于短期利益，而应立足于长远发展；其效益指标也不再仅以货币计算，而应以为此而获得的声誉、信用和企业成长的可持续性来衡量。

（3）伦理管理的全方位性。伦理管理不仅要求企业的行为符合法律要求，更要符合道德要求；不仅要满足投资者的利益需要，也要满足顾客、员工、社会的需要。

（4）企业伦理具有恒久性。伦理管理通过改变人的思想价值观念来控制、调节企业的行为。因此它所解决的是企业深层次的问题，它使企业内部成为一个具有高度凝聚力的大家庭，同时它为企业长期持续的成长创造了一个和谐的外部生态伦理环境。

二、伦理管理的实践

1. 管理沟通中实践商业伦理的三个层面

组织的沟通无处不在。对于组织的管理者而言，在组织经营管理中实践商业伦理主要从三个层面展开，即微观、中观和宏观层面。

(1) 微观层面。这主要是指管理者与投资者、员工、消费者、供应商等微观主体之间的伦理问题，企业的管理者为承担自己的道德责任应该做什么、怎样做，如企业管理者的道德人格、员工的职业道德等。

(2) 中观层面。这主要是指公司、工会、行业协会、消费者协会等经济组织之间的伦理关系问题，如这些经济组织应具备什么样的经营观念，如何组织伦理管理，如何处理与合作伙伴、竞争对手之间的关系。

(3) 宏观层面。这主要是指组织的管理者面对的社会和制度层面的伦理问题，包括经济制度、经济政策、经济决策、经济行为等方面，而这些方面最终会影响企业的伦理决策。

2. 管理沟通是实现伦理管理的方式

(1) 坚守诚信沟通(ethical communication)的原则。在沟通中有明确的价值观和伦理观，提供所有相关信息，尽一切可能提供真实信息，杜绝虚假、抄袭、有意误导、错误引用等，在强调自律的基础上自觉履行道德责任。

(2) 应树立正确的商业伦理。通常概括为三个方面：组织的生存价值(即使命)是什么，组织的盼望、愿景是什么，组织的价值观是什么。企业的使命定义了企业存在的意义，即为什么存在，为谁创造价值，为什么要为他们创造价值。有很多命题与企业的生存密切相关，包括投资者、管理者、客户、员工、供给商和政府等。对使命，每个企业都有不同的抉择取向和排序取向，它决定了企业的策略和目的。企业的愿景是使命的递进，是企业肩负使命而前进的未来图景，它是企业的个性、趋向性表现。愿景有三个特征：一是大家乐意看到的和希冀的；二是大家乐意为之努力的，拥有自动性；三是通过努力可以一步步濒临的。愿景是一个企业的必胜信念和神圣使命感的体现，同时也能够解决文化抵触问题。企业的价值观是对企业价值的必定信念、倾向、主意和立场的观点，起着行为导向、评价尺度、评价准则的作用，是指导企业行为的一系列基本准则和信条。当某种解决问题的价值观念和方式可以连续而有效地解决组织问题时，这种解决问题的道理就会成为企业的共识，继而成为理所当然的道理，这种道理就是价值观。价值观是企业文化核心中的核心，最具有指导性和可执行性。

(3) 建立相应的伦理管理组织。在充分认识商业伦理重要性的基础上，组织也需要十分重视现实中商业伦理管理的可操作性，如果条件许可，可以设置伦理委员会和负责处理企业伦理问题的经理，制定伦理管理制度，定期开展企业伦理培训。如果无法设置类似的委员会或职位，组织可将商业伦理制定成为组织内部的管理体系或内部规则，管理层可以利用这种体系或这些规则，通过各种沟通方式塑造和规范行为，指导与监督工作流程，以达到在组织内实现伦理管理的目的。

（4）建立和健全相关伦理管理制度。正确的商业伦理要以正式沟通渠道渗透到组织的各个层面。相关的规章制度、重大举措、重要活动等均须以书面形式确立下来，及时迅速地传递到组织的各个层级；同时，建立遵守商业伦理的舆论监督机制，做到奖惩分明。组织的管理者也需要借助非正式沟通渠道创造遵守商业伦理的组织氛围，使得每个员工都清楚地认识到遵守商业伦理规范可以得到的好处。例如充分利用布告栏或者公司内部BBS，对员工提出明确而具体的要求；或者经常开展无领导小组讨论以及体验式培训，观察员工的表现，引导员工建立正确的判断是非的标准。

组织应将伦理价值观与实际行动结合起来。在员工充分了解组织的使命、愿景和价值观的基础上，组织的管理者应对在组织管理各个层面如何应用伦理价值观做详细指点，帮助员工或者团队提供一些解决实际问题的方式、观点，包含管理理念、品质理念、保险理念、人才理念和营销理念等，要描述细节，不是讲道理，而是清晰地告知员工到底怎么做。最为典型的是组织的管理者必须面对和解决公司或者下属面临的道德困境。

情景故事

你会怎么做

假设你是一家拥有千人公司的中层管理者，在下面的案例中，你代表乙方公司（合同中的卖方），业务代表则代表你的大客户甲方公司（合同中的买方）。在面对以下情境时，你会如何做？

你正与一位潜在的大客户谈一项合同。该公司的业务代表暗示你，如果能确保他和他妻子两人获得一次你方全额付费的加勒比海旅行，那么你公司十有八九能做成此单生意。你知道该业务代表的公司并不允许这种“受贿行为”，不过你手里有使用这笔支出的决定权。

分析与思考

面对这种情境，你会怎么做？

第三节　跨国公司的伦理沟通

一、跨国公司伦理的内涵

跨国公司伦理是指跨越国界从事经营活动的企业所面临的特殊伦理问题。从伦理角度看，外国公司进入中国，或是中国企业走出国门，企业的跨国经营活动必定与社会伦理意识和规范交织在一起。在全球扩张过程中,企业外部需要面对许多陌生的伦理文化环境,内部则因需要雇佣来自于不同文化背景的人员而汇集成多元化的伦理体系,对其内部原有伦理规范有冲突与整合的过程。同时为了适应新的外部伦理文化环境,企业与东道国的伦理规范也有一个冲突与融合的过程,这两个过程交织,最后整合形成新的"超越个别成员的伦理规范"的伦理体系,以指导跨国公司在经营活动中层出不穷的具体冲突。

跨国公司的伦理困境是指跨国公司在东道国的经营活动中因全球伦理、母国(母公司)伦理与东道国伦理之间,以及全球伦理与地方伦理之间的差异而导致的误解、摩擦、僵局(对峙)和冲突。各自的伦理都不足以应付新出现的所有道德问题,而新的共同伦理尚待创造并获取普遍有效的价值认同,这种很少会是黑白分明的伦理困境,是超规范与道德自由空间之间的灰色地带。

二、跨国公司伦理冲突的类型

1. 按生成原因分类

(1) 不相协调的文化规范之间的冲突。不同的价值观陷入冲突,但并不妨害任何一种核心价值观。

(2) 母国和东道国相对的利益与价值冲突。这主要表现为工资、商品价格、税收以及资本抽逃等问题。

2. 按冲突内容分类

(1) 主动的反伦理行为。跨国公司在演进的同时自身也会带来许多伦理道德问题,并且违反了国际规范以及公司和行业规范,比如不正当竞争、垄断市场(价格)、利用转移定价规避税收等。

(2) 被动的伦理困境。跨国公司由于跨文化价值观冲突所引致的伦理困境,比如贿赂和金钱腐败、产品道德、各种歧视,还包括由于体制、法规不一致所导致的跨国公司"钻漏洞"现象,比如工资标准、安全标准和环保标准等。

3. 按冲突层次分类

(1) 规范层面的冲突。伦理冲突很大程度上属于规范冲突,比如在一个亚洲国家,社会规范可能允许裙带关系,而西方国家的规范可能要求机会平等。

(2) 公司伦理突出问题范畴。如生产有害产品、侵犯员工权利、知识产权争端、进口外国垃圾、提供和接受回扣等。

(3) 与伦理有关的企业活动。如企业和员工的价值取向、企业形象、企业社会责任、对不同广告的偏好、管理层和工人之间的关系、企业和消费者之间的关系、企业和其他企业的关系、企业和政府的关系以及企业管理方式等。

4. 按冲突表现分类

具体表现在跨国公司与其利益相关者之间的各种伦理关系上,与利益相关者的分类一致。

公司内部来自不同国家拥有不同文化背景的员工(即跨国公司与雇员之间),具有不同的价值规范和行为规范,因此有一个文化或价值管理的问题。

同一个市场不同企业之间(即跨国公司与东道国的其他企业之间)具有不同的价值规范和行为规范,例如禁止童工或反腐败涉及全球市场公平竞争问题,既是伦理问题,也是经济问题。

社会环境的伦理状况(即跨国公司与东道国消费者、政府及其他利益相关者之间),也是跨国公司所要考虑的问题。例如,美国通用汽车公司曾卖掉它在南非的股份,尽管那里的投资回报率非常好,但因为当时南非少数白人统治政权实行种族隔离法,公司如果继续在那里做生意,将招致国内舆论的谴责,也有损公司的伦理形象。因此,企业要求能有满足一定共同伦理规范的社会环境。

因而,跨国公司的伦理冲突不仅在公司内部不同国家和文化背景的员工层面展开,随着跨国公司进入中国市场,伦理冲突会全方位地影响跨国公司在华子公司的运作,比如跨国公司与外部的利益相关者,都会面临伦理的冲突。这三个层次——员工、企业、社会(消费者、政府、社区等),第一个属于内部冲突,后两个属于外部冲突。

5. 按冲突程度分类

由于道德差异有多种类型,伦理冲突也有多种类型。

最偏激形式的道德差异是极端的道德多元主义,双方的道德观极端不同,以致双方没有共同点可以沟通。但这种情况比较少见。

较为常见的道德差异是关于各种具体做法是否合乎道德,是否有互相冲突的伦理判断。比如,在沙特阿拉伯喝含酒精饮料被视为不道德,在美国则不是这样。这种差异不需要排斥贸易往来。

第三种道德差异是,不同的道德理论或道德原则可以对同一行为作一致的道德判断,由于许多做法存在着相当大的伦理一致性,国际规范因此才有可能。

第四种道德差异是生活方式的多元主义。承认文化的多样性和相应生活方式多样性的道德合理性,是跨国公司开展全球商务活动的出发点。

三、跨国公司伦理冲突及规避

1. 跨国公司伦理冲突的表现形式

跨国经营的国际企业,必然会面临来自不同文化体系的文化域的摩擦和碰撞,我们称之为处于一个"文化边际域"中,即处在不同文化交汇与撞击的区域内。在这个区域中,不同的文化环境,不同的经济社会和政治等因素,必然会形成较大的文化差异,它势必会在企业中造成文化间的冲突,并使企业经理人员与员工在心理上形成"文化休克"(Culture shock)的反应。"文化边际域"的存在是企业跨国经营所面临的挑战,是企业中文化差异与文化距离的产物,是国际企业跨国文化冲突与困惑的根源。跨文化冲突具体表现在以下几个方面。

(1) 在价值观方面。价值观是文化的核心所在,在跨文化背景下的经营者坚持自己所习惯的思维方式、工作习惯和沟通方式,坚持"自我参照标准",因而产生价值观的冲突。如我国某香烟生产厂家去美国参加一个大型展销会,带去大量香烟作招待用和促销性散发,结果遭到抵制。吉·霍夫施泰德(G. Hofstede)归纳出不同文化价值观在以下方面表现出较大的差距:个人主义和集体主义,权力差距,不确定性的规避,价值观念的男性度与女性度,长期观和短期观,东方文化和西方文化。

(2) 在选择市场领域和方法方面。国际企业对异域文化的理解将影响企业在战略决策过程中细分市场、选择目标市场以及选择进入的产品领域。在国际企业向海外市场提供何种产品和服务的全球经营战略决定过程中,跨国营销者必须充分考虑文化差异所带来的影响。例如美国产品一般使用鲜艳的颜色,表现出活泼、明朗、华丽的特色;而欧洲产品所用颜色一般较柔和、浅淡,力求接近大自然。

(3) 在经营思想和管理方式方面。不同文化环境中的企业,在如何权衡经济效益与社会福利、短期获利与长远发展等问题时,往往存在很大的差异。实施"走出去"战略的我国企业,通常缺乏风险意识和冒险精神,重视短期行为,较少考虑合作方的获利性;西方管理人员则多具有互利、效率、市场应变的思想,强调售后服务,重视长期行为。在决策方面,中方管理者习惯于集体决策承担责任,而外方管理者习惯于责权明确的分散决策,由个人承担责任。

(4) 在制度文化方面。从层级制度上看,表现为组织设计中的文化冲突。根据霍夫斯特德的文化价值观理论,在权力距离指数较大的组织中,强调以团体为单位的培训和奖励机制,注重团队内人际关系的和谐。相反,在权力距离指数较小的组织中,个人主义倾向要求业绩评估必须以个人的行为、效率和成就为基础,强调个人对组织的贡献。具有长期倾向文化的企业,企业战略的出发点是用渐进的方式获得长期利润与增长;而弱长期倾向文化的企业,培训仅限于企业目前的需要,工资是调动员工积极性的关键因素。

2. 跨国公司伦理冲突的规避

(1) 乔治·恩格勒的四种公司伦理的态度。

外国型:入乡随俗,遵照当地的习惯做法。

帝国型:不加区分地输出它们的价值观,一意孤行。

相互联系型:类似于加入欧盟或北美自由贸易协定的国家那样建立商业关系,公司所代表的国家特性被淡化,公司的相互联系超越国家的特性。

全球型:从所有地区性的差异中分离出来,强调超越民族与国家主权的世界性和统一性。

(2) 理查德·德乔治的观点。理查德·德乔治认为,美国跨国公司在不发达国家从事经营活动应遵循七条准则:跨国公司不应该有故意伤害行为;跨国公司应在东道国生产更好的产品;跨国公司应为东道国的发展做出贡献;跨国公司应该尊重雇员的人权;跨国公司应该公平纳税;跨国公司应该尊重当地的文化;跨国公司应该与当地政府一道工作,在税收、健康和安全标准方面建立和发展一种公正的制度。

(3) 托马斯·唐纳森的观点。托马斯·唐纳森认为,道德语言是阐述人们进行伦理决策和解释其伦理选择的基本方法。他描述的六种道德语言包括善与恶、自制、福利最大化、避免伤害、权利与义务和社会契约。尤其是后三种伦理语言,即避免伤害、权利与义务、社会契约,最容易体现为诸如契约和国际法等明文规定的准则。

总之,面对因伦理差异而发展成的伦理冲突,跨国公司如果以撤出资金和技术相威胁,或是以订单施压,迫使东道国遵守它们的伦理规范,就难以达到伦理上的融合,而仅仅是暂时的妥协。在全球化背景下，跨国公司应逐步认识、理解这些差异，进而产生关心、同情和认同，承认其他国家文化价值体系的合理性，通过沟通协调以淡化各国文化核心价值的根本差异，在组织内部达成共识，在基本价值上培养共同的偏好，最终完成多元伦理的磨合与共建，建立起全新的企业伦理。这注定是一个长期而艰巨的过程，其关键在于沟通，用线路图来表示这个过程即：接触—局部了解—伦理选择—伦理冲突—伦理沟通—进一步选择—伦理认同—形成企业伦理—进一步沟通—完善企业伦理。如果跨国公司只注重浅层次的、表面的规章制度的统一，不重视深层次的、实质性的文化沟通与融合，不重视共有价值观的培育，就会貌合神离，最终免不了走向解体。

企业的伦理也像其商业目标一样可以通过管理来实现。用一个简单的螺旋线路来描述就是：理念—核心价值观—承诺—政策/标准/方法—交流/沟通—贯彻—内部汇报—审计/监督—外部汇报—外部反馈—评估—政策改进。在这个线路中，沟通是其中最重要的一环，理念和规则要通过沟通来得到理解和贯彻，尤其是在一个陌生的文化环境中。清晰和持续的组织沟通对于跨国公司产生和保持伦理观念具有重要的意义。

情景故事

一件小事引发的跨文化沟通问题

英国《金融时报》报道了一则关于联想的趣事：一位驻香港的分析师打电话到联想北京办事处，按照名片上的英文名找人，接线员却告诉他没有这个人，直到他把名片上的中文名告诉接线员，才顺利接通了电话。

尽管这则趣事显示了联想在文化转型中遇到的困惑，但我们还是不难看出其在跨文化沟通中所做的努力。由于联想并购了 IBM 的 PC 事业部，面临业务和文化的跨国整合，联想为此花了不少的心思：聘用了戴尔前任高管比尔·阿梅里奥(Bill Amelio)担任首席执行官——阿梅里奥在 IBM 有 18 年的工作经验。随后，公司将总部移到美国的北卡罗来纳州，并将公司的工作语言从中文变成英文。而此次的联想员工更换英文名，是由员工自发采用的，因为员工们发现，在许多事务联系中都有美国同事参与，因此使用英文名更加方便。

中国的企业在称呼上向来是有讲究的。为了表示对个人以及权力的尊重，对于那些职位较高的企业管理层，下属很少直呼其名，而以“某经理”、“某长”、“某总”等尊称；而上层员工则可以直接用姓名称呼下属。国外的企业，各层级员工间可以直呼名字，这一点也体现在进驻中国的外企中，大家以英文名称呼，而不用考虑是否要加上职位头衔。

其实，称呼只是件小事。然而，从称呼方式可以看出地位差异、权力差异在企业组织中的认同程度和接受程度，而这些因素都会影响企业内部信息的沟通程度。文化差异研究专家吉尔特·霍夫施泰德(Geert Hofstede)在他的研究中发现：权力距离大(指认同和接受管理者拥有比下属大得多的权力)的文化中，人们会恭敬地用头衔和姓氏称呼管理者；而在权力距离较小(认同和接受管理者拥有的权力与下属差不多)的文化中，人们经常直呼其名，管理者会用平等的沟通策略进行管理。

其实怎样称呼并不重要，重要的是企业中的管理者和员工对权力差异的认知，这才是最关键的。随意的称呼方式体现了彼此之间较小的权力、地位障碍，尊敬的称呼方式在某种程度上体现了员工对于权力差异的认同和敬畏。正是对地位、权力差异的认同，才导致了沟通障碍的产生，如沟通的延迟、信息的过滤、信息的扭曲等。

小 结

1. 商业伦理是指在商业活动中，企业及其成员从事经营时，完善其素质和协调商业内外部利益关系的善恶价值取向以及在行为和品质上遵循的伦理原则、道德规范准则的总和。商业伦理概括和总结了商业活动中的道德规范，是商业行为普遍认可的道德原则和行为规范体系。

2. 商业伦理不是一般意义上的社会道德，而是经济活动领域中流通环节所特有的道德，它直接联系着效用或功利价值，具有功利性的特征。商业企业绝不能单以经济效益的高低来决定经营项目，还必须兼顾国家、地方、企业、劳动者个人以及消费者诸方面的利益，不能将自身的利益建立在损害国家利益、其他企业利益和消费者利益的基础之上。商业伦理要求良好的商业服务不仅体现在保证商品的质量，把"质量第一"作为商品生产的原则，还体现在商品销售前、销售过程中和销售后。

3. 商业伦理的主要内容是组织在处理所有关系中应遵循的伦理规范和准则，主要包括关于企业与员工关系的伦理原则和规范、关于企业与消费者关系的伦理原则和规范、关于企业与企业关系的伦理原则和规范、关于企业与政府关系的伦理原则和规范、关于企业与自然环境关系的伦理原则和规范、关于企业与社区关系的伦理原则和规范等方面。

4. 企业伦理管理，简而言之是指企业经营者在经营过程中，用正确的伦理价值观治理公司的行为过程。企业伦理管理表现在三个方面：首先，企业的经营者应树立正确的伦理价值观，并将其贯穿于企业的经营理念、管理制度、职权设置等中；其次，企业要运用正确的伦理价值观来处理企业与内部员工的关系，即进行内部的伦理管理；最后，企业要运用正确的伦理价值观处理企业同顾客、投资者、竞争者、供应商、政府、环境、社区等的关系，即进行外部的伦理管理。

5. 对于组织的管理者而言，在组织经营管理中实践商业伦理主要从三个层面展开，即微观、中观和宏观层面。微观层面主要是指管理者与投资者、员工、消费者、供应商等微观主体之间的伦理问题，企业的管理者为承担自己的道德责任应该做什么、怎样做，如企业管理者的道德人格、员工的职业道德等。中观层面主要是指公司、工会、行业协会、消费者协会等经济组织之间的伦理关系问题。宏观层面主要是指组织的管理者面对的社会和制度层面的伦理问题，包括经济制度、经济政策、经济决策、经济行为等方面，而这些方面最终会影响企业的伦理决策。

6. 跨国公司伦理是指跨越国界从事经营活动的企业所面临的特殊伦理问题。跨国公司伦理按生成原因、冲突内容、冲突程度等存在不同的分类。跨文化冲突表现在价值观、选择市场领域和方法、经营思想和管理方式、制度文化等方面。在规避跨国公司伦理风险方面，乔治·恩格勒、理查德·德乔治和托马斯·唐纳森等学者，从不同视角提出了相应的观点。

复习思考题

(1) 分析与思考商业伦理与社会道德的异同。

(2) 伦理管理三个层面的关注点有什么不同?

(3) 比较乔治·恩格勒、理查德·德乔治和托马斯·唐纳森观点的差别。

案例分析

星巴克:把员工当伙伴

在众多 MBA 教学案例中，星巴克一直被称为用人典范，且被誉为全球最佳雇主。在业界，星巴克并不是薪酬最高的企业，其 30%的薪酬是由奖金、福利和股票期权构成的，中国的星巴克虽然没有股票期权这一部分，但其管理的精神仍然是关注员工的成长。

中国星巴克有“自选式”的福利，让员工根据自身需求和家庭状况自由搭配薪酬结构，包括旅游、交通、子女教育、进修、出国交流等福利和补贴，甚至还根据员工的不同状况给予补助，真正体现人性化管理的真谛，大大增强了员工与企业同呼吸共命运的信心。

这一企业文化的形成来源于星巴克董事长霍华德·舒尔茨的童年经历。舒尔茨从小在纽约的贫困街区长大，父母没有固定的收入来源。他 7 岁那年，当卡车司机的父亲外出送货时脚踝受伤，企业却没有给予其健康保险和工资，这使得他的父亲在身体和自尊上都受到极大伤害。亲眼目睹这一点，对舒尔茨的世界观形成产生了极大影响，促使他萌发了要打造一个不一样的企业的信念，“在维护股东利益与社会良心责任中建立一个平衡”。

1987 年，舒尔茨购买了星巴克咖啡公司。他建立了美国历史上第一个星巴克“期股”形式，即公司所有员工都将获得公司的股权，获得健康保险，尽管“刚开始是有亏损的”。1992 年，星巴克在美国上市，市值 3 亿美元；14 年后的今天，星巴克市值已接近 300 亿美元。“成功与员工、顾客共享”，“与员工形成互相信任的伙伴关系，信任和真诚才会传递到顾客，股东的长期价值才会增加”是舒尔茨不以赚钱为目标的“为商之道”。

星巴克把这一理念同样带到了中国。1999 年，星巴克在北京开了第一家分店。到 2005 年年底，这家全球最热门的咖啡连锁店在中国内地的 18 个城市仅有 165 家咖啡店，与其在美国拥有近 5000 家连锁店相比，中国市场开拓的速度远远不够。但没有在中国赚钱的星巴克仍然带进了其“员工伙伴”理念，中国的雇员也成为了星巴克的合作伙伴，员工的家庭成员同时也成为星巴克交谈和关注的对象。

“信任”已经是当今社会的稀缺品，但舒尔茨执著地要找回它，建立它。他说，在美国，有一项令人感慨的研究结果，40 年前，当产品推广经理推广产品时，只要在电视上播放 30 秒的广告，90%看到广告的人都认为广告是真实的，如果有机会购买的话，那么 90%看到广告的人会去购买;但 40 年后的今天,同样的广告,大多数人不再相信,只有 10%的人才去购买。“推销者违背了其对员工、团队、顾客的承诺,造成了信任的遗失。”舒尔茨说。他希望星巴克的品牌让员工、让顾客重新看到“信任”,包括在中国,在世界各地,“而赚钱不是最主要的”。

星巴克目前也面临巨大的挑战,它必须在保持顺利经营和保留忠实顾客的同时,不断快速增长。而且,作为一家上市公司,星巴克还必须不断拓展规模,以满足来自华尔街的期望。

华伦·巴菲特曾经把香烟誉为完美的产品:“香烟的成本只有几个美分,但却以一美元的售价卖出。另外它还能令人上瘾。”眼下的咖啡生意与香烟非常相似。无论咖啡的售价多么昂贵(星巴克的拿铁咖啡售价根据地点不同而变化,一般大约在 3.5 美元左右),其原料也不过是一杯水、少量牛奶、一汤匙咖啡豆,然后经过 30 秒钟的加工制作而成。星巴克利用消费者对咖啡的酷爱获得 64 亿美元的年收入,公司旗下的咖啡馆有将近 6000 家,目前每天平均有 5 家新店开门迎客。

众多咖啡销售商对星巴克所夺取的高市场份额虎视眈眈。邓肯甜甜圈连锁店在过去几年中,通过不断推出各种新的咖啡种类来拓展经营。最近《华尔街日报》刊登文章指出,邓肯甜甜圈正在推出新的食品供应种类,并将部分门店装修成咖啡馆风格。店内出售的咖啡包括咖啡冰沙以及新近上市的 Turbo Hot,即在咖啡表面淋上一份香浓的 Espresso(意式浓缩咖啡)。连锁店女发言人苏珊娜·诺维茨说,这些变化再加上新的广告宣传旨在告诉消费者,“我们店里虽然没有舒适的沙发和无线网络接入服务,但我们卖的食品物超所值而且方便快捷。”

尽管邓肯甜甜圈出击星巴克的意图是司马昭之心路人皆知,但诺维茨仍坚持说,这些变化之举的目的并不是要抢夺星巴克的客源。她说:“我们不过是在坚持过去一贯的做法,吸引那些直言不讳、严肃认真的老顾客。”另外,人们看到麦当劳也开始在门店里出售新的上等咖啡,并与纽曼食品公司进行联合行销。

但沃顿商学院的营销专家警告说,这些举措可能会让这些公司误入歧途。有些公司被星巴克横扫各地的拓展势头弄得心烦意乱,或者害怕自己的顾客被星巴克抢走,于是,可能会放弃一个其实只要坚守阵地就能获得盈利的细分市场。出于对星巴克红火生意的羡慕,某些公司可能会放弃自己原有的忠实顾客。营销学教授彼得·菲德以邓肯甜甜圈连锁店为例解释说,该店出售小甜饼和油炸饼,同时兼售咖啡和甜甜圈。假如它不在卖果酱夹心甜甜圈的同时兼售还算过得去的咖啡,顾客就可能会光顾别的快餐店。而顾客一旦离开,可能就不会再回头了。

罗伯·普莱斯说,作为固定购买的商品,咖啡还能带动其他商品的销售。普莱斯是宾州一家名为娃娃连锁便利店的首席营销官,同时也是沃顿商学院的兼职教授。“咖啡好像总是与晨报、甜甜圈或者早餐三明治等许多东西一起出售。”人们每周平均有五到七天会去买咖啡,而且常常在同一家店购买。商家最青睐的就是这类忠诚的顾客。咖啡文化的普及让更多的人整天都离不开咖啡,这就意味着娃娃连锁便利店这样的商家可以卖出更多的咖啡。普莱斯指出,“优质的咖啡其实已经走向大众”。

“每个曾经费心研读星巴克菜单的人都知道,星巴克把一般尺寸的咖啡杯称为 tall、中杯的称为 grande、最大尺寸的杯称为 venti（尽管许多顾客在点单的时候仍旧把小杯叫做 small、中杯叫 medium、大杯叫 large）。”邓肯甜甜圈宣称，自己的“意式浓缩咖啡革命是以大众化的价格向顾客提供真正原汁原味的日常享受”。

但星巴克本身对这些冷嘲热讽并不以为然。其女发言人梅·库索尔在电子邮件中写道，星巴克对于“能够创立今天这个让许多咖啡馆生意红火的特色咖啡行业感到非常自豪。但帮助我们在市场上脱颖而出的，是独一无二、原汁原味的星巴克体验，以及我们对咖啡的专业知识和对优质咖啡的不懈追求”。

菲德和其他几位沃顿商学院的同事认为，邓肯甜甜圈以及其他咖啡品牌争夺的顾客和出售的商品都与星巴克不同。换言之，库索尔邮件中所谓“独一无二、原汁原味的星巴克体验”不过是促销的花俏用语。营销学教授戴维·鲁宾斯坦说，星巴克叫卖的除咖啡等饮料外，还有美妙的音乐、舒适的沙发和免费的无线网络接入。顾客购买昂贵的咖啡其实就是在为这些享受体验买单。鲁宾斯坦说，他在自己的星巴克案例教学中，曾要求学生画出三幅由星巴克联想到的画面。学生们画下的第一幅画照例都是一杯咖啡，但第二和第三幅几乎都不是星巴克其他的商品，譬如糕点和报纸，而是“店内的家具陈设、带着穿环或纹身的古怪店员、携带电脑独自坐着或者三五成群的顾客”。

思考与分析

(1) 分析说明星巴克经营管理伦理观的主要特点。

(2) 面对其他商家的竞争，星巴克要不要继续坚守以往的伦理观和经营策略？

第四章　沟通客体分析

【学习目的与要求】

了解沟通客体的含义，识别沟通客体的类型，掌握沟通客体的策略，理解有效倾听的原则。

【教学重点与难点】

教学重点是：沟通客体的本质，沟通客体的策略。教学难点是：掌握沟通策略与沟通客体观察的结合。

引导案例

一起热水器爆裂事件

2005年11月7日，郑州市某报报道：一用户丁女士购买的某品牌电热水器突然爆裂，热水洒了一地，幸亏未伤着人。据丁女士讲，11月1日中午，她上中学的女儿从学校回家，发现屋内热气腾腾的，地面上全是水。她女儿发现原来是挂在走廊处的热水器的一侧开了个口子，热水器里的循环水不断地流向地面。11月5日，记者在丁女士家里看到，挂在走廊墙壁上的热水器一侧的下端裂了个大口子，地板有的地方已鼓起来，墙壁纸也裂开了。记者从丁女士提供的发票上看到，这台热水器是其2004年11月从某商店购买的。热水器爆裂后，丁女士要求厂家退货，并赔偿损失5000元，但有关各方未达成共识。据了解，与丁女士家相同型号的该品牌热水器此前已发生了三起爆裂事故，因没有造成什么损失，厂家都给用户换了货。该热水器生产厂家售后服务部一位姓王的女经理说，出现这样的问题是多方面的，至于最终是何原因还要拿回厂里做鉴定。王经理表示可以给丁女士退货，但得扣除近千元的折旧费，而且最多只能给3000元的损失费。丁女士表示如果与厂家最终达不成共识，将诉诸法律解决此事。

思考与分析

如果你是该热水器生产厂家驻郑州办事处的负责人，根据上述资料回答下列问题。

(1) 本案例涉及的利益相关者包括哪些方面？各有什么反映？

(2) 采取什么策略可以促使问题得到尽可能圆满的解决？

第一节　沟通客体分析的含义及本质

一、沟通客体分析的含义

沟通客体即沟通对象，包括个体沟通对象和团体沟通对象。沟通对象是沟通过程的出发点和落脚点，因而在沟通过程中具有积极的能动作用。沟通客体可以在组织内部，也可以在组织外部；其中组织内部的沟通客体包括下属、上级和同级，组织外部的沟通客体包括客户、供应商、政府、媒体和非政府组织等。

与客体进行沟通是管理者进行管理活动所必备的人际关系技能，即管理者能与其他人一起有效开展工作的能力，既指一个人能够以小组成员的身份有效地工作，也指管理者通过沟通、协作、激励、合作等方式，在其领导的小组或者组织中建立起合作的能力。这些能力包括：观察人，理解人，掌握人的心理规律的能力；与人融洽相处，进行沟通的能力；了解并满足下属需要，进行有效激励的能力；善于团结他人，增强向心力、凝聚力的能力。

沟通客体分析的意义在于：激发下属潜能，建立有效团队；提升员工的共识，打开心结；给予部属指导、咨询以建立人际关系，赢得必要支持；掌握必要的状况，将不明确的信息减至最少；拟定科学对策以化解劳资危机，推进人性化管理，减少和消除劳资双方的猜忌和对立。

二、沟通客体分析的本质

没有有效的沟通就不会有有效的管理。对沟通客体的正确分析是管理者进行有效沟通的前提。《墨子·尚同》曰："上之为政，得下之情则治，不得下之情则乱。"意思是说，在上为政的管理者，能通晓下情的就能治理好，不能通晓下情的就会出乱子，强调上下沟通，使管理者与被管理者的思想保持一致。

沟通客体分析的本质是换位思考，即管理者能够站在对方的立场上思考问题，根据客体的需要和特点组织信息、传递信息，实现建设性沟通。所谓建设性沟通是指在不损害或改变人际关系的前提下进行确切的、诚实的沟通，具有实现信息准确传递、不损害人际关系以及为解决问题进行沟通的特点。

在换位思考过程中，通常要考虑三个问题：第一，受众需要什么？第二，我能给受众提供什么？第三，如何把受众需要的和我能提供的结合起来？著名沟通管理学家基蒂洛克建议，在沟通实践中注意运用以下六个方面的技巧。

(1) 不要强调你为对方做了什么，而要强调对方能获得什么或能做什么。以正面或中立的立场，强调对方想要知道的内容。

(2) 充分兼顾到对方提出的具体要求或指令。

(3) 除非你有把握对方会感兴趣,否则尽量不主动谈及感受,尤其是炫耀自己。

(4) 不要替对方回答他们的感受以及传播别人的感受。

(5) 涉及褒奖内容时,多用"你"或"您",而少用"我";褒奖的内容涉及对方与自己时尽量多用"你我"或"我们",把重点放在对方那里。

(6) 涉及贬抑的内容时,避免使用"你"作为主语,以保护对方的自我意识。

情景故事

克兰梅事件

换位思考尤其在危机管理中具有重要作用,它可以使沟通更有说服力,同时也会树立良好的信誉。美国海洋浪花公司生产的克兰梅是美国人感恩节餐桌上必不可少的酸果,可是1959年11月9日感恩节前夕,美国卫生教育福利部部长弗莱明由于失言突然宣布,当年的克兰梅作物受除草剂的污染,在实验室内老鼠身上做实验时引发了癌症,又说虽然目前还不能证明这种果实在人身上可能引发癌症,但他劝公众好自为之。面对十分不利的局面,海洋浪花公司展开了公关活动。首先,召开新闻发布会;其次,致电弗莱明,要求他立即采取措施。11月12日,公司特意邀请了打算竞选总统的尼克松和肯尼迪在电视摄影机前吃克兰梅,喝克兰梅汁。良好的沟通取得了明显效果,"克兰梅事件"终于在感恩节前成功地化解了。

第二节 沟通客体的特点分析及策略选择

一、沟通客体特点分析的基本框架

管理者对沟通客体的特点进行分析需考虑以下几个方面。

1. 主要受众(Primary Audience)

主要受众是直接自管理沟通者处获得口头或书面信息的人或团体,他们可以决定是否接受你的建议,是否按照你的提议行动。各种信息只有传递给主要对象才能达到预期目的。

2. 数量与规模(size)

信息在传递之前,管理者需对沟通客体,即沟通信息的接收者的数量与规模有所了解。在组织内部,需了解或知道接收该信息的沟通客体的数量、管理层级、涉及的相关部门;在组织外部,需预测或勾勒出接收该信息的沟通客体的可能数量、所处的社会层级以及信息产生的影响能够波及的最大人群范围。

3. 构成(Composition)

管理者需了解沟通客体是来自组织内部还是外部,教育程度、年龄、性别、宗教信仰是否存在差异,兴趣爱好是否有所不同。

4. 知识水平(Knowledge Level)

管理者需了解对于要沟通的问题或者信息,沟通客体对背景资料的需求程度,能够接受和理解专门术语的程度,以及知识结构是否多元化。如果沟通客体对背景资料的需求量较低,知识结构同质化较强,就需要在沟通主题上多花时间;如果沟通客体对背景资料的需求量较高,有着不同的知识或学科背景,则应准确地定义陌生的术语和行话,将新的信息和他们已经掌握的信息结合起来。

5. 期望(Expectation)

在沟通信息方面,管理者需了解沟通客体是否需要了解新的信息,如需了解,管理者则需进一步考虑新信息的类型、细节和例证。对于新信息需求高的受众,应提供足够的例证、统计资料、数据及其他材料。对于新信息需求低的受众,则可以把做出判断的权力交给沟通客体,管理者主要提供决策建议。在沟通的风格、渠道和格式方面,管理者需考虑沟通客体的偏好,具体表现为:风格偏好,即沟通客体在文化、组织和个人风格上的偏好,如正式或非正式、直接或间接、有互动性或无互动性等;渠道偏好,即沟通客体更易于接受的渠道形式,如书面或面谈、纸质文件或电子邮件、小组讨论或个人交谈等。

6. 可能的反应(Probable Reaction)

沟通客体可能出现的反应有正面、中立、负面、抵触和冲突等。管理者需分析沟通客体对所接收的信息感兴趣的程度,及其对沟通主题和结果的关注程度,或者其认真阅读或聆听信息的可能性大小,据此制定沟通策略。因此,不管沟通客体是来自组织内部或者外部,作为信息的发出者,管理者需要问自己以下几个问题。

(1) 是否已经掌握并组织好沟通过程中所有相关的信息?

(2) 是否了解或掌握了有关个体和组织的背景资料和环境状况?

(3) 是否明确要实现和能实现的目标?

(4) 是否清楚听众的需要?

(5) 是否能清晰、生动和有说服力地表达你的观点?

(6) 是否选择了正确的沟通渠道?

二、沟通客体的分类与策略选择

在对沟通客体的特点进行分析之后,沟通主体需对沟通客体进行分类,然后选择适合的沟通策略进行信息的传递。

1. 个体沟通客体及其策略选择

个体沟通客体按照人际风格与沟通特点,可进一步分为表现型、友善型、控制型和分析型。

表现型的人多喜欢谈论自己的事情及成就,面部表情丰富,肢体语言多且快,爱听赞美的话,喜做口头承诺;精力充沛,喜欢刺激、新鲜的事物;做事情有创造性、大胆,但粗心、易走极端，不关心事情的结果，有时不考虑内在原因，显得过分自信；对人坦诚、乐观，但给人不大可靠的感觉。

友善型的人常被称做“好人”，喜欢微笑，希望被大家接受、欢迎，与人合作性好；细心观察别人，热心、宽容；喜欢谈论、关心别人，容易信任别人，也容易把人理想化；为人处世很谨慎，遇事无目标、无主见，喜欢同集体的决定相一致。

控制型的人说话或做事直截了当，对事、对人很苛刻，武断性强；做事喜欢独立、迅速地进行，急躁、执著、固执，少言语，人情味淡，常常小题大做。

分析型的人面部表情少，形体语言少，对人冷淡；反应不是很灵敏，但思路清晰，喜欢与有经验、有知识的人交往；注重数据、事实和专家意见；处事谨慎、细心，做事有耐心、严格，喜欢对多种方案仔细研究和思考；注重安全感，也很可靠。

对表现型的人的沟通建议：言语要有趣味性，尊重对方，多称赞对方；多交换潮流意见，分析发展趋势；多介绍新货，介绍产品的与众不同之处。

对友善型的人的沟通建议：殷勤款待，多提建议，关注他所分享的事情，关注他所关心的人；介绍其他购买例子，视其为自己的朋友。

对控制型的人的沟通建议：在适当时间主动招呼，行动敏捷；不要与其争执，听从指示，不要催促；态度谦和，语言简练，抓住重点。

对分析型的人的沟通建议：强调产品物有所值，详细解释产品的好处；有耐心，及时抓住购买信息；说话严谨、细致，表现出信心。

2. 团体沟通客体及其策略选择

在很多沟通场合中，沟通者可能拥有或考虑到会拥有多个不同的客体(群)，当对象超过一人时，就应当对客体作整体分析。通过分组的方式对客体进行框架式分析，根据其中对沟通目标影响最大的人或团体调整沟通内容。一般来说，信息从沟通客体收到至有效地反馈回信息的发出者，要经历以下几种不同类型的客体。

(1) 最初对象。最初对象是最先收到信息的人，有时也是要求信息发出者提供信息的人。

(2) 守门人。守门人即沟通主体和最终客体之间的“桥梁受众”，通常有权决定甚至阻止沟通主体的信息传递给主要对象或者其他对象。此类客体可以在组织结构中的任何环节，甚至是组织高层或来自企业外部。

(3) 主要受众。主要受众也称直接受众，即那些直接自沟通主体处获得口头或书面信息的人或团体，可以决定是否接受沟通主体的信息，各种信息只有传递给主要对象才能达到预期的目的。

(4) 次要受众。次要受众又称间接受众，即那些间接获得信息，或通过道听途说，或受到信息波及的人或团体。他们可能会对沟通主体的提议发表意见，或在提议得到批准后负责具体实施。

(5) 意见领袖。意见领袖即受众中有强大影响力的、非正式的人或团体，他们可能没有权力阻止传递信息，但可能因为拥有政治、社会地位和经济实力，而对沟通主体所提出的建议实施产生巨大影响。

(6) 关键决策者。关键决策者即最后且可能是最重要的可以影响整个沟通结果的决策者。如存在关键决策者，则要依据其判断标准调整信息内容。

需要说明的是，上面的六类客体中的某几类可以是一个人充当，如负责人常常既是最初对象，又是守门人；有时最初对象既是主要对象，又要负责对文件的提议付诸实施。

团体沟通客体的策略选择如下。

（1）最初对象。此类客体多处于组织结构的中层，采用直接的方式沟通会较为省时省力。

（2）守门人。对此类客体，要分析是否必须通过此人来传达信息。如必须，则分析他是否会因为某些理由而改变信息或封锁信息。因此，可通过非正式沟通，婉转间接地把沟通主体拟表达的意图传递给此类客体。在双方所在组织或团队的合作关系建立之后，再进行直接的沟通和交流。

（3）主要受众。直接的沟通方式会节约此类客体的时间，言简意赅的书面文件如可行性报告会使沟通主体的意图更好地被主要受众理解，方便其作决策。

（4）次要受众。次要受众获得信息的过程属于间接沟通，但沟通主体的提议或建议在客体团体实施的过程中，需采取直接主动的沟通方式，及时了解进展，随时解决可能出现的问题。

（5）意见领袖。通过非正式沟通，在宽松的环境下进行交流，有助于此类客体理解沟通主体的意图，从而发挥其优势，最大限度地在客体团体中创造舆论环境。

（6）关键决策者。对此类客体，需双管齐下，既采用正式的会谈进行项目或合同等的磋商，注重书面报告的使用，同时也需通过各种非正式场合来加强互动，了解其更多的真实意图，以达到最有效的沟通效果。

第三节　网络环境下沟通客体的特点及策略

在全球数字化进程中，网络作为一种新型的沟通渠道和媒介，在加快沟通速度、提高沟通效率的同时，也对传统的沟通模式形成了挑战。由于不同国家、地区、行业、企业、人群之间对信息、网络技术应用程度的不同以及创新能力的差别，“信息落差”、“知识分隔”和“网络贫富分化”等问题已经变成互联网时代沟通中的巨大难题。互联网的非中心化、网络化对传统的权威结构及权力分布产生了巨大的冲击，使得权力趋于均等化。而网络的公共性（即任何人都没有整个网络的拥有控制权），又在很大程度上颠覆了对以物质资源占有为基础的传统的权威结构及权力分配，网络的使用者平等地与其他用户交换信息。网络公共性的分权功能及均权意识的培养功能，又使得沟通客体从传统的被动接收信息者变成了主动的信息接收者、信息再加工的传播者和传播活动的反馈源，成为了传播活动产生的动因和中心环节之一。

一、网络环境下沟通客体的特点

(1) 沟通客体对于信息的接收已经突破时间、空间的限制,对网络资源的占有并不比沟通主体即信息发出者少。对沟通客体的社会分层在一定程度上以网络资源的获取、利用能力和网络资源的拥有量作为标准。

(2) 求知欲较强,进取心较强,沟通客体对参与媒介的需求大大增强。

(3) 虚拟社会的匿名性对权威和声誉的冲击更强。网络媒介不再是少数人的传声筒,而是一定数量有着认同感和团结感的人们集合后自由发表意见的媒介,沟通客体表达意愿、传递反馈的目的,已经从"表达某种意愿"向纯粹地"表达自己"转变。在此过程中,"人的属性"、"自我的归属"成为客体参与沟通行为中或明显或隐含的核心内容,因此,沟通客体的恰当分层将有助于沟通媒介的判断与客体参与的解读。

情景故事

从"网络总统"奥巴马的竞选和当政看美国选民的态度

政治学界经过多年的研究发现:选民的政治意愿在很大程度上是由他们所接受的来自新闻媒体制造的舆论所左右的,信息控制是选举筛除机制中最重要的内容。在竞选期,奥巴马阵营对网络政治宣传投以了高度的重视,而数以百万计的普通网民聚合起来的潜力也给了奥巴马最有力的支持。在"无处不在的奥巴马"理念的引导下,奥巴马的新媒体团队除了为他建立官方网站,还在最热门、最聚集人气的 Web2.0 网站树立直接代表奥巴马的虚拟主体,让选民以自己最方便的互联网应用方式连接到"奥巴马",在自己最熟悉的网络社区与其他奥巴马的支持者建立联系,展开互动。而在执政期间,奥巴马继续利用网络平台达到施政目的的手段也没有放松,具体方式有以下几种。

(1) 经营官方网站及博客。奥巴马的官方网站在内容和形式上都力图全面多样,其中包含对候选人及团队的详细介绍、对施政纲领的宣传、在重要议题上的立场、媒体简报,形式包括视频、音频、图片等在内的多媒体信息以及在线捐款和在线商店等。执政以来,奥巴马个人博客也始终保持更新,在一些时政热点问题的讨论上,博文也积极跟进。譬如在 2010 年热议的医疗改革问题上,奥巴马就用了 10 页近 20 天的博文来宣传新政府的医改理念和举措,呼吁全民为通过医疗改革法案做出自己的贡献。

(2) 设立简易博客。美国总统就职委员会曾与 Tumblr 合作,设立简易博客,让用户上传现场图片、视频以及评论,以记录奥巴马的就职典礼。目前,这一信息发布通路也被用于更新国外领导人访问、白宫晚餐和新闻发布会的资讯。此外,白宫官网(whitehouse.gov)也理所当然地成为奥巴马政府提供政务资讯、发表评论的官方平台。

(3) 在视频网站频频曝光。奥巴马竞选成功的视频第一次见诸公众就是在著名的网络视频 YouTube 上,这在当时即被视为对传统广播电视业的巨大冲击。在执政期间,官方公布和网民上传的奥巴马视频数目也在与日俱增,体现了奥巴马政府立体化展示政治作为、全方位拉近与民众距离的执政姿态。

(4) 充分利用即时信息发布渠道。早先在参选时，奥巴马就曾持续通过著名的微博客网站 Twitter 的 Barack Obama 账号发布信息；执政后该账号继续使用，总统行踪、未来打算等都实时跟进，以平等的姿态打破了总统生活的神秘感。依然以 2010 年医疗改革法案为例，Barack Obama 账号连续 20 天以每日 5 条的速率持续更新动态，让 Twitter 这一直接精干的信息发布平台成为了连通公民、政务公开的窗口。

(5) 保持网络互动社区活跃度。曾经帮助奥巴马争取到大量年轻选民的 MySpace、Facebook 以及 Flickr 等时下流行的社交网站也并没有在奥巴马上台之后被冷落，现在奥巴马在 Facebook 上的“粉丝”已近 800 万。这些互动社区依然是奥巴马在遭遇执政危机时塑造可信形象，并引导社区用户点击官网获取进一步信息的良好渠道。奥巴马的社区账号使得他的形象更加可亲，受众也乐于接受这种平易近人的交流方式，并习惯于从这里获取信息并发表自己的言论，甚至还承担起传播者的职责，以互联网内容的消费者、制造者和传播者三位一体的形象出现在奥巴马的网络互动平台上。

二、网络环境下的客体沟通策略

互联网的发展对组织的营销方式、管理模式和沟通方式均带来了巨大冲击与变化。基于网络的策略沟通工具，如电子邮件、即时通讯工具等，既节省了差旅费用、减少了会议次数、实现与沟通客体的实时交流，在很多时候还会“反客为主”，通过沟通客体的主动参与，加深用户体现，充分发挥了沟通客体的主观能动性，做到以线上带动线下的双向沟通。例如，当一个用户在网上看到自己喜欢的内容，他们会通过即时通讯工具在用户之间进行相互转发，在论坛里面推荐，在微博上评论，最终由多种网络沟通方式组成的对某种产品或服务的话题讨论形成强大的舆论造势。因此，有时产品或服务的提供者(即沟通主体)也会通过制造话题带动客体沟通，来提高自身业绩。

客体分析是整个沟通过程最为重要的环节，是指根据客体的需求和利益期望组织沟通信息、调整沟通方式的有关技巧。无论是个人沟通客体还是团体沟通客体，对于所需求的信息的要求都是一致的，即真实、中肯切题、符合道德要求。因此在策略选择上，都需考虑与沟通客体的关系，在符合商务礼仪规范和无歧视的情况下，采取和沟通客体接近的方式，与其进行交流。客体分析策略中涉及的问题如表 4－1 所示。

表 4－1　客体分析策略基础框架

四个方面	沟通客体关注点	具体问题
沟通客体是谁	哪些人属于沟通客体范畴	是否必须通过此人来传达信息？是否接受沟通主体的建议？是否按照沟通主体的提议行动？是否会对沟通主体的提议发表意见？发表什么意见？是否会对提议实施产生巨大影响？

续　表

沟通客体了解什么	怎样了解沟通客体	沟通客体的教育层次、专业培训、年龄、性别以及兴趣爱好各是什么？ 沟通客体的意见、喜好、期望和态度各是什么？ 沟通客体的群体特征是什么？立场如何？ 沟通客体的共同规范、传统、标准准则与价值观怎样？
	对背景资料的了解情况	需要了解多少背景资料？ 已经了解多少沟通主题？ 能够理解多少专业术语？
	对新信息的需求	需要了解什么新的信息？ 还需要多少细节和例证？
	期望和偏好	沟通客体更加偏好哪种沟通风格，正式或非正式，直接或婉转，互动性或非互动性交流形式？沟通客体更偏好哪种沟通渠道，书面还是口头，纸质报告还是电子邮件，小组讨论还是个人交谈？
沟通客体感觉如何	信息感兴趣程度如何？所要求的行动对沟通客体来说是否容易做到？	正面？负面？中立？ 预期的行动对于沟通客体来说，完成的难易程度如何？ 沟通客体是否会感到过于耗时、过于复杂或过于艰难？
如何激发沟通客体的兴趣	以明确客体利益激发兴趣	什么才能打动沟通客体，产品本身还是利益？ 怎样利用介绍的产品和政策达到沟通客体自身的需求？

第四节　客体沟通的技巧

一、客体沟通时“看”的技巧

1. 如何察言观色

“四分钟印象”是美国 FBI(美国联邦调查局)对其多年的判案经验进行分析和总结之后得出来的关于人际交往的一个结论，即当互不认识的人第一次见面的时候，对对方60％—80％的初步印象是在相见后的四分钟之内形成的，也就是人们常说的第一印象。在这里，人的外表起着绝对重要的作用。FBI 进一步根据人的头型、发型、脸型以及身体语言，解读沟通客体的性格特征，准确率极高。也正是因为对这些方法的运用，FBI 破获了一个又一个大型案件，奠定了其在美国甚至在全世界极高的知名度。

(1) 发型的性格特征。

对女性而言：飘逸的过肩长发，会让人觉得清纯可人，内心淳朴，个性温柔且善良，人缘较好；波浪形的过肩长发，会让人觉得对事业雄心勃勃，内心向往自由，希望自己充满魅力，通常会很享受男性的追求；留着长发却不常修饰，素面朝天，也不穿过于鲜亮的衣服，不追赶潮流的女性，通常会比较有内涵，质朴大方，但比较守旧，缺乏创新精神；将长发扎起来会让人觉得干练豁达，生活往往极有规律，为人处世也非常严谨，但顽固且不喜变通；短发会让人觉得生活很有条理，做事情知道轻重缓急，主次分明，干练、爽快。

对男性而言：飘逸流畅的长发或者直发，会让人觉得前卫又新潮，但是老练世故，能对情势作出良好的判断，行事风格大胆，而且自信心和事业心极强，对成功的渴求非常强烈；简洁精致的短发会让人觉得具有强大的野心，工作细致，但遇到挫折很容易临阵脱逃，缺乏责任心；烫发会让人觉得接受新鲜事物速度极快，懂得随机应变，对命运和生活的态度都很积极，而且会根据客观现实来改变自己，让自己生活得更好，是现实主义人格的代表；平头会让人觉得男人味十足，思想比较保守和传统，很在意自己在别人面前的表现；光头会让人觉得是为了吸引注意力，或者想要保持一种神秘感；胡子和鬓发连成一片会让人觉得性格比较鲁莽，脾气暴躁，但为人非常豪爽，人缘很好。

(2) 脸型的性格特征。

倒三角形脸型的人，一般有着丰富的想象力，视梦想和理想为人生一大要事，但是欠缺行动力，更适合做幕后工作，制订出具有创意的方案和计划，不适合在台前执行自己制订的计划，因为缺少果断坚定的执行力。

下巴尖而窄的人是现实派，执行力相当强，自我意识很强烈，不会顾及太多其他的事情，做事的时候有些顾前不顾后，因此最后成功或失败的比率都很大，成则登上顶峰，败则落入下风。

下巴宽阔的人是头脑聪明的野心家，能力很强，擅长策划谋划，但不善于人际交往。如果女性是这种脸型的话，很可能不擅长处理家务，所以有不少这样的女性即使结了婚，也还是工作重于家庭。

方形脸的人，一般思维灵活且具有行动力。为人处世心胸开阔，做事情的时候充满精力和干劲，遇事不会慌张，能够用理性思维进行分析，具有很强的社交性和幽默感，很得人缘。许多实力不错的政治家、实业家或者气质大方的明星都是这种脸型。

(3) 眼神的性格特征。

内心缺乏安全感的人，眼睛常常左右转动；人们看到感兴趣的东西时，瞳孔的变化会非常明显；不正经、不可信或心怀歹意的人，眼神会四处闪躲，不敢正面迎人，眼睛总是不规则乱转。如果在谈话时，对方的视线投到上方，或是关注其他的身外之物时，表明他对于这场谈话内容不感兴趣，但自身的教养使他不能过于失礼，而不得不敷衍搪塞；如果对方的目光突然集中到说话者的眼睛上，或者直视着说话者时，表明此时此刻的话题引起了他的注意，如果一直保持这种姿态与人谈话，就说明对面前的人产生了成见，或者说他根本就不认可谈话的内容；如果在说话的过程中，对方突然向上翻眼珠，并且目光突然变得怪异或者锐利，表明对于面前的人所说的话有所怀疑，希望证实谈话内容的可信度；习惯于斜眼看人或者用余光扫视别人的人，一般嫌贫爱富，爱斤斤计较、浮夸吹嘘的可能性很大，不然就是居心叵测、心存不良的人。

充分利用眼神的交流，有时候会起到事半功倍的效果。眼睛凝视对方的时间比较久，既会给对方留下较深的印象，也表示了自信；辩论时要注意对视时千万不能把目光移开，以免对方觉得自己不够坚定；交谈时如果对方漫不经心而且不时做出闭眼的动作，那么就应该及时停止谈话，并随机应变；以期待的目光注视对方，并辅以浅浅的微笑和不卑不亢的态度，这是最常用的比较温和而有效的方法，可以在和陌生人的交往中获取成功。

(4) 体型的性格特征。

体型总体偏胖，身体圆圆胖胖的类型，性格一般都开朗乐观，他们非常喜欢与别人交往。这种人性格温厚，会主动与陌生人说话，也很乐于助人，因而一直非常受周围人的欢迎。他们的忍耐力也非常强，即使是在工作或者生活中遇到了不公平的对待，也不会有什么怨言，而是踏踏实实地做好自己的本职工作。凭借这样的性格特征，他们一直在职场上顺风顺水。

体型偏瘦、身材苗条的类型，性格偏向于刚烈、冷酷。这样的人目光逼人，而且脾气非常怪异。当别人的意见和自己的想法相冲突的时候，他们经常会很激动地与对方争执，直到对方认同自己的观点。这种人生性敏感多疑，总是没有办法信任别人，而且因为过于执拗，很容易因为一件小事而与他人产生争执。

(5) 身高的性格特征。

身材魁梧高大的人，性格都比较刚烈，而且有着强烈的进取心。对于他们来说，落后于他人是一件让自己无法忍受的事情，他们每时每刻都在想着不被他人超越。这种人在工作的时候总是精力充沛，而且具有极强的自信心，做一件事情会坚持到底，很少出现半途而废的情况。他们的思维也很敏捷，反应迅速，遇到难题的第一反应就是如何能够最好地解决问题，绝对不会有过多的抱怨，缺点是有些苛求他人。身材魁梧高大的人总是以为别人都能跟自己一样做好每一件事，于是对别人产生过高的期望值，当发现别人达不到如此高的期望值时，他们就会很生气。尽管如此，这种人依旧是极受他人欢迎的，因为他们具有很强的人格魅力，如果对别人不满意，他们就自己默默地完成。

身材矮小的人，头脑也是灵敏而反应迅速的。他们似乎从小就有着一种优于常人的能力，别人看起来不可能完成的事情，他们可以用自己的方式去完成，而且会觉得很轻松、简单。这种人有着极强的好奇心，而且会把好奇心带入工作中，用许多新奇的方法去解决问题，得到意想不到的效果。这种人大多对于金钱的概念并不是很清晰，而且在经济上也经常依赖别人。对于他们来说，手中没有钱，向别人借是一个解决困境的最好办法，但是他们能够兑现自己的承诺，按时还钱，因此身边人会把钱借给他们。

身材高瘦的人，从不惧怕任何困难，一直都是勇往直前的，他们能够成为最后的胜利者。面对生活和工作上出现的困难，他们总是能够自信满满地接受挑战，然后在过程中不断地鼓励自己，达到最后的成功。他们通常是充满自信的，有些时候也会自傲，难以接受别人的建议和批评，这在某种程度上让身边的朋友对其有些疏远。

2. 如何运用身体语言

人类的全部信息表达＝7％语言＋38％语气＋55％身体语言。

由此可以看出，身体语言已经成为沟通的“第二语言”。具体来说，身体语言可以分为以下几种。

(1) 目光交流。在商务活动中比较常见的为凝视、扫视、侧视和闭眼。眼睛正视表示庄重,仰视表示思索,斜视表示轻蔑。通过观察沟通客体的眼神,可以初步判断对方的性格特征。

(2) 面部表情。脸泛红晕一般是羞涩或激动的表示,脸色发青、发白是生气、愤怒或受了惊吓异常紧张的表示;皱眉表示不同意、烦恼甚至是盛怒,扬眉表示兴奋、庄重等多种情感,眉毛闪动表示欢迎或加强语气,眉毛扬起后停留再降下表示惊讶或悲伤;嘴唇闭拢表示和谐宁静,嘴唇半开表示疑问、奇怪、有点惊讶,全开表示惊骇;嘴角向上表示善意、礼貌、喜悦,嘴角向下表示痛苦悲伤、无可奈何,嘴唇撅着表示生气、不满意,嘴唇紧绷表示愤怒、对抗或决心已定。

(3) 手势。手心向上表示坦诚直率、善意礼貌和积极肯定,手心向下表示否定、抑制、贬低、反对或轻视;抬手表示请对方注意,自己要讲话了;招手表示打招呼、欢迎你,或请过来;推手表示对抗、矛盾、抗拒或观点对立;单手挥动表示告别、再会,伸手表示想要什么东西,藏手表示不想交出某种东西,拍手表示欢迎,摆手表示不同意、不欢迎或快走;两手叠加表示互相配合、互相依赖、团结一致,两手分开表示分离、失散、消极;紧握拳头表示挑战、决心、提出警告,挑起拇指表示称赞、夸耀,伸出小指表示轻视、挖苦,食指伸出表示指明方向、训示或命令,多指并用表示列举事物种类、说明先后次序,双手挥动表示呼吁、召唤、感情激昂、声势宏大。

(4) 姿势。基本姿势有头正、肩平、身直、含颌、挺胸、收腹和直腿。男性要体现刚健、潇洒、英武、强壮的风采,力求给人一种"劲"的壮美感,基本站姿为双手相握叠放于腹前,或者相握于身后;双脚可以叉开,与肩同宽。基本坐姿为挺胸收腹,上身直立,双脚可以稍许叉开。女性要表现轻盈、妩媚、典雅、娴静的韵味,努力给人一种"静"的优美感。基本站姿为双手相握或叠放于腹前,双脚可以稍许叉开。基本坐姿为挺胸收腹,上身直立,双腿并拢。如果沟通客体展示出了上述姿势,说明其是有商务沟通意识的,对后续的交流会有一定的帮助。

(5) 距离。0—0.5m 的范围为亲密距离,0.5—1.25 米是人际交往距离,1.25—2.4 米是社会距离,4—8 米及以上为公共距离。

(6) 衣着打扮。沟通客体的穿着不仅反映了他的容貌、气质和风度,更反映了他的素质和修养。美国 FBI 认为,衣着打扮除了体现素质修养外,还可以传递个人的心态、性格、爱好以及身份等多方面的信息。

喜欢进口名牌服装的人:对于有这类穿着习惯的人,不能轻易地从外表上判断其为人,但不可否认的是,这种人留给他人的印象中肯定少不了冷漠。当这种人觉得自己处于不利地位时,也会去寻找外援,而一旦失手,则会将责任推给他人。这种类型的人多数孤独、情绪不安定、有自卑感,最好不要去揭穿他们的自卑感。

喜欢色彩缤纷服饰的人:多数性格活泼、开朗,单纯而善良,坦率而豁达,对生活的态度也比较积极、乐观向上,大多聪明睿智,具有较强的幽默感。同时,自我表现欲也很强,常会用一些小手段吸引别人的目光,也会给人耳目一新的感觉。

对流行元素毫不在乎的人:个性较强,处事中庸,情绪稳定,一般不会做什么有违常理的事,多半理性,不会过于顺从欲望,也不会太过克制自己的欲望。不喜欢人云亦云,不会随波逐流。性格比较沉稳可靠,值得结交。但是往往会因小事固执己见,而与别人产生争执。

喜欢朴实服装的人：向来非常小心，做任何事情都有计划性。诚实，一般不会欺骗人。但是，要注意那些平常衣着朴实，在某个场合盛装而入的人。这类人有可能十分单纯，也有可能颇有心计，懂得如何掩饰自己。他们对别人的批评非常在意，很难接受别人对他们的意见，因此对这类人奉承为上策。应付这种类型的人，最好不要显示攻击心。

喜欢雅致服饰的人：穿着打扮以素净、雅致、实用为原则的人，大多比较朴实、大方、心地善良、思想单纯而又具有一定的宽容性和忍耐力。为人亲切随和，做事脚踏实地，也不缺乏主见。具有很好的洞察力，总能把握住问题的实质，然后用最恰当的方法解决问题。

喜欢改变服饰风格的人：情绪和思维不稳定。如果长期穿一种风格的服饰，突然之间变换风格，则很可能是因为物质或者精神方面受到了重大的刺激，或其思维方式受到新观念的冲击，从而在服饰上表现出重大的调整。这种人的情绪大都不稳定，变换衣服风格是希望摆脱单调，过上富于变化的生活，有逃避现实的嫌疑。

穿着马虎的人：经常服装与配饰等不搭，这种穿着不得要领、疏于考究的人做事马虎，办事缺乏逻辑性、计划性，但比较有执行力。和这类人相处的时候，要掌握分寸，有距离地尊敬对方。这种人一般不能接受正面批评，情绪容易冲动，会给人带来不必要的麻烦。

喜欢穿正装的人：社会地位较高，为了维持自己的“白领”形象，无时不在为工作而努力，他们是上司眼里的精英、下属心中的怪物。喜欢在正装里穿白衬衫的人缺乏主动性、判断力，以工作为人生的支点，是不折不扣的现实主义者。

二、客体沟通时“听”的技巧

靠听的比靠说的能够学到更多东西。此处的“听”为有效倾听，即在对话中，“听着”的不仅是耳朵，还应有眼睛、脑和心，把感观、感情和智力的输入综合起来，寻求其含义和理解的智力和感情过程。倾听者必须克服自身与外界带来的倾听障碍，如用心不专、急于发言、排斥异议、心理定势、厌倦等，避免使用消极的身体语言，而应与沟通客体保持目光接触，在倾听过程中展现赞许性的点头和恰当的面部表情以鼓励对方继续说下去，可以通过提问、复述的方式避免分心，切忌突然打断说话者，通过听者与说者角色的自觉转换来达到移情换位，实现从沟通客体那里获取更多信息的目的。

有效的倾听，可以从沟通客体处获取重要的信息，激发对方的谈话欲从而发现说服对方的关键，同时也可使沟通主体与客体之间获得友谊和信任。这就要求沟通主体必须做到以下几点。

1. 不要打断沟通客体的话

打断对方的讲话是交谈中一个普遍存在的问题，通常意味着对对方观点的轻视，或者表明没有耐心听人讲话。如果要这么做，一定要看看对方的反应。只有当需要对方就某一点进行澄清时，才可以打断对方讲话。例如，当你听到对方作自我介绍时，如果对方的名字听起来很拗口，或者公司名字要准确的情况下，可以询问具体是哪个字，为了减少打断别人的讲话可能造成的负面影响，最好用“请原谅”开始。

2. 不要让自己的思绪偏离

大多数人听话的接收速度通常是讲话速度的四倍，有时沟通客体一句话还未说完，听者已经明白讲话的内容，这就容易导致听者在潜在顾客讲话时思绪产生偏离。作为倾听者的沟通主体应该利用这些剩余的能力去组织获取的信息，力求正确地理解对方讲话的主旨。通过沟通客体的非言语表达行为，增强对其所讲内容的了解，力求领会其所有预想传达的信息。此外，需克制自己，既要避免因疲劳、不舒服的谈话引起的精神涣散，也要防止过于情绪化而导致的思绪涣散。例如，在商业谈判中，在对方表达疑问或成交受挫的时候，尽管在这种情况下停止听讲是正常的做法，但是最好更认真地听下去，说不定会有转机出现。

3. 不要假装注意，要表明认真在听的态度

当听沟通客体讲话时，为了迎合对方，沟通主体会口头上讲一些表示积极应和的话，比如"我明白"、"真有趣"、"是的，是的"。这些回答如果是真正发自内心的，它们可以表明沟通主体的确是在认真地听对方讲话；如果只是敷衍而假装附和，最后出现前后矛盾的现象，那么等于告诉对方你没注意听他们的讲话，这样，沟通客体很快就会对沟通主体失去信任。要向沟通客体表明在认真地听他讲话，可以不时地用"嗯、哦"来表明共鸣，或者希望他就有关问题进一步澄清，或是希望得到更多的有关信息以明确对沟通客体的讲话是感兴趣的，从而鼓舞对方继续讲下去。

4. 听话要听语气和语调，努力理解讲话的真正内涵

倾听时除了听内容之外，注意力还应集中在对方的各种语气、语调表现和话语的内涵上，而不应集中在孤立的语句上。可以用下面几条来理解清楚沟通客体讲话的真实含义。

用自己的话重新表述一下自己理解的含义，让对方检查正误。

当不同意对方的观点但又必须接受其决定时，需要格外认真地听他讲话，这样才能找到应该在何时表示质疑为宜。

如果发现被告知的某些事情令你感到兴奋不已，要提醒自己是否由于自己在理解上出现问题而夸大其辞，而事实却并非如此。

如果对对方的某些讲话内容感到厌烦，这时要注意可能会错过一些很重要的事实。即使是你以前已听过的信息，仍然要继续认真地听下去，"温故而知新"，不会有错的。

不能只对自己要讲的话感兴趣，要很好地倾听对方是如何讲的。在倾听中错过接纳的机会，未能对沟通客体的主要需求加以运用，结果失去了解答其疑问的机会，有时候会失去有助于成交的重要信息。

为了理解沟通客体的讲话，应该将这些讲话做概括总结，这是回应反馈的一个重要方面。它不仅表明沟通主体的确在认真地听对方说话，也为沟通客体提供了一个澄清可能的误解的机会。对于一些不能肯定的地方，也可以通过直接提问的方式，来寻求得到对方的澄清。此外，提问还有获取信息和引导谈话进入你感兴趣的领域的作用。

三、客体沟通时"说"的技巧

在与沟通客体说话时，要针对各种不同的人、不同的情景讲出不同的有针对性的语言。见什么人说什么话在这里不是贬义的，而是要求沟通主体实事求是，灵活机动，具体问题具体对待。需遵循的原则有以下几点。

1. 针对性原则

(1) 针对年龄差异说话。由于不同年龄的人对语言形式的识别能力和语言意义的理解程度不同,沟通主体面对不同年龄阶段的听众,应该根据其不同年龄的特点而有所区别。

(2) 针对性别差异说话。不同性别的人有不同的心理和习惯,所以,说话还应注意听众的性别。对不同性别的人讲话,应当选择不同的方式。

(3) 针对性格差异说话。由于个人性格不同,沟通主体在讲话时应该注意分寸,把握尺度。如果同性格开朗的人谈话,可以侃侃而谈;同性格内向的人谈话,就应注意分寸,循循善诱。

(4) 针对爱好差异说话。爱好,是指个人对某种事物具有的浓厚兴趣。由于各人的爱好不同,对话语的"兴奋点"也不相同。一个具有敬业精神、勇于开拓创新的人,希望能得到事业、工作方面的具体指导和建议;而生活困难、穷困潦倒的人,则盼望能听到扶贫济困、发财致富的信息。

(5) 针对职业差异说话。职业是指个人在社会中所从事的作为主要生活来源的专业工作。不同职业的人,在社会生活中扮演不同的角色,其言谈必然带有一种职业色彩,如农民的话语充满了"泥土味"、工人的话语豪爽直率、军人的话语威严沉稳、推销员的话语给人以极强的诱惑力等。职业、专长不同的人,其头脑中所具有的信息类型和兴趣点是不同的。一般来说,他们对于与自己职业相关的话题具有强烈的兴趣,有着积极探究和钻研的精神。

2. SOFTEN 原则

(1) S:Smile,微笑。很多人在听他人讲话时会忘记这一点,他们在认真地听他人讲话时,容易忽略自己的表情。微笑能够表达自己的友好,并无言地告诉对方你从心底里喜欢这样的交流。

(2) O:Open Posture,注意聆听的姿态。随时处于聆听的姿态能够给对方极好的暗示,暗示他人你已经准备好了听他讲话,并且关注他的每一个观点和看法。聆听的姿态往往表现为面对讲话人站直或者端坐;站直身体时全身要稳,不要显得懒散,也不要交叉双臂抱在身前。

(3) F:Forward Lean,身体前倾。在交谈中不时地将身体前倾,以此表示你专心在听。

(4) T:Tone,音调。讲话时声音、音调给对方造成的影响其实高于内容本身。声音的高低、语速、音量、声调都会对谈话的效果产生重要影响。

(5) E:Eye Communication,目光交流。对商务人士来讲,目光的交流会影响他人对你的信任评价。

(6) N:Nod,点头。偶尔向对方点头,不只表示你的赞同,同时说明你认真地听了他的讲话。只有双方都进入沟通角色,沟通才能正常进行,并取得良好的效果。

小　　结

1．沟通客体即沟通对象，包括个体沟通对象和团体沟通对象。客体沟通指管理者通过沟通、协作、激励、合作等方式，在其领导的小组或者组织中建立起合作的能力。

沟通客体分析的意义在于：激发下属潜能，提升员工的共识，建立良好人际关系，化解劳资危机，推进人性化管理等。

2．沟通客体分析的本质是换位思考，即管理者能够站在对方的立场上思考问题，根据客体的需要和特点组织信息、传递信息，实现建设性沟通。

3．管理者对沟通客体的特点进行分析需考虑以下几个方面，即主要受众（Primary Audience）、数量与规模（size）、构成（Composition）、知识水平（Knowledge Level）、期望（Expectation）、可能的反应（Probable Reaction）等。

作为信息的发出者，管理者需要问自己以下几个问题：(1) 是否已经掌握并组织好沟通过程中所有相关的信息？(2) 是否了解或掌握好了有关个体和组织的背景资料和环境状况？(3) 是否明确要实现和能实现的目标？(4) 是否清楚听众的需要？(5) 是否能清晰、生动和有说服力地表达你的观点？(6) 是否选择了正确的沟通渠道？

4．在对沟通客体的特点进行分析之后，沟通主体需对沟通客体进行分类，然后选择适合的沟通策略进行信息的传递。

个体沟通客体按照人际风格与沟通特点，可进一步分为表现型、友善型、控制型和分析型。每种个体的人际风格不同，需要采取的沟通策略也不相同。

在很多沟通场合中，沟通者可能拥有或考虑到会拥有多个不同的客体（群），当对象超过一人时，就应当对客体作整体分析。通过分组的方式对客体进行框架式分析，根据其中对沟通目标影响最大的人或团体调整沟通内容。一般来说，信息从沟通客体收到至有效地反馈回信息的发出者，要经历最初对象、守门人、主要受众、次要受众、意见领袖和关键决策者等六类客体。这六类客体中的某几类可以是一个人充当，如负责人常常既是最初对象，又是守门人；有时最初对象既是主要对象，又要负责对文件的提议付诸实施。同样，对不同的团队沟通客体应采取的沟通策略也不完全相同。

5．在网络环境下，沟通客体对于信息的接收已经突破时间、空间的限制；沟通客体求知欲较强，进取心较强，对参与媒介的需求大大增强；同时，虚拟社会的匿名性对权威和声誉的冲击更强。沟通客体表达意愿、传递反馈的目的，已经从“表达某种意愿”向纯粹地“表达自己”转变。在此过程中，“人的属性”、“自我的归属”成为客体参与沟通行为中或明显或隐含的核心内容，因此，沟通客体的恰当分层将有助于沟通媒介的判断与客体参与的解读。

6．互联网的发展对组织的营销方式、管理模式和沟通方式均带来了巨大冲击与变化。基于网络的策略沟通工具，如电子邮件、即时通讯工具等，既节省了差旅费用、减少了会议次数、实现与沟通客体的实时交流，在很多时候还会“反客为主”，通过沟通客体的主动参与，加深用户体现，充分发挥了沟通客体的主观能动性，做到以线上带动线下的双向沟通。

7. 客体分析是整个沟通过程最为重要的环节，是指根据客体的需求和利益期望组织沟通信息、调整沟通方式的有关技巧。无论是个人沟通客体还是团体沟通客体，对于所需求的信息的要求都是一致的，即真实、中肯切题、符合道德要求。因此在策略选择上，都需考虑与沟通客体的关系，在符合商务礼仪规范和无歧视的情况下，采取与沟通客体接近的方式，与其进行交流。

复习思考题

(1) 沟通客体分析的本质是什么？

(2) 如何通过察言观色来掌握沟通客体中的性格特征？

(3) 运用本章提供的观点和方法，选择一个沟通对象设计简单的沟通文案。

案例分析

"培训大师"的阴阳两界

假如你要问近几年中国管理培训业最成功的"大师"是谁，圈内人会告诉你，是一个被称为"秒哥"的人。两万元一张的门票，有一万人挤进会场；在培训现场，总有老板恭恭敬敬地为他倒水，以期获得"秒哥的能量"；秒哥穿过的衣服，也被老板们竟拍出 300 万的高价；2011 年，秒哥的 8 天高端智慧课程单人收费高达 30 万元，而且似乎无须担心生源的问题。秒哥代表了中国目前最受热捧的群体——老板培训师。他们的客户，则是中国最精明、最擅长赚钱的一群人——老板群体。

中国著名的文化学者费孝通先生曾在《乡土中国》中说：当遭遇发生在快速的社会变迁时代时，人们发现旧方法无法解决问题……那些能提得出办法、有能力组织新的试验的人就会成为"文化英雄"，获得别人的信任，这种人可以支配跟从他的群众，产生一种权力。费孝通把这种权力叫时势权力。且让我们看看"秒哥们"到底通过什么方式，在某些老板眼中拥有了时势权力。

(1) 利用心灵之惑造神。刘一秒(即"秒哥")在 2007 年接受采访时说："(思八达火的)一个深层次的原因就是，我们这个时代处于一个信仰缺失的时代……培训就是让他们更清楚地认识自己，让他们沉淀一下自己不安的内心，有利于他们开创自己的事业与未来。"

刘一秒是个非常聪明的人，他已经意识到了，老板们都开始思考一个问题：我们这样打拼到底是为了什么？中国最先富起来的人需要方向，赚钱能解决人的物质需求，但不能解决精神追求。当下的中国缺乏宗教信仰，历史文化传承断裂，人们难以找到共同信仰和价值观体系。这个时候人陷入烦恼就很难解脱，不得不去找人指点迷津，于是给"大师们"留下了可操作的空间。这样的培训课程，经常强调要有大爱，要能利他，这两个概念有积极向上的正面引导作用。这种培训过程讲的不是逻辑，而是“相信”，其实就是一种宗教推广的过程。这样的培训，对员工打鸡血，对中高层讲体系，对老板谈信仰，最终成为老板的人生导师和企业教练。

这种培训真的有“智慧”吗？归根结底，这不是在卖课程，而是在经营一门混杂着满足中小企业老板精神需求与实用主义的奇特生意。这种生意模式，已经被很多人欣赏，并在研究复制之道，但却充满了危险。

(2) 群体催眠术制造现实扭曲场。随着知名度的提高，“大师们”越来越避免直接面对面接触大量老板，而是制造一种神秘感，也让直接聆听大师课程的少数高价付费者获得一种接近核心的位置优越感。很多怀着质疑和不相信走进“大师”课程的人，在课程结束后会变成“大师”的忠诚粉丝。

罗伯特·西奥迪尼(Robert B. Cialdini)在其著名的《影响力》一书中，列举了对人产生影响的几个原则，即互惠、承诺与一致、喜好、权威、社会认同、稀缺。在许多大师的课程中，我们不难发现这些原则被巧妙地利用了。假如更深入地了解群体心理学和催眠术的知识，我们就会发现这种课程中的各种心理暗示、身份重置、场景代入、话语暗示、过度包装、层级设定、利益诱惑、眼线安排等，很容易让人陷入非理性思维模式。而让人进入非理性思维就是造神的开始。

在“秒哥”式的商业培训课程体系中，常常不用理论解释现象，而用现象解释现象，甚至是用问题回答问题。每一个观点抛出来后，不会让你有时间深入思考，只会让你立即去看几个支撑观点的论据，虽然这些论据有一定道理，但之间的逻辑不待展开，就马上进入支撑观点的下一个论据，再抛出一套你没有接触了解过的逻辑，串一下就成为一整套理论。这种层层设计的逻辑引导，其实是在愚弄人而不是所谓的“开悟”。

一个好的教学体系应该是开放包容的，允许不同思想来交流和争鸣，才能发现不足，彼此完善。西方 MBA 课程上一个常见的沟通模式就是引入“PK”。“PK”和催化，本质的差别就在于是否允许不同价值观体系的争鸣。“刘一秒们”总是有意无意地在谈理念时把方法论凌驾于价值观之上，但操作时又把价值观提升到方法论之上，一切都采取相对主义。

为了提升所谓培训的效果，“大师们”的课程经常选择在完全陌生的环境里，让学员短期内彻底断绝外部环境的影响，在封闭的时间内用大量的观点冲击你的大脑，通过让企业家脱离自己习惯的环境，隔离各种日常事务，帮助他们进行所谓直观内心的思考。“大师”们不给你任何思想武器，只给你一种精神力量，让你忽略外界的一切而活在自己的认知体系中。他们是把培训当成买卖来做的，只不过卖出的产品不是智慧，而是每个学员的自我感悟，然后他让你相信，这些感悟都是在他的智慧启发下产生的。

有的人说，听了刘一秒的课，我思考了，我开悟了。但这可能只是用一种看似高级的思考代替了原来的思维。

（摘自《中欧商业评论》）

思考与分析

你对近年来媒体上流行的所谓“大师”讲授的成功学、智慧学等有何看法？

第五章　与领导和下属沟通的策略

【学习目的与要求】

了解领导力的内涵，理解领导力的构建，理解和掌握沟通对领导力的影响及策略，把握领导和沟通的关系。

【教学重点与难点】

教学重点是：理解和掌握沟通对领导力的影响及策略。教学难点是：理解和掌握领导和沟通的关系。

引导案例

罗伟的困惑

罗伟已经在某计算机公司工作了5个年头。在这期间，他从普通编程员升到了资深的程序编制分析员，而且逐步成为技术骨干，多次受到领导的口头嘉奖。

一个周末的下午，罗伟和他的朋友及同事一起打保龄球时，了解到他所在的部门新招聘了一位刚大学毕业的程序编制分析员。尽管罗伟是个好脾气的人，但当他听说这位新来的同事起薪仅比他现在的工资少30元时，不禁发火了。罗伟迷惑不解，他感到这里一定有问题。

下周一的早上，罗伟找到了人事部主任，问他自己听说的事是不是真的。人事部主任带有歉意地说，确有这么回事。但他试图解释公司的处境："罗伟，编程分析员的市场相当紧俏。为了使公司吸引合格的人员，我们不得不提供较高的起薪。我们非常需要增加一名编程分析员，因此我们只能这么做。"

罗伟问能否相应调高他的工资，人事部主任回答说："你的工资须按照正常的绩效评估时间评定后再调。你干得非常不错！我相信经理到时会给你提薪的。"罗伟无奈地离开了主任的办公室，边走边不停地摇头，对自己在公司的前途感到忧虑。

思考与分析

(1) 本案例描述的事件对罗伟的工作积极性会产生什么样的影响？哪一种管理理论可以更好地解释罗伟的困惑？为什么？

(2) 你觉得人事部主任的解释会让罗伟感到满意吗？请说明理由。

（3）你认为公司应当对罗伟采取哪些管理措施？为什么？

第一节　领导内涵及基础问题

领导是在一定条件下组织的领导者为实现组织目标，通过领导行为对组织内群体或者个体实施影响的过程。因此，领导的本质在于为实现组织的目标，通过促动（Actuating）、引导（Initiating）、指挥（Directing）、指导（Guiding）、统率（Commanding）、影响（Influencing）和鼓舞（Inspiring）等行为，同时运用权力向下属施加影响力的一种行为或行为过程。

领导的基本作用表现在：在组织决策方面起指向和决断作用，在组织体系中起纽带与核心作用，在组织行为方面起激励和协调作用。

领导行为具有很强的文化异质性，文化背景及文化价值观不同，领导的内涵和效能就会产生差异。组织中的管理者如果能培养及提升自身的领导力，掌控信息与局势，既制定制度也经营人心，对事严格执行，对人公正严明，对内立威，对外合作，即可从容制胜。

与一般管理者不同，成功的领导依赖于合适的理念、行为、技能和行动。依照美国学者拿破仑·希尔的观点，优秀领导者通常具有以下几项典型素质。

（1）热爱。每一个领导者都要对自己所从事的职业、工作有一种毫不动摇的勇气和一份难舍难分的爱，没有任何一位追随者愿意接受一个缺乏勇气与自信的领导者的支配。

（2）自制力。无法控制自我的人绝对无法控制别人。自制力可以为追随者树立榜样，聪明的人会努力效仿。

（3）强烈的正义感。如果没有公平与正义感，领导者就无法指导追随者，无法得到他们的尊重。

（4）果断的决策。政策摇摆、举棋不定表明对自己没有信心，这样无法成功地领导他人。

（5）明确的计划。成功的领导者必须规划工作，并且身体力行。一个领导者如果仅仅靠臆测行事，而没有明确、实际的计划，就好比一艘无舵的船，迟早会触礁。

（6）不计报酬的工作习惯。作为领导者，要以身作则，甘愿比手下的人做更多的工作。

（7）愉悦随和的个性。一个散漫、草率的人不会成为成功的领导者。领导权需要得到尊重，而不重视培养随和个性的人得不到下属的尊重。

（8）同情与体谅。成功的领导者必须对下属有同情心。此外，必须理解下属，体谅他们的困难。

（9）掌握细节。成功的领导者必须掌握领导地位所涉及的一切细节，细节有时确实能决定成败。

（10）负责。成功的领导者必须甘愿为下属所犯的错误与过失承担责任，推卸责任的结果将是其领导地位和权力的丧失。

第二节　领导力的构建

领导力的构建是双向的，既有下属赋予管理者的领导力，也有由管理职责和使命所天然赋予管理者的、由其所支配的领导力。

下属所赋予的领导力如心理契约、长幼有序、依存心理、危机心理等，这类领导力是管理者不可随意支配的，故而从这方面着手增强领导力困难很大。

管理者可支配的领导力有以下几种。

(1) 威吓力。领导者可以借此力(如调职、降级、惩戒、解雇等手腕)令下属顺从他的命令。

(2) 法定力。领导者可以借此组织架构上的法定地位的权力发挥其影响力。

(3) 报偿力。领导者可以透过适当的报偿手段(如加薪、升职等)来影响下属的行为。

(4) 专家力。领导者凭借其所拥有的丰富经验、灵通信息、技术或准确的分析判断力令下属信服，下属接受其提议或工作指引是基于相信领导者的能力。

(5) 吸引力(向心力)。领导者可以依靠他在部属心中的魅力来支配下属的行为，下属因尊重及崇拜而主动地认同领导者，并设法按领导者的旨意办事。

在大多数组织中，下属之所以听从领导者的指挥均是基于上述五种力量之综合运用，其中最常见的是法定力及报偿力，其次是专家力及向心力，最少见的是威吓力，领导力的管理较少使用此力。其实上述每种领导力对部属的工作满足感及工作表现均会产生不同程度的影响。

目前关于组织中领导力的研究主要集中在两个方面。

(1) 领导者的有效领导行为(effective leadership behaviors)，研究其效能对下属、团队及组织的积极影响，可分为变革型领导力(transformational leadership)、魅力型领导力(charismatic leadership)、道德型领导力(ethical leadership)、服务型领导力(servant leadership)和授权型领导力(empowering leadership)等。

(2) 领导者的负向领导行为(negative leadership behaviors)，探讨其对下属、团队或组织的消极影响，可分为威权型领导力(authoritarian leadership)、滥用监督(abusive supervision)和暴君行为(petty tyranny)等。

目前公认的八大全球化领导力模型如表5－1所示。

表5－1　全球化领导力模型

模型	定义
全球化视野	将整个世界视为开拓业务和发展视野的舞台(包括在全球范围内经营职业和个人网络)
全球知识	关心并了解世界时事
有效领导变革	计划、领导、激励并有效执行变革的能力

续 表

开放的领导风格	关心他人、分享经验，以合作、包容和信赖的态度工作，适时分享领导权
理解和管理文化差异	可以敏锐地感觉到文化差异，对不同文化背景的人及在不同文化环境中都能实现成功管理
适应不确定性	能在新的、不熟悉的或未知的环境下有效开展工作和领导
乐观并强烈渴望成功	面对挫折能保持信心，借助关注长期目标克服短期困难
对未来有明确的憧憬	能够表达并传达出清晰的方向感、目的感，用以激励、吸引他人

从表5—1可以看出，领导力的存在与被感知，无论是方向感的传达、激励的能力，还是对不同文化背景的人进行成功的管理，都离不开在管理中的成功沟通。同时，领导力也深刻影响着组织的管理沟通活动。

第三节　领导力对管理沟通的影响

全球管理顾问公司 Hay(合益)集团的研究发现：大约有60%的中国员工对于工作的承诺度低于全球平均水平；另外有15%左右的员工，尽管承诺度较高，但因为没有得到组织的必要支持，因此无法有效工作并且有很强的挫折感。该集团在中国关于领导人行为的研究发现，约有60%的各级管理者和领导者打压或挫伤了员工的积极性。出现这一情况有员工自身的原因，但一个重大的原因是领导和管理这些员工的人，即组织的管理者。在中国劳动力成本不断上涨、中高级管理人员的薪酬已经逼近某些发达国家水平的情况下，与之反差强烈的是，人力资源的浪费和流失惊人的严重。如果领导者能够创造适宜的组织氛围，进行良好的管理和沟通，大幅提升员工的承诺度和有效性，最终调动员工的积极性和创造性，组织将会得到丰厚的商业回报。

一、威权型领导的特征及其对管理沟通的影响

1. 威权型领导的特征

威权型领导行为是一种命令性、独裁性的领导行为，具体指领导者具有绝对的权威，控制下属且要求下属无条件服从自己，并以严格的纪律和高绩效的标准来要求下属。威权型领导的主要特征表现在以下方面。

(1) 专权作风。领导者大权在握，掌握所有的资源、信息、奖惩及决策权，不愿授权；领导者倾向自己做决定，不让员工参与决策；领导者只进行上对下的单向沟通，对信息加以控制不愿公开，并对下属进行严密的监控。

(2) 贬抑部属的能力。领导者会故意漠视下属的建议与贡献；当工作目标达成时，领导者会认为是自己领导有方，非下属的贡献；当工作失败时，领导者则会认为是下属的能力不足或努力不够，非领导者的问题。

(3) 形象整饬。领导者会维护自己的尊严,表现出信心建立(领导者在下属面前表现出能力强、信心十足的模样)、消息操纵(有计划地呈现对自己有利的消息)及形象建立(透过形象塑造,营造出领导者独特的风格,如威严、不苟言笑、神圣不可侵犯)等行为。

(4) 教诲行为。领导者会要求下属的绩效表现,对绩效不好者直接加以斥责,数落下属的不是,但会对下属加以指导,告知他们如何做才能完成任务,特别强调绩效的重要性。

2. 威权型领导力对管理沟通的影响

这类领导力对管理沟通的影响主要涉及下属的情绪、态度、行为及团队行为等方面,易引起下属的愤怒情绪,或者下属对领导者的畏惧,且负向影响团队合作,对员工满意度及组织承诺均有损害。

3. 威权型领导适宜的组织内部沟通环境

(1) 下属的传统性较高,即下属受传统文化影响较大。实证研究表明,威权型领导力与下属的认同感、无条件服从行为和感激行为正相关,下属的传统性在其中起着调节作用;对于传统性较低的下属,威权型领导力则呈负相关。

(2) 下属的权力导向。当下属具有较高的权力导向时,威权型领导力对下属有积极的影响;下属具有较低的权力导向时,威权型领导力对下属无明显影响。

(3) 下属依赖性。下属对领导者的依赖性高时,他们更显著地表现出对威权型领导者的畏惧。

二、服务型领导的特征及其对管理沟通的影响

1. 服务型领导的特征

服务型领导者把下属的需求、愿望和利益放在自身利益之上,他们的首要动机是服务他人而不是控制他人,他们的目的是使下属变得更加健康、明智、自由和善,实现自我管理。因此,"服务为先"是服务型领导力的关键,即服务在领导之上。服务型领导力可划分为12个维度,即积极主动(initiative)、倾听(listening)、想象力(imagination)、妥协(compromise)、接纳和移情(acceptance and empathy)、直觉(intuition)、预见(foresight)、认知(awareness)、劝说(persuasion)、概念化(conceptualization)、治疗与服务(healing and service)以及团体建设(building community)。

2. 服务型领导力的影响因素

(1) 领导者的价值观。领导者的价值观中的两个维度——移情(empathy)、正直(integrity)会对领导者的服务型领导行为产生影响,领导者的移情会让他重视与下属的沟通和对下属的倾听。通过沟通和倾听,领导者可以获悉下属对团队问题的理解、认同和真知灼见,领导者的正直将促进员工之间的相互信任和对组织的信任。

(2) 领导者的能力。一个领导者最起码具备两种能力,即专业能力和领导能力。前者使得他可以指导团队完成任务,后者使得他懂得如何激励团队。实证研究结果表明,领导者的能力有利于促进领导者的服务行为,即一个能干的领导更懂得如何为下属"服务"。

(3) 领导者的人格。领导者人格中的"宜人性"(agreeableness)与服务型领导力这两个概念都强调利他性。一个宜人性的领导者更倾向于帮助与关心他人,这与服务型领导

力的服务精神、帮助下属成长等维度相符合。

3. 服务型领导力对管理沟通的影响

服务型领导在组织中,通过管理活动,会在以下方面对组织中的个体(主要指下属)和团队产生影响。其中,对下属个体层面的影响包括下属的信任(领导信任和组织信任)、下属的绩效(工作绩效、组织公民行为、社区公民行为、助人行为、责任心及创新行为)和下属的组织承诺等,对团队层面的影响主要包括团队组织公民行为、团队对组织的承诺及团队绩效。

对下属个体层面的影响主要有以下几个方面。

(1) 对下属信任的影响。信任是下属和领导(特别是服务型领导)之间相互依赖的重要因素。下属感受到领导的服务型领导力会促进领导信任(leader trust)和组织信任(organizational trust)。与非服务导向的组织相比,服务导向的组织中领导信任和组织信任的程度更高。

(2) 对下属绩效的影响。下属通过注意和观察领导者的行为影响他们自身的行为,因此领导者在鼓励下属好的行为和防止下属不良行为方面扮演着重要的作用,服务型领导力更有利于促进下属的助人行为和创新行为。服务型领导力中的"为团队创造价值"维度会促进下属的社区公民行为,"帮助下属成长和成功"及"道德行为"这两个维度对下属的社区公民行为有一定的促进作用,且"道德行为"维度会促进下属的工作绩效。

(3) 对下属组织承诺的影响。服务型领导力中的"帮助下属成长和成功"维度会促进下属的组织承诺。

对团队层面的影响主要有以下几个方面。

在团队层面上,服务型领导力促进团队组织公民行为(unit-level OCB),包括帮助行为(helping)和责任心(conscientiousness),团队的程序公正环境(procedural justice climate)在其中起部分中介的作用。服务型领导力对下属团队的社区公民行为、工作绩效以及团队对组织的承诺有积极的影响作用。

在组织中,人们会特别关注并模仿领导者的信念、规范和行为,进行学习,并指导自己的行为。服务型领导者容易得到下属的认可,并且使下属更加信任他们。在服务型领导者的关心和服务下,下属将在一个满意的环境中工作,工作热情会得到很大的提升,这对提高他们的工作满意度、组织承诺会有很大帮助,下属也会更加信任他们的领导者。在得到下属高度认可的基础上,领导者可以很容易地建立并维持很强的人际关系。因此,在服务型领导者的领导下,下属将与领导者的关系更加融洽,与领导的交换质量处于更高水平。

因此,对服务型领导而言,最重要的是懂得沟通,特别是心与心之间的沟通。沟通可以拉近领导与员工之间的距离,使领导与员工更好地协作处理工作,还可以化解尴尬或矛盾。因此,服务型领导在很大程度上更懂得服务比管控更重要,信念比指标更重要,团队比个人更重要,授权比命令更重要,平等比权威更重要。

第四节　与领导沟通的策略

一、领导类型分析

分析领导类型是成功与领导进行沟通的基础前提，管理沟通习惯于从多学科角度区分和判别领导类型。

(1) 从心理需求分析，领导包括成就需要型、交往需要型、权力需要型。

(2) 从信息处理方式判别，领导包括思考型、感觉型、知觉型、直觉型。

(3) 从个体管理风格判别，领导包括创新型、官僚型、整合型、实干型。

(4) 从个体气质差异判别，领导包括分析型、规则型、实干型、同情型。

上述各种类型的领导特性，在组织行为学、管理学、人力资源管理等学科都有比较详细的说明。

二、领导管理风格分析

任何一个岗位上的员工都需要跟领导打交道，领导对于员工成长具有“双刃剑”的作用，只有与领导有效地沟通，才能增加自己成长的正能量。了解和熟悉领导的个性及行为特点，然后进行有效沟通合作，才会取得良好的效果。从领导风格上分析，理论界认为，大体分为四种领导类型。各种领导类型除了共同点之外，还有一些不同之处，如表5－2所示。

表5－2　领导管理风格比较

类型	特征	是和不的含义
创新型	有全局眼光、动作快、非结构化风格	是：也许 不：不
官僚型	结构化风格、动作慢、关注过程与细节，思考严密	是：是 不：也许
实干型	动作快、结构化风格、关注细节	是：是 不：不
整合型	动作慢、非结构化风格、关注过程、适应变革	是：也许 不：也许

1. 要对领导群体特征进行分析

领导群体特征概括起来有高处不胜寒、依赖下属、考虑整体、责任重大、渴望尊重等几个方面，因此，在个人行为模式上应侧重考虑以下几点：哪些工作能够帮助上级减轻负担？我能够帮助上级做哪些事情使他更优秀？上级是如何要求和评价我的工作的？怎样才能进一步改善上级对我的看法？

2. 要系统建立与领导沟通的策略

具体包括对领导进行系统分析，如掌握直接上司和间接上司的知识背景（如学历和文化层次、专业背景），了解直接上司和间接上司的心理特征（价值观、偏好、思维方式、工作风格、开放程度）和管理风格（对反映的问题是否乐于接受），尤其是了解直接上司不愿意接受你的建议的原因；了解直接上司和间接上司之间的关系，信任还是不信任，关系是否融洽；了解间接上司的管理艺术，比如弄清楚间接上司是否可能把所获取信息的信息源告知直接上司。

3. 客观认知自我

客观认知自我包括清楚自己的身份和影响力，间接上司对自己的认同程度，所沟通问题的客观程度，对目标问题考虑的深入程度和系统程度，自己的可信度等。

4. 科学设计沟通信息

在信息沟通的原则上，应站在间接上司的角度分析问题；就事论事，对事不对人（如根据个人感受，立足于公司的利益去确定内容）；不对上司的人身作评论，不对他人评头论足。从客观情况描述入手，引出一般性看法，再就问题提出自己的具体看法，征求间接上司的意见，提出相应的建议。在沟通信息的语言上，言辞不能过激，表情平淡，态度谦虚。

5. 合理运用沟通渠道

在渠道选择上，应考虑是直接面对面沟通，还是间接沟通；用口头沟通，还是用书面沟通；用正式渠道，还是非正式渠道沟通等。另外，在沟通环境的选择上也要用心，应达到表面上不刻意、实际上精心准备的效果。

6. 学会使用授权，合理摆位

上级因信任而授予一些超越所居职位或与工作内容不相吻合的权力时，应表示感谢，但不要轻易接受；因情况所需上司临时授予某种权力，事情处理完毕后应及时交回，切勿久占不放；不可借助上司所授权力自主决定处理任何事情，并借机把某种权力掠夺过来；有限度地使用手中的权力，不可滥用、乱用；借口职责拒绝上司对自己所处理事情的干预；虽有处理重大、关键、全局问题的能力，但仍要请示上司后再做决定；上司调整，收回授予的权力时，应愉快服从；发现自己不慎越权时，应积极采取补救措施，并酌情取得有关领导的谅解。

三、与领导沟通的具体策略

1. 弄清领导的真实意图，不要自作聪明而轻易代替领导决策

中国传统文化认为，官场之妙，妙在心机和口舌，因此，立足自身特点和影响程度是与领导成功沟通的重要因素。从中国传统中庸观点来说，通常是成事不说，就是领导已经决定的事情就不要评价；遂事不谏，意即正在做的事情，不要轻易去劝谏；既往不咎，是指对已经发生的事情不再追究责任。

情景故事

曹操怒斩杨修

《三国演义》里有这样一个故事：曹操怒斩杨修。操屯兵日久，欲要进兵，又被马超拒守；欲收兵回，又恐被蜀兵耻笑，心中犹豫不决。适庖官进鸡汤，操见碗中有鸡肋，因而有感于怀。正沉吟间，夏侯惇入帐，禀请夜间口令。操随口曰："鸡肋！鸡肋！"惇传令众官，都称"鸡肋"。行军主簿杨修见传"鸡肋"二字，便教随行军士各收拾行装，准备归程。有人报知夏侯惇。惇大惊，遂请杨修至帐中问曰："公何收拾行装？"修曰："以今夜号令，便知魏王不日将退兵归也：鸡肋者，食之无肉，弃之可惜。今进不能胜，退恐人笑，在此无益，不如早归：来日魏王必班师矣。故先收拾行装，免得临行慌乱。"夏侯惇曰："公真知魏王肺腑也！"遂亦收拾行装。于是寨中诸将，无不准备归计。当夜曹操心乱，不能稳睡，遂手提纲斧，绕寨私行。只见夏侯惇寨内军士，各准备行装。操大惊，急回帐召惇问其故。惇曰："主簿杨德祖先知大王欲归之意。"操唤杨修问之，修以鸡肋之意对。操大怒曰："汝怎敢造言，乱我军心！"喝刀斧手推出斩之，将首级号令于辕门外。

由这则故事可以看出曹操只是犹豫不决，遂以"鸡肋"为号，却未下令退兵，但杨修自以为洞察曹操的真实意图，自作主张，视领导权威于不顾，以至于付出生命的代价。

2. 态度和能力是有效的沟通手段

机会总是垂青有准备的人，这也许是个普遍真理。如果上司突然交给你一个任务，并要你在短时间内完成，而你具有兵来将挡、水来土掩的能耐与决心，而非表现出不知所措的恐慌状，相信你会受到重用。

3. 以领导的事业为己任，永远把领导放在第一位

千万记住，领导的时间比你的时间值钱。当他派一项新任务给你时，最好立刻放下手边的差事，以他的指令为优先。尊重领导的存在是下属与上司关系中极为重要的一环。在职场上（尤其是在私营和合资公司中），能否成功上位，你的领导往往是重要的决定因素。你的领导发展顺利，你也跟着发展顺利；如果他们失败，你的前途同样一片黯淡。所以说，帮上司，就是帮自己。

4. 保持大方得体的仪态

在这个物竞天择的时代里，打扮合宜、修饰整洁并具备良好的卫生习惯也同样重要，例如简单有型的头发、适时修剪指甲、避免浓妆艳抹等，都是不可忽视的原则。

5. 遇到问题要临危不乱

惊惶失措是职场中最忌讳的表现，记着，沉着镇静、处变不惊的人，方为职场最终的胜利者。领导都欣赏临危不乱的角色，因为唯有这种员工才有能力独挑大梁，那么出人头地必然指日可待。

6. 洞察先机，未雨绸缪

千万不要以为所有计划都能顺顺利利，事先想好后备方案是意外发生时的唯一解救办法。关键时刻能够为领导排忧解难，他不但对你感激有加，也会对你未雨绸缪的应变能力留下深刻的印象。

7. 参与决策,当机立断

当有机会参与公司决策的时候,千万要记得:当机立断、刚毅果决是制胜法宝。综观许多成功的企业名流,他们无一不是雷厉风行、果敢决断的榜样。

8. 不怕吃亏,善于沟通

想要收获,就必须付出代价。凡是不愿意多承担责任的员工只有两种出路:一辈子在原地踏步,或是被别人踩在脚下,永不见天日。不过,对额外的工作来者不拒者,还是要先权衡一下额外与本分的界线,如果你觉得实在负荷不了,而且过度的工作已经明显造成你身体或心理上的不适,而你又不便推却上司交付的任务,不妨试着和上司沟通,妥善解决工作的优先顺序。

9. 出现失误,勇于担当

如果你在工作中出现了失误,与其逃避责任,不如试着冷静下来,评估事态的严重性,并研究可行的补救措施,然后视情况向上级反映。具有自己的主见,养成临阵不乱的沉着,通常是领导欣赏的品质。

10. 笑脸迎人

俗话说:伸手不打笑脸人。笑脸迎人不但让共事的气氛更欢愉,对于工作也有事半功倍之效。

第五节 与下属沟通的策略

作为领导者,可能既是下级同时又是上级。领导在与下属共事的过程中,一定要强化沟通的意识。因为,一方面,下属是绩效伙伴,沟通顺畅,心情愉快,效率和效果自然就好;另一方面,作为团队的领导者和管理者,搞好团队沟通本身就是企业管理的重要职责和必须具备的职业能力。

一、在走动中与下属和员工沟通

走动式管理是世界上流行的一种创新管理方式,它主要是指企业主管身先士卒,深入一线,体察民情,了解民意,与下属打成一片,共创业绩。

情景故事

"走动式"管理

日本著名企业家土光敏夫采用"身先士卒"的做法,倡导"走动式"管理。在他接管日本东芝电器公司前,东芝已不再享有"电器业摇篮"的美称,生产每况愈下。土光敏夫上任后，每天巡视工厂，遍访了东芝设在日本的工厂和企业，与员工一起吃饭，闲话家常。清晨，他总比别人早到半个钟头，站在厂门口，向工人问好。员工受此气氛的感染，促进了相互间的沟通，士气大振。不久，东芝的生产恢复正常，并有很大发展。

美国麦当劳快餐店创始人雷·克罗克，是美国有影响的大企业家之一，他不喜欢整天坐在办公室里，大部分时间都用在"走动式"管理上，即到所属各公司、各部门走走、看看、听听、问问。麦克唐纳公司曾有一段时间面临严重亏损的危机，克罗克发现其中一个重要的原因是，公司各职能部门的经理官僚主义严重，习惯躺在舒适的椅背上指手画脚，把许多宝贵的时间耗费在抽烟和闲聊上。于是克罗克想出一个"奇招"，要求将所有经理的椅子靠背都锯掉，经理们只得照办。开始很多人骂克罗克是疯子，不久大家悟出了他的一番"苦心"，纷纷走出办公室，开展"走动式"管理，及时了解情况，现场解决问题，终于使公司扭亏为盈。

世界管理大师汤姆·彼得斯在《追求卓越》一书中谈到"四处走动管理"的方法。一个高层的领导者，不应该每天坐在办公室后面看一些数据、统计表，这些固然有帮助，但他真正该做的是花50%的时间去考察公司的状况。亿万富翁裴洛演讲的时候，说自己时常在中午跟员工一起进餐，他的公司里并没有所谓的主管餐厅。别人很好奇，像他这样有钱的人，为什么不建一个主管餐厅或私人的餐厅呢？他说，跟员工一起用餐，可以了解基层员工一般的问题，很多员工会把讯息提供给他，而这些恰恰都是高阶主管要蒙蔽他的事情。

二、下达指示中的沟通方法

指示和命令是主管对下属特定行动的要求或禁止，目的是让下属照你的意图完成特定的行为或工作。这也是一种沟通，只是指示和命令带有组织阶层上的职权关系。它隐含着强制性，会让下属有被压抑的感觉。因此，在下达指示和命令的过程中，要打开沟通的渠道和大门，用正确的沟通方式使下属心情愉快地接受任务，并全力以赴地完成任务。

1. 正确传达命令意图——"5W2H"法

领导下达命令时，要正确地传达命令，不要经常变更命令；不要下一些连自己都不知道缘由的命令；不要下一些过于抽象的命令，让部下无法掌握命令的目标。在沟通实践中，通常"5W2H"能正确地传达你的意图。例如："张小姐，请你将这份文件复印1份，于下午4点前送到总经理室交给总经理；请留意复印的质量，总经理要带给董事长看。"由此分析：Who（执行者）——张小姐，What（做什么）——复印文件，How（怎么做）——注意复印质量，When（时间）——下午4点前，Where（地点）——总经理室，How many（工作量）——1份，Why（为什么）——要给董事长看。

2. 态度和善，用词礼貌

作为一名管理者，在与下属沟通的时候可能会忘记使用礼貌用语，如"小张，进来一下"，"小李，把文件送去复印一下"。这样的用语会让下属有一种被呼来唤去的感觉，缺少对他们起码的尊重。因此，管理者不妨使用一些礼貌用语，例如"小张，请你进来一下"，"小李，麻烦你把文件送去复印一下"。一位受人尊敬的管理者，首先应该是一位懂得尊重别人的管理者。

3. 让下属明白工作的重要性

下达命令之后，不要忘记向下属强调这项工作的重要性，如："小刘，这次市场调研很重要，它直接关系到我们公司产品投放的战略和战术，关系到新产品上市的成败。但完成这项工作困难很多，你多用功！"通过强调工作的重要性，激发部下的成就感。

4. 共同探讨状况、提出对策

即使命令已经下达，下属也已经明白了他的工作重点所在，管理者也已经相应地进行了授权，但也切不可就此不再过问事情的进展，尤其当下属遇到问题和困难，希望组织协助解决时，管理者要和下属一起共同分析问题，探讨状况，尽快提出解决方案。切不可做甩手领导，以为安排了任务也进行了相应授权就万事大吉了。

5. 让下属提出疑问

给下属提出疑问的机会能体现自己的涵养，也能激发下属的工作激情。如："小王，关于这个投标方案，你还有什么意见和建议吗？""关于这点，你的意见很好，就照你的意见去做。"

三、修炼赞扬下属的艺术

建立良好的人际关系，恰当地赞扬他人是必不可少的。心理学研究表明，被赞扬的人宁愿做出惊人的努力，也不愿让你失望。一个人具有某些长处或取得了某些成就，他还需要得到社会的承认。如果以诚挚的敬意和真心实意的赞扬满足一个人的自我需求，那么任何人都可能变得更令人愉快，更通情达理、乐于协作。因此，作为领导者，应该努力发现你能对下属加以赞扬的小事，寻找他们的优点，形成一种赞扬的习惯。但对下属赞扬时要注意几个细节问题。

1. 赞扬的态度要真诚

每个人都珍视真心诚意，这是人际沟通中最重要的尺度。所以在赞美下属时，必须确认你赞美的人的确有此优点，并且要有充分的理由去赞美他。

2. 赞扬的内容要具体

赞扬要依据具体的事实评价，除了用宽泛的用语如"你很棒"、"你表现得很好"、"你不错"外，最好要加上具体事实的评价。例如："你处理这次客户投诉的态度非常好，自始至终婉转、诚恳，并针对问题提出解决方法，你的做法正是我们公司所提倡的。"

3. 注意赞扬的场合

在众人面前赞扬下属对当事人的鼓励是最大的，但要慎重行事，谨记公开赞扬最好是能被大家认同及公正评价的事项。否则非但不会起到积极作用，相反还会产生更多的负面效果。

四、深谙批评下属的方式

批评也是一种沟通，但批评本身不是一件愉快的事情，所以管理者需要认真研究，使批评获得更多积极正面的效果。中国台湾、日本的管理人员比较喜欢三明治批评法。这种批评方式就像三明治，在面包的中间夹着其他东西，故称为三明治批评法。比如公司要求上班时间穿职业装，可是有一天刘小姐没有穿，又不能不管，就可以这样沟通："小刘，你今天的发型很漂亮啊（第一步——赞美），如果配上咱们公司的职业装（第二步——其实是批评），你会更精神更漂亮！（第三步——赞美）。"如此沟通，每个人都会感到鼓励和激励，所以要学会使用积极正面的语言去形容消极负面的事情。美国著名女企业家玛丽·凯什非常推崇此法，认为"先表扬，后批评，再表扬"的做法，能收到理想的效果。除此之外，批评要尊重客观事实，不要轻易伤害下属的自尊与自信，批评时选择适当的场所；最后不应把批评当成问题的终结，而应成为一个新的更好机会的开始；既要友好地结束批评，又要给下属注入一些新的正能量。

小　结

1. 领导是在一定条件下组织的领导者为实现组织目标，通过领导行为对组织内群体或者个体实施影响的过程。要实现这个目的，有效沟通是必不可少的手段。领导力的构建是双向的，既有下属赋予管理者的领导力，也有由管理职责和使命所天然赋予管理者的、由其所支配的领导力。不同的领导行为，其管理沟通的效果不同。威权型领导力对管理沟通的影响主要涉及下属的情绪、态度、行为及团队行为等方面，易引起下属的愤怒情绪，或者下属对领导者的畏惧，且负向影响团队合作，对员工满意度及组织承诺均有损害。服务型领导力会对组织中的个体（主要指下属）和团队产生影响。其中，对下属个体层面的影响包括下属的信任（领导信任和组织信任）、下属的绩效（工作绩效、组织公民行为、社区公民行为、助人行为、责任心及创新行为）和下属的组织承诺等，对团队层面的影响主要包括团队组织公民行为、团队对组织的承诺及团队绩效。

2. 分析领导类型是成功与领导进行沟通的基础前提。从心理需求角度可以把领导分为成就需要型、交往需要型、权力需要型，从信息处理方式角度可以把领导分为思考型、感觉型、知觉型、直觉型，从个体管理风格角度可以把领导分为创新型、官僚型、整合型、实干型，从个体气质差异角度可以把领导分为分析型、规则型、实干型、同情型。

3. 了解和熟悉领导的个性及行为特点，然后进行有效沟通合作，才会取得良好的效果。(1) 要对领导群体特征进行分析；(2) 要系统建立与领导沟通的策略；(3) 客观认知自我；(4) 科学设计沟通信息；(5) 合理运用沟通渠道；(6) 学会使用授权，合理摆位。

4. 在与领导沟通的具体技巧上要把握几个要点：(1) 弄清领导的真实意图，不要自作聪明而轻易代替领导决策；(2) 态度和能力是有效的沟通手段；(3) 以领导的事业为己任，永远把领导放在第一位；(4) 保持大方得体的仪态；(5) 遇到问题要临危不乱；(6) 洞察先机，未雨绸缪；(7) 参与决策，当机立断；(8) 不怕吃亏，善于沟通；(9) 出现失误，勇于担当；(10) 笑脸迎人。

5. 作为领导者，可能既是下级同时又是上级。一方面，下属是绩效伙伴，沟通顺畅，心情愉快，效率和效果自然就好；另一方面，作为团队的领导者和管理者，搞好团队沟通本身就是企业管理的重要职责和必须具备的职业能力。因此，修炼沟通艺术是十分必要的。

分析思考题

(1) 比较威权型领导与服务型领导的管理绩效。
(2) 如何与不同类型的领导沟通?

案例分析

世界第一 CEO 的沟通法术

许多人以为领导就是开会、下命令,显示权威。其实,这是行政上的权威,不是事实上的权威。自以为是领导,下属心底里未必承认你是领导。领导需要有能打动下属心灵的影响力。被誉为世界第一 CEO 的原 GE 公司董事长韦尔奇说:“一名优秀领导者必须同上下左右自由地接触,不厌其烦地听取意见,进行真正的交流。”他总是不失时机地让下属感觉到他的存在,尽可能地跟所有员工保持沟通,哪怕是清洁工。他每周都会视察工厂和办公室,安排与比他低好几级的经理共进午餐。即使开会,他也不喜欢正儿八经唱高调、读发言稿,而是主张与下属坦诚对话、议论。面对成千上万的下属,不可能事必躬亲,韦尔奇自有许多方法进行沟通,如他无数次向从直接汇报者到钟点工的几乎所有员工发出极具个人魅力的手写体便条,通过传真机发向世界各地,几天之后,当事的员工还会收到韦尔奇手写便条的原始件,这会给员工以亲切和温馨的感觉。又如,他利用自己的记忆力,能像中国伟人周恩来一样,记住别人的姓名,长时间不忘。韦尔奇单凭外貌就能叫出公司管理层至少 1000 人的姓名,并知道他负责什么。公司一名员工说:“他知道他们叫什么,知道他们做什么,这对一名雇员来说是莫大的鼓舞。”能抓住员工的心,韦尔奇何愁不能“稳坐泰山”!

思考与分析

(1) 分析阐述韦尔奇沟通模式的管理绩效。

(2) 从文化视角分析,韦尔奇的做法似乎与美式管理存在本质区别,但却取得了巨大成功。请结合管理学等相关理论谈谈你的看法。

测试题

情商和沟通技巧的培养,有助于有效地与领导和下属沟通。

第 1~9 题:请从下面的问题中,选择一个和自己最切合的答案,但要尽可能少选中性答案。

1. 我有能力克服各种困难

A. 是的　　B. 不一定　　C. 不是的

2. 如果我能到一个新的环境,我会把生活安排得

A. 和从前相仿　　B. 不一定　　C. 和从前不一样

3. 一生中，我觉得自己能达到我所预想的目标

A. 是的　B. 不一定　C. 不是的

4. 不知为什么，有些人总是回避或冷淡我

A. 不是的　B. 不一定　C. 是的

5. 在大街上，我常常避开我不愿打招呼的人

A. 从未如此　B. 偶尔如此　C. 有时如此

6. 当我集中精力工作时，假使有人在旁边高谈阔论

A. 我仍能专心工作　B. 介于 A、C 之间　C. 我不能专心且感到愤怒

7. 我不论到什么地方，都能清楚地辨别方向

A. 是的　B. 不一定　C. 不是的

8. 我热爱所学的专业和所从事的工作

A. 是的　B. 不一定　C. 不是的

9. 气候的变化不会影响我的情绪

A. 是的　B. 介于 A、C 之间　C. 不是的

第 10～16 题：请如实回答下列问题，尽可能少选中性答案。

10. 我从不因流言蜚语而生气

A. 是的　B. 介于 A、C 之间　C. 不是的

11. 我善于控制自己的面部表情

A. 是的　B. 不太确定　C. 不是的

12. 在就寝时，我常常

A. 极易入睡　B. 介于 A、C 之间　C. 不易入睡

13. 有人侵扰我时，我

A. 不露声色　B. 介于 A、C 之间　C. 大声抗议，以泄己愤

14. 在和人争辩或工作出现失误后，我常常感到精疲力竭，而不能继续安心工作

A. 不是的　B. 介于 A、C 之间　C. 是的

15. 我常常被一些无谓的小事困扰

A. 不是的　B. 介于 A、C 之间　C. 是的

16. 我宁愿住在僻静的郊区，也不愿住在嘈杂的市区

A. 不是的　B. 不太确定　C. 是的

第 17～25 题：在下面的问题中，请选择一个和自己最切合的答案，同样少选中性答案。

17. 我被朋友、同事起过绰号、挖苦过

A. 从来没有　B. 偶尔有过　C. 这是常有的事

18. 有一种食物使我吃后呕吐

A. 没有　B. 记不清　C. 有

19. 除去看见的世界外，我的心中没有另外的世界

A. 没有　B. 记不清　C. 有

20. 我会想到若干年后有什么使自己极为不安的事

A. 从来没有想过　B. 偶尔想到过　C. 经常想到

21. 我常常觉得自己的家庭对自己不好，但是我又确切地知道他们的确对我很好

A. 否　B. 说不清楚　C. 是

22. 每天我一回家就立刻把门关上

A. 否　B. 不清楚　C. 是

23. 我坐在小房间里把门关上，但仍觉得心里不安

A. 否　B. 偶尔是　C. 是

24. 当一件事需要我作决定时，我常觉得很难

A. 否　B. 偶尔是　C. 是

25. 我常常用抛硬币、翻纸、抽签之类的游戏来预测凶吉

A. 否　B. 偶尔是　C. 是

第 26～29 题：下面各题，请按实际情况如实回答，仅须回答"是"或"否"即可。

26. 为了工作我早出晚归，早晨起床我常常感到疲惫不堪

A. 是　B. 否

27. 在某种心境下，我会因为困惑陷入空想，将工作搁置下来

A. 是　B. 否

28. 我的神经脆弱，稍有刺激就会使我战栗

A. 是　B. 否

29. 睡梦中，我常常被噩梦惊醒

A. 是　B. 否

第 30～33 题：本组测试共 4 题，每题有 5 种答案，请选择与自己最切合的答案。

答案标准如下：1—2—3—4—5——从不—几乎不——半时间—大多数时间—总是。

30. 工作中我愿意挑战艰巨的任务。1　2　3　4　5

31. 我常发现别人好的意愿。1　2　3　4　5

32. 我能听取不同的意见，包括对自己的批评。1　2　3　4　5

33. 我时常勉励自己，对未来充满希望。1　2　3　4　5

参考答案及计分评估：计分时请按照计分标准，先算出各部分得分，最后将几部分得分相加，即为你的最终得分。

第 1～9 题：每回答一个 A 得 6 分，回答一个 B 得 3 分，回答一个 C 得 0 分。计______分。

第 10～16 题：每回答一个 A 得 5 分，回答一个 B 得 2 分，回答一个 C 得 0 分。计______分。

第 17～25 题：每回答一个 A 得 5 分，回答一个 B 得 2 分，回答一个 C 得 0 分。计______分。

第 26～29 题：每回答一个"是"得 0 分，回答一个"否"得 5 分。计______分。

第 30～33 题：从左至右分数分别为 1 分、2 分、3 分、4 分、5 分。计______分。

总计为________分。

第六章　沟通主体和自我沟通分析

【学习目的与要求】

了解沟通主体的含义,识别沟通主体的类型,掌握沟通主体的策略,理解有效倾听的原则。

【教学重点与难点】

教学重点是:沟通主体的本质,沟通主体的策略。教学难点是:掌握沟通策略与沟通主体观察的结合。

引导案例

一个出轨男人与佛的对话

深夜,寺里一人一佛,佛坐人站。

人:圣明的佛,我是一个已婚之人,我现在狂热地爱上了另一个女人,我真的不知道该怎么办。

佛:你能确定你现在爱上的这个女人就是你生命里最后一个女人吗?

人:是的。

佛:你离婚,然后娶她。

人:可是我现在的爱人温柔、善良、贤惠,我这样做是否有一点残忍,有一点不道德?

佛:在婚姻中没有爱才是残忍和不道德的,你现在爱上了别人已不爱她了,你这样做是正确的。

人:可是我爱人很爱我,真的很爱我。

佛:那她就是幸福的。

人:我要与她离婚后另娶他人,她应该很痛苦,又怎么会是幸福的呢?

佛:在婚姻里她还拥有对你的爱,而你在婚姻中已失去对她的爱,因为你爱上了别人。正所谓拥有的就是幸福的,失去的才是痛苦的,所以痛苦的人是你。

人:可是我要和她离婚后另娶他人,应该是她失去了我,她应该才是痛苦的。

佛:你错了,你只是她婚姻中真爱的一个具体,当你这个具体不存在的时候,她的真爱会延续到另一个具体,因为她在婚姻中的真爱从没有失去过。所以她才是幸福的而你才是痛苦的。

人:她说过今生今世只爱我一个,她不会爱上别人的。

佛:这样的话你也说过吗?

人:我……我……

佛:现在请你看一下面前香炉里的三根蜡烛,哪根最亮?

人:我真的不知道,好像都是一样的亮。

佛:这三根蜡烛就好比是三个女人,其中一根就是你现在所爱的那个女人。芸芸众生,女人何止千千万万,你连这三根蜡烛哪根最亮都不知道,也就是不能把你现在爱的人找出来,你为什么又能确定现在爱的这个女人就是你生命里最后一个女人呢?

人:我……我……

佛:现在拿一根蜡烛放在你的眼前,用心看看哪根最亮。

人:当然是眼前的这根最亮。

佛:现在把它放回原处,再看看哪根最亮。

人:我真的看不出哪根最亮。

佛:其实你刚才拿的那根蜡烛就好比是你现在爱的那个最后的女人,所谓爱由心生,当你感觉你爱她时,用心去看就觉得她最好。你这种所谓的最后的爱只是镜花水月,到头来终究是一场空。

人:哦,我懂了,你并不是要我与我的爱人离婚,你是在点化我。

佛:看破不说破,你去吧。

人:我现在知道我爱的是谁了,她就是我现在的爱人。

佛:阿弥陀佛,阿弥陀佛。

思考与分析

(1) 通过本案例理解自我沟通的本质。

(2) 结合本案例阐述沟通主体的各种表现形式。

第一节　沟通主体的自我认知

中国古代贤人鬼谷子很早就提出,沟通之道的核心在于知己知彼,了解自己之后才能了解别人。在古希腊的特尔斐神殿里,诞生过一句脍炙人口的神谕:“认识你自己!”说明了解自己以及内心是一件非常困难的事情。因此,在管理沟通中,无论是处在什么样的位置,管理者也好,员工也好,正确地认知自我,对于建立信任、实现高效沟通有着积极的作用和意义。

一、何谓沟通主体

沟通主体是指有目的地对沟通客体施加影响的个人和团体,诸如党、团、行政组织、家庭、社会文化团体及社会成员等。沟通主体可以选择和决定沟通客体、沟通媒介、沟通环境和沟通渠道，在沟通过程中处于主导地位。

二、沟通主体的分类

从不同角度可以将沟通主体划分为不同的类别。

1. 从形式上看，沟通主体可以分为认知、情绪和意志三种形式，也即自我认识、自我体验和自我调控

(1) 自我认识。自我认识是对自己存在的洞察和理解，即对自己的行为和心理状态的认知，包括自我观察和自我评价。自我观察是指对自己的感知、思想和意向等方面的察觉；自我评价是指对自己的想法、期望、行为及人格特征的判断与评估，是自我调节的重要条件。个体如何看待和感受自己，反映了个体对自我的判断，由此影响着个体的情绪体验与行为表现。

(2) 自我体验。自我体验是伴随自我认识而产生的内心体验，是自我意识在情感上的表现，具体表现为自尊心和自信心。自尊心是指个体在社会比较过程中所获得的有关自我价值的积极评价与体验，自信心是对自己的能力是否适合所承担的任务而产生的自我体验。自信心与自尊心都是和自我评价紧密联系在一起的。

(3) 自我调控。自我调控是自我意识在行为上的表现，是实现自我意识调节的最后环节，包括自我检查、自我监督、自我控制等。自我检查是主体在头脑中将自己的活动结果与活动目的加以比较、对照的过程，自我监督是一个人以其良心或内在的行为准则对自己的言行实行监督的过程，自我控制是主体对自身心理与行为的主动掌握。

2. 从内容上看，沟通主体可以分为生理自我、社会自我和心理自我三个方面

(1) 生理自我。生理自我指自我的最初形态，是个体对自己的生理属性的意识，包括对自己身体、体能、容貌以及温饱感、舒适感、痛感等生理方面的意识。

(2) 社会自我。社会自我是指个体对自己的思维、情感、意志等心理活动的认识，包括个体对周围客观环境和人的影响、作用的认识和体验，也包括个体对自身在客观世界中的地位、责任、力量的认识和体验。

(3) 心理自我。心理自我是指个体对自己肢体活动状态的认识，如对智慧、能力、性格、气质、兴趣、爱好、意志等的认识和体验。

3. 从自我观念的角度出发，沟通主体可以分为现实自我、投射自我和理想自我

(1) 现实自我。现实自我是个体对自己受环境熏陶，在与环境的相互作用中所表现出来的综合的现实状况和实际行为的意识，是自我现实的、社会存在的真实反映。

(2) 投射自我(或称镜中自我)。投射自我是想象中他人对自己的看法和评价，与现实自我可能存在差距，也就是说，自己对自己的看法和想象中别人对自己的看法往往是有差距的。但是，投射自我对于现实自我的形成起着重要的作用，人们总是把他人对自己的看法和评价作为重要参考，来形成自我的概念。

(3) 理想自我。理想自我指个体经由理想或为满足内心需要而在意念中建立起来的有关自己的理想化形象。理想自我的内容尽管也是客观社会现实的反映，包括对来自他人和社会规范要求以及它们是否满足个体需要的反映，但这些内容整合而成的理想自我却是观念的、非实际存在的东西。

现实自我和理想自我的形成与社会环境的影响密切相关。现实自我产生于自我同社会环境的相互作用，理想自我则产生于这种相互作用中他人和社会广泛的要求内化后在个体头脑中整合形成的自我的理想形象。

三、自我认知与管理沟通：沟通主体认知的内容

不管是在工作场合还是在社会生活中，沟通主体总是按照理想自我来塑造自己，理想自我是现实自我努力的方向。特别是对初入社会的人而言，他们往往以为理想中的自己就是现实中的自己。因此，现实自我总是带有不可摆脱的理想自我的痕迹。

对个体而言，当员工的理想自我建立在理智认识或他人和社会规范以及公司制度的自觉内化之上时，理想自我可以在现实自我和社会（组织）环境之间起积极的调节作用，指导现实自我积极地适应和作用于社会（组织）环境。这时，理想自我、现实自我和社会（组织）环境的要求可以在新的水平和方向上达到协调一致，自我得到健康发展。

对组织管理而言，正确地认识自我，明白自我的潜力激发点与管理盲点，探索自我个性的优势与局限，提高角色意识，可以积极发挥决策参与作用。同时，关注员工的自我认知在管理活动中的积极和消极影响，可以从新角度思考管理中存在的问题，明白员工惯性的行为模式和思维模式及因人而异的注意力焦点。这样既可以了解员工风格迥异的沟通方式下面的内在要求和内在抗拒，捕捉对方心态，掌握当前最有效的沟通和认同模式，提高领导效率；也能够针对不同下属运用相应的激励方式，在心灵层面促进团队沟通激励，推动员工快速行动和积极思考，克服领导力实施不力的心理障碍和实际阻力，在提高领导水平和沟通技巧的同时，让团队建设和领导能力明显增强。具体的目标导向如表6－1所示。

表6－1　领导者认知目标导向

领导者（自我认知）	员工（领导者对员工的认知）
理解自我的行为模式及内在动机	关注工作表现，提高激励指导水平
清楚自己及组织的注意力焦点与盲点	了解人性内在，能处理员工的情绪问题
明确核心价值观与事业取向	把握性格杠杆，促进团队沟通与上下互动
理解个性的优势与局限	管理因人而异，掌握选才、育人、留人的关键
把握自我的性格变化与情绪反应模式	

四、沟通主体的自我可信度

可信度也可称为可信度感知或评价，是影响管理人员管理沟通效果的一项重要因素。沟通客体对沟通主体的信任情况决定了沟通是否有效果。因此可以说，可信度是高效管理沟通的基石。

1. 可信度的概念

可信度是指沟通对象在每一次沟通情境中对沟通者的信任、信心以及依赖的程度。哲学家亚里士多德认为可信度包括“智商”、“情商”和“善良”，他在《修辞学》中提出，演说取得成功的手段有两类，即技术性因素（artificial proofs）和非技术性因素（inartificial proofs）。他认为演说者的个人品格是“最有效的说服手段”：“演说家若能通过自己的讲演使听众认为他是一个值得信赖的人，他便是在利用个人品格取得说服的成功。”在管理沟通中，自我可信度可分为初始可信度和后天可信度，两者的差异如表6－2所示。

表 6－2　初始可信度与后天可信度的差异

	建立时间	影响因素	沟通主体如何利用
初始可信度	沟通情境发生之前	沟通主体的身份地位 沟通主体的外表形象 沟通主客体之前的接触	强调或提醒初始可信度
后天可信度	沟通情境发生之后	沟通主体的良好意愿 沟通主体的素质和知识能力 沟通主客体的共同价值 沟通信息源的可信度	展示沟通能力，运用沟通技巧

情景故事

深圳只有国旗是红的

在改革开放之初，深圳除了优惠政策外几乎什么优势也不具备，苦苦思索后领导者决定出租土地赚钱。当时可以规划开发的土地有 110 平方公里，但是，吃这个“螃蟹”在全国尚没有先例。“国土怎能出租给资本家挣钱？”持这种观点的人占了大多数，所以，这一政策引起了很大的争议。即便在深圳发展起来后，许多从内地去深圳的老干部回来后还伤心地落泪，说深圳除了国旗是红的，其他都看不出一点社会主义的颜色了。开放之初的深圳确实在规则的边缘举步维艰。

但是，发展经济哪能不依靠金钱？只是需要拿出一个能让人信服的理由。当时有位房地产部门的干部深夜难眠，他翻遍了所有马恩列斯的著作，终于在《列宁选集》中发现了这么一段话：“……住宅、工厂等等，至少是在过渡时期未必会毫无代价地交给个人或协作社使用。同样，消灭土地所有制并不要求消灭地租，而是要求把地租——虽然是用改变过的形式——转交给社会。”这位干部看到这段理论后大喜过望，激动万分，半夜就去敲开了市委书记家的门。

所以，每当有人质疑他们出租土地时，深圳的干部们就会把《列宁选集》拿出来，翻到这一页指给对方，并且一字不漏地把这段话背下来。当时，深圳的干部们人人会背这段话。

（摘自吴晓波《激荡三十年》）

分析与思考

(1) 本案例的沟通主体主要依靠什么获得成功?

(2) 你认为在现实的管理和生活中建立可信度有哪些技巧可以借鉴?

2. 虚拟主体的可信度

随着网络技术的发展,网站可信度成为了日益严肃的话题。大公司的主页以实体公司的信誉为担保,而对于日益增多的小公司、小微企业、中小网站,包括初创的互联网公司、网上商城等来说,如何构建网站可信度成为了公司管理层必须考虑的问题。斯坦福大学归纳总结了网上商城可信性建设的基本准则,遵循这一准则可以增强网上商城访问者对网上商城的可信度,具体包括:网上商城信息的准确性易于验证;网上商城显示出有一个真实的企业或组织存在;强调团队中的专家和你提供的内容及服务的专业性;显示出网上商城背后有值得信任的团队存在;网上商城设计的专业性;让用户很方便联系到你;网上商城易于使用并且对用户有用;促销性内容要适可而止;经常更新网上商城的内容(或者至少要显得网上商城最近被更新过);避免文字错误,无论是多么微小的失误;注重商品分类目录的规律性与结构性,便于用户的操作与使用;购物流程凸显简捷性、易用性,让客户很方便地进行购物;ICP 经营许可证书如能放到网站页面上,会提高商城本身的可信度。

3. 信息的可信度

无论是面对面的沟通、组织主页的信息发布,还是客服与顾客在互联网上的互动,最重要的是要传递的信息,因此,信息的可信度显得十分重要。对组织而言,只有可信的信息才可能产生正确的决策。在信息识别的过程中,组织需使用一定的方法,对信息可信度进行评价与测量。可信度高的信息具备以下特征。

(1) 客观性(Objectivity)。客观性的内涵主要表现在:公正均衡地反映正反双方的观点;公平,没有歧视或偏见;真实、客观,尊重客观事实;关注组织利益和公共利益。信息客观性的考察要点是关注信息的主题与论点。

对于要识别的信息,沟通主体应该关注下面几个问题,以甄别信息是否反映了客观事实。信息提供者的目的是什么?信息提供者是否有偏见?信息的内容是否如有所指?信息来源是否正确?是不是已经周全地考虑了所有可能的信息源?

(2) 准确性(Accuracy)。准确性的内涵是信息内容符合被认为正确的道理或标准,既包括信息符号的准确性,也包括信息内容的准确性。

准确性的考察关注两个层面。在信息符号层面:信息符号所表达的信息是否准确?信息符号对信息的表达是否准确?在信息内容层面:信息前提或基础是否完整、准确?信息是否进行了良好的组织?相关的制图、影像、表格、图表、图示是否适当、表示明确?信息传递过程是否完整、准确?

(3) 权威性(Authoritativeness)。权威性的内涵指信息的提供者具有权威性,即沟通主体为在信息内容质量、有效维护和长期稳定等方面具有较高知名度或有相当保证的机构。信息的传播者具有权威性,即沟通主体在其所传播的领域或范围内,有着令人信服的力量和威信，可以以专家的身份给受众提供信息、分析事实、揭示事物的发展趋势或者对某个问题进行深入的探讨。

权威性的考察要点是关注信息的来源，主要表现在：信息的作者/传播者是谁？信息的作者/传播者的资历如何？在同行中的声誉如何？信息的作者/传播者是否隶属于著名机构或组织？

(4) 可证实性(Verifiability)。可证实性的内涵指通过披露信息来源，或者介绍信息来源的特定背景(如政治倾向、性质情况等)，来有效增强信息的准确程度，同时让沟通客体自行判断信息来源的真实性、可靠性或倾向性。

可证实性的考察要点包括：信息来源是否是第一手资料？研究方法是否可重复检验？数据来源是什么？是否有数据和收集方法的说明？

沟通主体对于收集到的信息，经过上述对客观性、准确性、权威性和可证实性等指标的分析，可以借助下面的指标与量表对信息的可信度进行测量，具体如表 6－3 所示。

表 6－3　信息可信度的指标与量表

一级指标	二级指标	变量值				
U_i	U_{ik}	1	2	3	4	5
客观性	不存在歧视或偏见 立场与组织或个人关系不紧密 资料正确且考虑周全 政治味、商业味淡 事实和意见分开					
准确性	前提或基础完整准确 过程与结论完整准确 无语法及拼写错误 信息的逻辑性强 表格、图表、图示适当且明确表示					
权威性	信息源的权威高 信息生产者的权威高 信息提供者的声望高 信息引用源的权威高					
可证实性	数据或证据来源明确 研究方法可重复检验 能够查证背景资料					

测量方法：所有受调查变量为基于 5 点的李克特式变量，分别为完全不同意、不同意、无意见、同意、完全同意。

根据信息类型的不同，运用德尔菲法或层次分析法给出指标权重(包括一级与二级)，计算得出各评价指标的数值。具体计算请参考相关学科提供的方法。

沟通主体对收集到的信息可信度进行测量与筛选后，要根据不同的沟通客体或不同情境下沟通信息的要求，选择不同的信息可信度。一般来说，对组织外部发布重大战略决策或与非专业人士交流时需要的信息内容比较概要，准确性要求不高，而相关性要求较高，如果信息采集尺度过严，则会导致不必要的资源浪费，还可能延误沟通或决策时机；而在组织内部进行沟通，或者与同行交流时则需要具体详尽的、准确度较高的信息。

4. 媒介对于沟通主体自我认知的影响

沟通主体对自我的认知是随着沟通媒介的发展而不断深入的。通过在语言和行动上相互作用、相互沟通、相互理解、双向互动、主动对话等，主体也不断认识自我、调整沟通策略。表6—4展示了不同沟通媒介的发展对自我认知的影响。

表6—4 沟通媒介对沟通主体自我认知的影响

人类沟通的五次革命	原因	对沟通形式的影响	对自我认知的影响
第一次革命	语言的产生	对话比肢体语言更简便易行、灵活迅速、生动传神	自我被塑造成语音交流中的一个位置
第二次革命	文字的发明	人类的沟通突破了时间和空间的局限，为人类的远距离交往提供了可能	自我被建构成自律的人，处于线性的理性中心
第三次革命	印刷的发明	信息存储和信息传递的效率大大提高，为人类的交往提供了更大的便捷	自我开始趋向非中心化、分散化和多元化
第四次革命	信息技术革命	信息沟通扁平化	由网络沟通的虚拟性引发了自我认知的回归性
第五次革命	数字化电子媒介的产生	信息沟通完全突破时间、空间、沟通主客体的限制，基本做到了全天候沟通	自我认知出现了现实世界与虚拟世界两个维度的互动性，如何重新平衡、定位以及认知自我成为新的课题

在互联网发展的今天，每个人既被外界因素所影响，也会通过网络平台去影响别人，对自己的认知不仅受到上述过程的影响，更为重要的是，自我认知的过程变得更为复杂，具有了由即时性产生的互动性，由实时性产生的复杂性，由虚拟性产生的分裂性或平衡性等特征和问题。互联网所承载的虚拟世界是现实世界的延伸存在，不同于基于某种目的所作的局部修饰和片面掩盖的现实世界的沟通，沟通主体可以在网络世界里面进行自由的反思和创造。当虚拟自我和现实自我在时间上平行存在时，就不可避免地产生虚拟角色与现实角色的冲突。沟通主体如何重新平衡、定位以及认知自我？运作的机制又是如何的？在同一时间，两个不同的自我如何互动？这些问题的存在，使得互联网环境下对自我的认知充满了许多未知和变数。

第二节 自我认知与组织管理

进入21世纪后，工作的含义已经发生了改变，它指的是一起工作的员工之间的联系，而不再仅指工作(即做什么)本身。如果员工乐于做自己的本职工作,他们会表现得更好,工作绩效也会更好,因此也会得到更高的绩效评价,升迁更快。如果这样的员工能够进一步对其他员工在工作上产生积极影响,带来正能量,那么管理层会给予其相应的奖励,多半是提职,用以做好团队管理。因此,良好甚至是优异的人际关系不仅可以影响个人的职场发展,还可以提升组织的业绩。当组织的管理者意识到这一点时,会自觉地推动和促进员工"精神福利"的发展,最主要的途径之一就是鼓励和支持员工参加人际沟通的培训,通过帮助员工建立健康的工作关系达到建立良好的组织软环境的目的,形成良性循环。正如人会在工作和生活中展示出不同的一面一样,组织中的成员,即管理者和员工的自我认知也会呈现出"工作"和"生活"的两面性。

一、组织管理者的自我认知

组织管理者的自我认知是指管理者具有良好的心理品质和能力,能够与不同性情的人相处,并能根据员工不同的心理活动规律实施工作,从而达到积极管理、促进组织效率的目的。这就要求管理者做到以下几点。

1. 平等宽容

管理者首先从心理上要平等待人,不能将等级观念和官僚作风带入日常沟通。不能苛求下属,求全责备,对员工的缺点和不足难以容忍而严加训斥。要有平等待人之心和容人之量,一定要从心理上宽待下属,包容下属的缺点和不足,严于律己、宽以待人。

2. 理解尊重员工

在日常的沟通中,理解是开展工作的基础,理解又是建立在相互尊重的基础上,管理者与员工之间的充分理解、相互尊重,是组织营造良好沟通氛围的重要前提。因此,管理者要尊重员工的意见,能当面提出意见是相互理解和信任的表现,要与员工进行心与心的交流与沟通;要尊重员工的人格,即使是批评,也不能对员工进行人身攻击。

3. 真诚地关心员工

管理者对员工漠不关心就会导致情感疏远,继而产生隔阂,最后导致沟通失败。因此,管理者要能够真诚地关心员工,甚至要从一些生活小节上给员工以极大的热情和关注。如在员工努力工作、取得成绩时,能及时予以赞誉;有不顺之事或天灾人祸时,要真诚地给予安慰和帮助。这样,员工才会主动与管理者接触,努力工作。

管理者在具备与员工融洽相处的心理品质的基础上,还要善于根据员工心理活动的规律,因人而异,正确掌握其心理活动的特点,遵循其活动规律,从而使管理沟通达到事半功倍的效果。

二、员工的自我认知

人与人之间在"价值取向"、"认知方式"、"环境敏感度"和"人际交往风格"等四大领域上均有所差异,以上差异的不同组合可能使人们在决策方式、行为方式上有所不同,甚至对同一事物的观点完全对立。这些不同方式之间的互动也同时影响着日后的趋同或分化。

1. 价值取向(value orientation)

价值取向是哲学价值的重要范畴,它指的是一定主体基于自己的价值观在面对或处理各种矛盾、冲突、关系时所持的基本价值立场、价值态度以及所表现出来的基本价值倾向。价值取向具有实践品格,它的突出作用是决定、支配主体的价值选择,因而对主体自身、主体间关系、其他主体均有重大的影响。价值取向的合理化是人类进步的信念。

克拉克洪和斯特罗德贝克概括出五种各包括三种类型的价值取向:对人类本性内部特征的概念(坏的、善恶混合的、可变的),对人与自然及超自然关系的概念(人类服从自然、人与自然和谐相处、人统治自然),人类生命的时间取向(以过去为中心、以现在为中心、以未来为中心),对自我性质的看法(强调存在、强调顺其自然、强调行为),对人际关系的看法(独处、合作、个人主义)。

研究发现,在西方工业文化背景下成长的人们强调自然的主宰地位,以将来为中心,强调行为和个人主义;而在非工业文化背景下生活的人们则强调人与自然和谐相处,以现在或过去为中心,顺其自然地发展自我,强调与他人合作的关系。

2. 认知方式(cognitive style)

认知方式又称认知风格,是个体在知觉、思维、记忆和理解问题等认知活动中加工和组织信息时所显示出来的独特而稳定的风格。认知方式表现为一个人习惯于采取什么方式对外界事物进行认知,有很多种形式,如沉思性和冲动性、平和性与尖锐化等,它们并没有好坏的区分,其中最主要的是 H. A. 威特金提出的场依存性和场独立性特征。具有场依存性特征的人,倾向于以整体的方式看待事物,在知觉中表现为容易受环境因素的影响;具有场独立性特征的人,倾向于以分析的态度接受外界刺激,在知觉中较少受环境因素的影响。

在管理实践中,认知方式包含感性思维与理性思维。感性思维包括直觉、想象、领悟等,常常只抓住对象的主要环节,而那些次要的、非本质的环节往往被忽略,因而对问题的解决具有一定的模糊性和猜测性,故具有整体性、概括性等特征。感性思维不受固定的逻辑规则约束,不经过严密推理与逻辑论证,而以猜测、想象、顿悟等感性形式去直接认识与把握客观对象,故其又具有迅捷性、直接性、本能意识等特征。理性思维包括逻辑推理、演绎分析等,采取按部就班的系统化逻辑推理、演绎分析方式,以实际工作中的资料信息累积为基础,在个体特性上通过分析、综合、推理的方式来认识与把握客观对象,因而理性思维具有严密性、可靠性的优点,但易受传统思维、既定模式的束缚。

在实际工作中,当事物简单并有规律可循时,理性思维方式具有系统准确的优势;但当事物错综复杂,新情况不断出现时,运用理性思维方式的管理者,由于习惯于关注每一个细节,常常会感到工作负荷过重,压力过大。因此管理人员在认识了不同认知方式的局限性和自身认知方式的倾向性后,便可有意识地拓展另一种思维方式,以期进一步激发自己在认知方式上的潜力。如果更进一步地将不同认知方式的分析方法应用在与自己密切接触的上级、平级和下属身上,认真观察和分析他们的思维方式,还将有助于加强和他们的建设性沟通与合作。

3. 环境敏感度

环境敏感度指个体应对环境变化的能力，包括个体对模糊、不确定性因素承受力的大小，以及在纷乱变化的环境中进行决策和采取行动的应变能力。

4. 人际交往风格

人际交往风格指与人交往的倾向性行为方式和态度，包括个体的张扬或含蓄、果敢或柔顺、主导或合作、随和或清高等习惯性行为态度。

人际交往风格与价值取向、认知方式和环境敏感度的显著不同在于前三项注释个体自身的特质，而人际交往风格涉及个体与他人交往的心态和行为取向。由于管理岗位偏重人际交往，故管理者的人际交往风格，或其在人前人后的心态取向，是管理者自我认知的一个非常重要的方面，极端不适应人际交往的个性会使管理者倍感挫折和自我失望。

一个人的人际交往取向并不等同于实际人际交往状态。据说美国前总统卡特每次演讲都很紧张，但这并不妨碍他成为最成功的演说家和政治家之一。人际交往风格反映的是个体内在的人际交往倾向和心态，而不是真实场景中与他人的实际互动状态。

人们在交往中形成互动关系，各自努力使双方彼此相容，并避免不愉快，各自期望在三个方面的"交往需求"，即接纳需求（接纳他人和被他人接纳）、主导需求（主导事态和由他人主导）和情感需求（爱戴他人和被他人爱戴）得到一定的满足。以上三类人际交往需求综合组成个体的人际交往风格，或个体的人际交往的需求倾向。

自我认知是自我改变、自我完善和自我提高的前提。自我认知的四大领域组成了自我概念最基本的核心。自我认知是自我反省的必需条件，自我认知的理解和应用来源于自我的素养要求，所以自我认知是自发的，是高尚素养情操所支配的。

小　　结

1. 沟通主体是指有目的地对沟通客体施加影响的个人和团体，诸如党、团、行政组织、家庭、社会文化团体及社会成员等。沟通主体可以选择和决定沟通客体、沟通媒介、沟通环境和沟通渠道，在沟通过程中处于主导地位。

2. 从不同角度可以将沟通主体划分为不同的类别。(1) 从形式上看，沟通主体可以分为认知、情绪和意志三种形式，也即自我认识、自我体验和自我调控。自我认识是对自己存在的洞察和理解，包括自我观察和自我评价；自我体验是伴随自我认识而产生的内心体验，是自我意识在情感上的表现；自我调控是自我意识在行为上的表现，是实现自我意识调节的最后环节，包括自我检查、自我监督、自我控制等。(2) 从内容上看，沟通主体可以分为生理自我、社会自我和心理自我三个方面。生理自我是指个体对自己的生理属性的意识，包括对自己身体、体能、容貌以及温饱感、舒适感、痛感等生理方面的意识；社会自我是指个体对自己的思维、情感、意志等心理活动的认识，包括个体对周围客观环境和人的影响、作用的认识和体验，也包括个体对自身在客观世界中的地位、责任、力量的认识和体验；心理自我是指个体对自己肢体活动状态的认识，如对智慧、能力、性格、气质、兴趣、爱好、意志等的认识和体验。(3) 从自我观念的角度出发,沟通主体可以分为现实自我、投射自我和理想自我。现实自我是个体对自己受环境熏陶,在与环境的相互作用中所表现出来的综合的现实状况和实际行为的意识,是自我现实的、社会存在的真实反映;投射自我是想象中他人对自己的看法和评价,与现实自我可能存在差距;理想自我指个体经由理想或为满足内心需要而在意念中建立起来的有关自己的理想化形象。

3. 提高沟通主体的认知水平和能力,对个体而言,可以使理想自我、现实自我和社会(组织)环境的要求在新的水平和方向上达到协调一致,自我得到健康发展;对组织管理而言,正确地认识自我,明白自我的潜力激发点与管理盲点,探索自我个性的优势与局限,提高角色意识,可以积极发挥决策参与作用。

4. 可信度是影响管理人员管理沟通效果的一项重要因素。沟通客体对沟通主体的信任情况决定了沟通是否有效果。因此可以说,可信度是高效管理沟通的基石。可信度是指沟通对象在每一次沟通情境中对沟通者的信任、信心以及依赖的程度。在管理沟通中,自我可信度可分为初始可信度和后天可信度。可信度高的信息具备客观性(Objectivity)、准确性(Accuracy)、权威性(Authoritativeness)和可证实性(Verifiability)等特征。

5. 组织管理者的自我认知是指管理者具有良好的心理品质和能力,能够与不同性情的人相处,并能根据员工不同的心理活动规律实施工作,从而达到积极管理、促进组织效率的目的。员工之间的个人认知提升着眼于"价值取向"、"认知方式"、"环境敏感度"和"人际交往风格"等四大领域。

案例分析

海因斯的 Interpersonal skills 培训

2010 年,沟通培训专家海因斯(Geraldine E. Hynes)为某知名公司开展了人际沟通能力的培训。该公司为行业内最大的公司,福布斯美国 500 强最大的私有企业,年收入超过 100 亿美元,在北美、欧洲和亚洲均有分公司。如果上市的话,可以排进福布斯 500 强中的前 200 名。公司的管理层认为,亟待进行沟通改进的是 IT 部门。IT 部门拥有员工 1300 名,包括网络工程师、应用开发人员、编程人员、经理和项目负责人。他们的职位要求是为复杂的问题找到创造性的解决方案,因此需定期进行技术和职业培训,来改善技术技能和专业能力。这样的培训由公司的培训与开发部门实施。2010 年之前,只有核心员工能得到培训,培训项目主要集中在领导力和技术方面。来自公司内部 IT 学习小组的一名成员形容这样的培训是"讲师带领、内部自娱自乐且耗费时间"。2010 年开始,IT 学习小组调整了培训方式,采用了不同的方法。他们对 60 名资深经理进行访谈,询问其心目中最重要的 IT 培训是什么,以确定有针对性的培训项目。在访谈中,小组成员问这些经理:"和我们谈谈你认为最好的员工是什么样的。"通过这样的谈话,可以确定被培训方期待达到的和实施培训方实际能做到的之间的差距。

资深经理们坚信员工们需要八种软技能来提高绩效,其中沟通技能排在第一位。经理们抱怨IT部的员工说话的时候经常让人不舒服，也无法清楚地表达自己的观点，还时常隔着坐着的合作伙伴的头顶说话；与同事或者团队成员说话时，他们难以分辨出关键部分，经常纠缠于杂乱无章的细节。调查结果显示：学习小组需要打开思维，调整培训方式。

学习小组决定从外部寻找培训合作伙伴，而不是使用内部资源。2010年开始，学习小组与来自外部的沟通培训专家海因斯一起对本公司的IT部门进行培训。外部的主题专家会向合作团队提供更多的动态课程。此次培训的主题为日常工作中的沟通，内容明确为IT部门员工之间，以及与公司非技术人员之间的简明扼要的沟通，尤其是日常的、非正式的互动。培训时间为半年，参加培训的人数最多为20人。培训前期的准备工作进行了四个月，在此期间，外部的培训专家与IT部门的经理一起，收集来自部门的第一手资料作为培训案例，学习企业的文化、术语和缩写词、价值观和业务目标。在四个月的准备期满后，联合培训小组（外部培训专家和IT部门经理）推出了为期两个月的针对培训对象的试培训，通过他们的反馈来调整、充实培训内容。之后，正式的培训开始了，这次培训着眼于上级、IT部门内部同事以及与非技术的其他部门同事之间的日常互动，辅以身边的真实案例，重点对具体的沟通技巧和策略进行培训。学习小组开发利用了混合培训模型：开始为面对面的课程教学或者虚拟教学；两个月后，被培训者被要求参与一系列的线上互动课程，如主题博客、简短的电话答疑、仿真讨论版和团队作业等，由本部门的经理带领完成这些任务，而不是培训师。这些跟进的活动旨在培养自我发现意识，加强学习效果。通过这样的混合型模型，被培训者可以自我管理时间投入，自己决定进程，用多种形式培养被培训者的兴趣，同时也建立了经理或者项目经理主持在线研讨、博客管理以及开展电话问答的环节。

除了讨论和课堂实践外，在培训结束的时候，被培训人员必须拿出如何将所学到的技巧应用于今后工作的行动计划。此外，他们也被要求在培训结束时在线填写意见反馈，评价培训师、培训材料、讨论的话题以及互动活动。同时也需指出感到最有价值的部分以及哪些部分需要改进。60—90天之后再次填写调查问卷，这次的反馈要衡量出通过参加培训，被培训者在多大程度上切切实实地改变了日常的沟通行为。这是因为学习小组认为，培训学习50%的价值是通过培训后的实践行为来实现的，另外的25%来自于从经理或主管处得到的指导和反馈，只有25%的价值来自于在培训教室里度过的时间。

这些调查问卷通过开放式的问题来获得被培训者的评论和建议。一名被培训者写道："这是一个非常实用的话题，是马上可以学以致用的技巧之一。它非常有用，我会推荐任何水平、任何级别的人来参加。"但是，仅仅由被培训者自己汇报沟通行为的改变有可能不够准确，学习小组同时也会去询问被培训者的上级或主管的评价，甚至是有关该人行为的任何奇闻轶事，这些都可以考虑作为培训有效性的佐证。如果员工在参加培训后愿意尝试改变他们的行为，一个主管说现在开会，他会积极参与讨论，而没有参加沟通培训之前，他通常保持沉默，就会得到认可并嘉奖。在绩效评估中，沟通能力是一项关键的考核指标。如果主管给某个员工评定的等级较高，那么这个评定可以影响工资调整甚至晋升。

针对人际沟通能力的培训持续了一年，只有25%的学员表示他们不记得课堂上讲过什么了，也从未在培训之后的工作中应用过这些技能。可以说，这次持续的培训还是非常成功的。纽约梅隆公司(BNY Mellon)负责公司沟通事务的副总裁 Sam H. DeKay 认为,职场中的人际沟通是尚未挖掘的区域(unexplored region)。对于沟通培训专家海因斯为某行业知名公司提供的旨在提升员工人际沟通能力的培训课程,他的评价是海因斯把对培训效果的评价提到了十分重要的高度,认为全面的效果评估不仅要涉及被培训员工的反馈,还应在培训结束数周后,对被培训员工的经理进行调查和访谈,看看被培训者是否做到了学以致用。

思考与分析

(1) 你认为 Interpersonal skills 的核心是什么?

(2) 海因斯培训法的优点是什么?

(3) 运用海因斯培训法需要具备什么条件? 国内企业存在哪些差距?

第七章　面　　谈

【学习目的与要求】

了解面谈的含义，识别面谈的类型，描述面谈的技巧，理解绩效面谈的步骤，掌握离职面谈的策略。

【教学重点与难点】

教学重点是：绩效面谈的技巧及原则。教学难点是：掌握离职面谈的策略。

引导案例

宁波比亚迪的"绩效面谈"

2010年宁波比亚迪公司招聘了80多名大学生作为研究开发的后备人才，几个月过去了，他们中的大多数已经很好地适应了本职工作，其中一部分人已经从低端研发岗位走上了关键技术岗位，参与一些重点研发项目的工作。这些员工为什么进步这么快？这要得益于公司的绩效面谈。

宁波比亚迪公司实行的"绩效面谈"制度规定，公司每一位主管每月都必须与下属员工进行一次面谈，重点是帮助员工分析需要提升的专业技能和下一步需要加强学习的方向。所有谈话内容报公司人事部门备案汇总后，由公司统一确定培训内容和学习计划。

"绩效面谈"制度让每一名员工对自己有了更清楚的认识和了解，对下一步的素质提升也有了更明确的计划。"绩效面谈"的记录和随后的培训学习记录也都是晋升员工的重要依据之一。一名员工在主管的建议启发下，经过专业学习后发现了工艺流程中的弊端，在"绩效面谈"中向主管提出后被采纳，每年可以为公司创造效益几十万元，这位员工也在公司等级考核中连升几级。而更多的员工在明确的职业规划引导下，业务素质很快得到提高，所从事的研究开发应用工作的层次也迅速提升。

"绩效面谈"制度大大激发了员工特别是技术管理员工的创新热情，使宁波比亚迪公司的技术研究开发和推广应用有了坚实的基础。公司在开发电动汽车车用IGBT和FRD芯片方面连续取得了突破性进展，打破了IGBT芯片技术长期为国外垄断的坚冰，填补了国内电动汽车车用功率器件领域的一项空白。且近一年来，公司技术研发人员的离职率低于1%。

（摘自《宁波日报》，本书根据需要做了必要的改编）

思考与分析

(1) 你认为绩效面谈的难点在什么地方?
(2) 宁波比亚迪公司绩效面谈成功的经验是什么?
(3) 你认为应如何组织绩效面谈?

第一节　沟通面谈的基本问题

一、面谈的含义

面谈是在沟通过程中发生在面谈者(信息发出者/收集者)与面谈对象(信息接收者/提供者/收集者)之间的直接沟通行为,是组织中的成员之间有目的、有计划地面对面交流、收集信息的过程。与自发性交谈的无目的性、非正式性、礼节性和无技巧性相比,面谈的目的性、计划性更强、更为正式且受场所限制,并且非常注重技巧性。

二、面谈的目标确定及原则

在多数情形下,面谈的目标通常定位在以下几个方面:(1) 传达管理理念,寻求行为改变,可采用的方式有劝告、批评、赞扬等;(2) 传递信息,如任命、绩效评估等;(3) 寻求观念和行为改变,如劝告、训导、绩效评估等;(4) 作出决策,如招聘面试等;(5) 解决问题,如绩效评估、纠正某种行为等;(6) 探求新信息,如民意测验、调查研究、咨询等。

为了有效实现沟通面谈的目的,在面谈时要坚持几条重要原则:(1) 明确沟通的主题,充分准备;(2) 语言简洁生动,注意语气语调;(3) 善于倾听,注重互动;(4) 谨慎且留有余地。

三、面谈的信息分类

无论面谈的目标如何,都与沟通主体的沟通内容即交流的信息有关。面谈的信息可分为客观信息和主观信息。

1. 客观信息

(1) 描述性信息:要求对方提供看到或经历过的某些描述性信息,如商务会谈中的企业简介、项目中期检查中的进展汇报、对应征者情况的介绍等。

(2) 验证性信息:要求面谈对象为其所掌握的信息作验证,如调研汇报、绩效考核中与考核对象的谈话、合同谈判中要求对方做资质陈述等。

2. 主观信息

主观信息主要是指观念性信息，揭示了态度、性格、抱负和动机，代表面谈对象对事物的评价(如好坏、是非观等)，如“我认为信守承诺是对的，这是基本要求，我认为所有的工作人员都应该掌握”等。

四、面谈方式

面谈的种类很多，包括面对面谈话、电话交流/视频、即兴发言、演讲、口头汇报、正式或非正式的讨论等。

1. 面对面谈话

面对面谈话指两个或两个以上的人所进行的谈话，根据性质和目的可进一步分为聊天、谈心、问答和洽谈四种类型，其特点包括双向的口头沟通活动、灵活性更强、较为口语化等。

面对面谈话的方法技巧包括：根据交谈的对象，选择恰当的时间和地点以及合适的话题；事先必须熟悉交谈的内容，把握好交谈时的尺度；在面谈中随时观察对方的反应，避免讨论无法讨论的问题，导致面谈无法继续；在交谈过程中要善于提问和反馈，检查是否达到了事前设计的效果；注意用词和禁忌，如揭短或议论隐私，不给对方说话的机会，语气生硬、一味刁难等。

2. 演讲

演讲指在公众场所，以有声语言为主要手段，以体态语言为辅助手段，针对某个具体的问题鲜明、完整地发表自己的见解和主张，阐明事理或抒发情感、进行宣传鼓动的一种语言交际活动，其特点包括目的性、说服性、艺术性和综合性等。演讲一般分为陈述性演讲和说服性演讲。陈述性演讲是面向大众陈述一个事件、过程、计划或其他，一般指汇报演讲，其特点包括目的性、艺术性和综合性等。说服性演讲是说服别人改变他们的感受、信仰或行为，如培训师说服学员接受某种观点，销售人员说服客户购买他的产品，领导说服员工接受他的指示。

演讲的方式技巧包括：充分运用有声语言；发挥肢体语言的作用；控制好情绪，做好有声语言和肢体语言的结合等。

3. 即兴发言

即兴发言指临场有感而发的演讲，是对眼前的景、事、物有所感触，临时产生兴致而做的演讲，其特点有随机性较大，受场合限制，内容简洁、明了。

即兴发言的方式技巧包括以下内容。

(1) 做好三方面的准备。知识素养准备，多收集历史资料、现实资料、组织资料；临场观察准备，要尽快观察、熟悉演讲现场，及时捕捉收集现场的所见所闻，包括现场环境(时间、地点、场景布置)、听众、其他演讲者的演讲等，以确定自己的话题，增加演讲的即兴因素；心理素质准备，情绪稳定，信心十足，思路通畅，言之有物，有感而发。

(2) 迅速确定话题、观点和框架。定话题时，应选择想说的、观众想听的、能讲的、组织管理与沟通需要的话题；定观点时，应确立明确简练、正确深刻、为大家所能接受的、言之有理的观点;定框架时,可以通过演绎先亮出主题,然后对主题作较详细的论证和分析说明,或者通过归纳,先举例,再阐述主旨要点。

(3) 运用一种或几种思维方式,如逆向思维、纵深思维、发散思维和综合思维。逆向思维是指从相反方向思考问题,即一反传统看法,提出与之相对或相反的观点。这是一种反弹琵琶式的思维模式,它鲜明地表现为对传统的批判精神,但要注意观点必须持之有据,能够自圆其说。纵深思维是从一般人认为不值一谈的小事,或无须作进一步探讨的定论中,发现更深一层的被现象掩盖着的事物本质,即透过现象看本质。发散思维是从同一问题中产生各种各样的为数众多的答案,在处理问题中寻找多种多样的正确途径,多端、灵活、精细、新颖是它的特点。综合思维是前面三种思维的综合运用。我们在思考问题时,多数是将各种思维综合在一起使用的。

演讲者要善于观察现场,获取信息,做到借题发挥、借人发挥、借物发挥、借事发挥、借景发挥。

4. 口头汇报

口头汇报指下级向上级口头报告工作情况或进展,或者组织内部大家关注的问题。其特点是:以引起听汇报者的兴趣为第一要务,有时会有时间限制;随时有被打断的可能。

口头汇报的方式技巧通常有以下几种。

(1) 宜"直",不宜"绕"。开门见山、直奔主题,尽量做到一语中的,直接把事情的来龙去脉照直、照实说清楚,为管理者做决策提供第一手真实可靠的依据,提供原汁原味的有效信息,让对方在最短的时间内听明白所要表达的意思。

(2) 宜"倒",不宜"顺"。先简要地把结果和最新鲜、最有吸引力、最能反映事情本质的部分讲出来,看管理者的反应;如果管理者有时间或愿意听,再把事情的原本情况做详细汇报,否则不必浪费时间。

(3) 宜"客观",不宜"妄说"。多摆事实,将基本情况说清楚,叙述过程中自然地从感性到理性步步深入,做到客观公正,对事情拿得准的可稍加评论,拿不准的切不可妄加评论,以免影响管理者的正确决策。

(4) 宜"活泼",不宜"死板"。多采用简单、明快、准确、活泼的口语,也可依据现场的情况,采用一些风趣、幽默的语言,不宜过多地用一些冗长、死板的书面语句。

5. 讨论

讨论指两人或两人以上就某一问题交换意见或进行辩论,讨论的目的在于提供/收集信息、解决问题、推销观念、进行训练。

讨论的方式主要有两种。

(1) 有主持人的讨论。主持人保留自己的观点,以发问的方式来刺激参与者发言,鼓励他们给出不同的观点。可以分组讨论之后再集中。

(2) 无主持人的讨论。参与者不能压制其他人发言,也不能无原则地附和他人;不能表示所有问题都不是问题;不能转换话题,分散注意力;不能指责别人、命令别人,不回答别人提问及不承认过失。

五、面谈的优势与劣势

1. 面谈的优势

信息传递速度快，能立即得到反馈，可以通过观察沟通客体的反应，及时反省所表达信息中不明确的地方并予以解释，提高沟通效率；有机会补充阐述及举例说明，较大程度地保证了沟通的质量；可以通过语音语调、身体语言等来加强效果，有助于达成共识与引起共鸣。上级与下属面对面沟通会使下属感觉受重视，同事之间面对面沟通有助于改善人际关系，与组织外部的客体进行面对面沟通有助于塑造组织的亲和力。面谈形式灵活多样，人数、场合均不受限制，是最因地制宜的沟通方式。

2. 面谈的劣势

随机性强，通常口说无凭，无法作为永久的证据；不适合层级较多的组织，因为面谈的主体，即信息发出者会以自己的喜好来增删信息，信息失真的可能性增加，核实的难度增大；不能与太多人双向沟通，且面谈受个人沟通能力及情绪影响较大，对拙于言辞者不利；面对面方式有时会增加沟通双方的心理压力，尤其是处于管理层级中较低位置的成员，从而影响沟通效果。

情景故事

走动式管理与面谈

组织中的面谈活动是管理者沟通下级、指导部属的一种有效手段，更是实现走动式管理的有效途径之一。“走动式管理”(management by walking around)是指组织的管理者经常性地到处走动，与人面谈，了解大家对公司现状的看法，倾听他们的担忧，及时解决一些突如其来的问题，或是就当天发生的事情得到反馈。世界著名公司如惠普公司创始人之一戴维·帕卡德就采用这种方法管理公司。已故的苹果公司掌门人史蒂夫·乔布斯更是将这一方法发挥到了极致，甚至越过员工，直接用到了顾客身上，他会时常通过电话来回应他们的抱怨和批评。走动式管理成为管理者个人化管理方式的代名词。

随着网络通讯工具的发展，使得在很多公司电邮已经取代了以往常见的面谈，通过电邮、备忘录和正式会谈来管理员工已经成为常规方式，这也使得有的老板显得高高在上和难以捉摸。不请自来的拜访确实可能会打搅别人，但走动式管理的好处也很实在。比如让人切实感觉到管理者的存在，促进管理者和员工交流和分享想法，鼓励大家提出合理化建议等。但是只有在没有固定时间表的情况下，不期而至的闲谈才最有效果，因为只有在面谈对象没有为会面特意做准备的时候管理者才能看到真实情况。管理者在走动式管理的面谈中要想达到最佳效果，就必须做到以下几个方面。

(1) 单枪匹马。与员工进行一对一的谈话是最佳形式，带着助手参加很可能会形成压抑的氛围，员工会不自在，甚至感觉你在仗势欺人。

(2) 平等对待。试着在下属之间平均分配交流时间，这一点即使在一天或者一周之内难以做到，也要在长期的过程中实现，以防止不必要的闲言。

(3) 有始有终。如果无法当场回答员工的问题，之后要记得回复。除了显示应有的礼貌，也能增进信任。

(4) 避免冲突。面谈的主要目的是了解事实，其次是促进和谐。为了避免损害这些目标，如果发现某个员工的工作状况不佳，不要当场解决问题。可以先记下来，再找个合适的时间、合适的场合来处理。

(5) 论功行赏。对每一个人都要问问其对改进产品、流程、销售、服务等有什么想法，如果某人的建议起了效果，一定要公布其身份，以显示你会论功行赏。

(6) 养成习惯。如果可能的话，在每天的日程安排上为走动式管理留出专门时间。

思考与分析

为什么在面谈时采用走动式管理，其效率和效果会比较显著？

第二节　面谈的技巧

一、面谈技巧概述

1. 简明扼要，语意突出

面谈者要在面谈时(如果是预先安排的，需在面谈前)传递给被面谈者此次面谈的方向，在面谈过程中简单扼要地重复自己的观点或关注点，确保对方理解的准确性，随时协助对方展开进一步讨论和交谈；切忌模仿对方，或者过多地加入自己的见解。比如：“你目前最苦恼的是客户要求发货，但是公司配备的运输车辆不够，如果短时期内无法增加车辆，你觉得可以用什么办法来解决？”

2. 提纲挈领，综合撮要

在面谈时，系统准确地讲出此次面谈的重点，尽量精简要点，让对方有机会说出自己的想法。被面谈者可能因情绪不稳、逃避、习惯、选择性聆听等因素而时常转变话题，面谈者可采用集中话题的方法帮助对方组织思路，并给予面谈方向，如：“关于 ERP 的实施，你似乎有很多事情想告诉我。刚才我们谈到了员工的抵触情绪，你觉得大家为什么不愿意实施 ERP 呢？”面谈者要做好面谈总结，以期从被面谈者那里得到有益补充，如：“综合我们今天的讨论，大家希望先解决不能及时收到反馈信息的问题，然后是处理问题的方法要得体，第三是下放一定的处理问题的权限。”

3. 及时澄清，适时对质

面谈者在交谈时要观察对方的反应，及时澄清含糊概念，减少不必要的误解，如：“你的意思是领导没有让你解释就罚你了，觉得领导对你有误会？”适当的时候也可以与对方对质，挑战对方的想法，激发对方的斗志或完成任务的信心，语气要坚持，但要温和婉转。如："你可能觉得关闭这个营业部是解决问题的方法，但我相信这个问题一定还有更好的解决方法。"

必要时面谈者可以运用自我揭示的方法，与被面谈者分享相关的经历，引起共鸣，这有助于减少对方的防卫或戒备心理，取得信任。如："我刚刚进入这个行业的时候，也是面临着很难找到客户的问题。"同时也要留意对方的情绪包括身体语言及语调，抓住其不自知或未察觉的情绪反应，协助对方探索、接纳及面对自己的情绪。面谈者也可以适度地展示对对方的理解，用同理心拉近与被面谈者的距离。如："我很尽力地去和部门的每个员工交流，但是他们觉得我随时找他们谈话是一种负担。""我知道你这么做很多人不能理解，你觉得很委屈。"

4. 提问的具体技巧

面谈中的提问是面谈者有意识地搜集资料的重要步骤，通过提问，引导被面谈者反思自己的困惑，具有探索、澄清、肯定、提醒的作用。

开放式提问，如："你当时有什么感觉？""你认为有什么改善的办法？"

封闭式提问，如："你是不是已经尽力了？""客户是不是都清楚了合同的内容？"

刻度提问，如："如果用1—10分去形容你和×××的关系，10分是最高，1分为最低，你会打多少分？""你觉得我们公司在消费者心中排第几？"

奇迹提问，如："如果你今天的建议能有机会实施的话，你最希望看到什么？"

应付提问，如："年终考核开始了，你会怎样使自己在考核中达到优秀？"

有关例外情境的提问，如："请你想一想有没有和下属说话，结果吵架的经历？"

二、如何展开话题

1. 展开话题前应注意的事项

(1) 对方的行为态度。这通常会给面谈发起者一定的提示，知道是不是展开交谈的好机会。正面的提示包括眼神接触、微笑、自然的面部表情等，负面的提示包括对方正在忙于某些事情、正与别人详谈中、正赶往别处等。面谈发起者同样也可以发出正面的提示。如果主动跟别人打招呼，再加上微笑示好，很容易取得别人的好感，留下好印象，从而展开话题。

(2) 面谈的时间。如果是正式的面谈，如考核、汇报等，需提前确定并通知到每个参与者，好让对方提前安排好手头工作，切忌临时改变时间。走动式管理中，面谈的时间是随机的，但是管理者要尽量保证与每个交谈对象的谈话时间长短一致。

(3) 面谈的地点。正式的面谈地点选择要与面谈内容、规格相符合，如供应商大会适宜选择地点较大的场所，有多媒体设备；非正式的面谈地点以被谈话者感觉舒适为出发点，让其在放松的环境下说出真实的想法。

2. 展开话题的形式

(1) 直接提问。如："这个季度的销售额有所下降，是什么原因导致的呢？"

(2) 称赞。如："这个问题的处理方式很得当，问题双方也没有异议，你是怎么想到这个方法的?”

(3) 投其所好/寻找共通点。例如:“您今天的衣服很漂亮,特别显气质,能教几招服饰搭配的技巧吗?”

(4) 自我揭示。例如:“我一开始对 360 考核也有保留意见,不过后来随着实施的深入,我觉得……”

3. 展开话题的技巧

(1) 在自己身上做文章,可简单透露自己的感受或近况。如:“我近来事情比较多,常常要加班到深夜。”

(2) 在对方身上做文章,从对方身上发掘话题,如比赛中的名次、新添置的办公桌摆设、最近参与的项目、服饰等都是题材。如:“你这件外套真好看,是在哪里买的呢?”“恭喜啊,咱公司的羽毛球比赛你是第一啊。”

(3) 从当时环境或流行话题切入话题。如:“最近气温变化很快啊。”“最近微博很火,上面很多话题很有意思。”

(4) 简单问候对方或者赞美对方。如:“你最近怎么样呀?”“你这个报告写得真好。”这样可以拉近距离。

此刻虽然话题展开了,但如果面谈者发现话不投机或言谈乏味,或对方对你没兴趣,则不宜勉强维持下去,可以作出一些负面提示,如起身走开、眼向下望或四处张望、不主动提问或提起任何新话题等。不同的人可能会有不同的提示方式,但面谈者仍要有礼貌地离开。

三、维持话题的技巧

面谈步入正轨后,面谈者可以用以下方式来继续谈话。

1. 漫谈资料法

所谓漫谈资料法,是指在回答问题时多透露一点漫谈资料,使对方能发掘更多的话题,推动谈话的进行。如:“我经常和团队的成员一起喝咖啡,顺便聊聊工作上的事情。”同时注意留心对方透露的漫谈资料,以便发掘更多话题。如:“原来你也喜欢钓鱼,什么时候开始喜欢的?”

2. 自我揭示法

自我揭示法在展开话题时也适用,即透露自己的信息,让对方适度地了解面谈者,并为对方提供谈话题材,起到平衡彼此谈话内容的作用。但注意自我提示需与对话内容有关,不宜过多或太长,视对方反应而定。内容可分三个层次:与谈论话题有关的经验,自己对讨论事项的意见,自己对分享事项中的感受。一般来说,这些在对话中是混合使用的。如下面的例子。

面谈者:你觉得这次年会的地点怎么样?(有意图提问)

被面谈者:三亚好啊,阳光、海滩,很不错。(个人感受)

面谈者:上次年会是在济南开的,那里的泉水也很不错!你觉得年会的地点在哪儿比较好?(个人经验及感受)

被面谈者:我觉得去个山清水秀的地方就行,不一定是大城市,只要大家能放松就行。(个人感受)

面谈者:我觉得也是。大家见见面、聊聊天,越放松越出状态,这样才能知道得更多。(个人意见)

3. 找出共同兴趣及话题

与人交谈时,于漫谈之中找出共同的兴趣及话题,有助于维持话题。如下面的例子。

面谈者:我早上一般慢跑半小时,跑完之后觉得精神很好。

被面谈者:我也是,我都跑了好几年了,你呢?

4. 转换话题

细心聆听,注意反应,留意自己及对方是否对谈论中的话题已没有兴趣,如果自己需要很努力继续谈话内容,有点"独角戏"的感觉,或者对方停很久才有回应,此时可以用漫谈资料或打开话匣的技巧开展新的谈话内容。如:"我听你刚才讲到每隔一个月都会和下属挨个儿面谈……看来你很重视与下属的交流……"多注意对方谈话中的重要字眼或重复性词语,可能的话将相关资料记下,适当时候有助于转换话题。

面谈过程中除综合运用上述技巧之外,还需要注意平衡彼此谈话的内容,无论以漫谈资料还是自我提示法增加谈话的机会,仍需避免一方讲得太多或太少。一般情况下,较平均的对话参与会使双方的交谈较自然,要尽量避免"一言堂"。

四、聆听和回应

在维持谈话时,如果能表示明白对方感受和说话背后的含意,对方会更喜欢和你倾谈,这样也能够促进彼此了解,所以聆听及回应技巧十分重要。

1. 聆听技巧

(1) 集中注意力,保持谈话的专注和聆听。不要刻意努力寻找话题,担心下一步要说些什么,细心聆听,掌握对方的说话内容、事件、意见等,因为当面谈者在努力寻找话题时便不能细心聆听,也就错过了一些重要的资料和字眼。

(2) 留意言外之意。通过留意对方说话时的内容、语气以及身体语言,尽可能地了解对方的感受或言外之意。

(3) 适当地做笔记。在倾听对方说话的时候,也可以把对方的一些重要字眼和资料记下来,既体现了对对方的尊重,也方便做出回应。

2. 回应技巧

在谈话时,简单总结对方的内容,讲出对方的观点及感受,使对方明白面谈者已然明了其感受和话语背后的含意,能促进交流,增进彼此了解。

3. 结束话题的技巧

当谈话停顿得太久或双方想结束话题时,就应该在适当时候结束谈话,首先要发出预备离开的信息,然后提出再联络的表示。如:"今天和你聊得很透彻,我知道了大家对于新信息系统的看法。我四点钟还有一个会议,下周有时间的话我们再聊。"

第三节 电话沟通

一、电话沟通/视频的定义及特点

电话沟通/视频即利用电话、网络等现代化通讯工具与沟通客体进行交谈。

电话沟通/视频与其他面谈方式相比，具有不受时间、空间限制，适合组织全球化、虚拟化的发展趋势。

二、电话沟通/视频的方式技巧

1. 迅速准确地接听

以长途电话为优先，最好在三声铃响之内接听。如果电话铃响了五声才拿起话筒，应该先向对方道歉。

2. 重要的第一声

当接/打电话给组织外部的人员时，要记住“代表单位形象”，保持良好的心情，用清脆、悦耳的声音沟通。视频会议时首先要与参会成员打招呼。

3. 端正的姿态与清晰明朗的声音

打电话过程中绝对不能吸烟、喝茶、吃零食，即使是懒散的姿势对方也能够听出来。视频时一定要坐姿端正，身体挺直，尽可能注意自己的姿势。声音要温雅有礼，语气恳切。口与话筒间应保持适当距离，适度控制音量，以免听不清楚、产生误会，或因声音粗大，让人误解为盛气凌人。

4. 认真清楚地记录，随时牢记“5W1H”技巧

所谓“5W1H”是指 when(何时)、who(何人)、where(何地)、what(何事)、why(为什么)和 how(如何进行)。

5. 有效电话沟通应注意的环节

对方要找的人不在，切忌粗率答复“他不在”即将电话挂断。接电话时也要首先确认对方的身份，了解对方来电的目的，尽可能问清事由，避免误事。对方查询本单位其他部门电话号码时，应迅即查告，不能说不知道。如自己无法处理，也应认真记录下来，委婉地探求对方来电的目的。

对对方提出的问题应耐心倾听。表示意见时，应让对方畅所欲言，除非不得已，否则不要插嘴。期间可以通过提问来探究对方的需求与问题。

接到责难或批评的电话时，应委婉解说，并向其表示歉意或谢意，不可与发话人争辩，注重倾听与理解，建立亲和力是有效电话沟通的关键。

如通过电话交谈事项，应注意正确性，将事项完整地交代清楚，不可敷衍了事；如遇需要查寻数据或另行联系的事情,应先估计可能耗用时间之长短,若时间较长,最好不让对方久等,应改用另行回话的方式,并尽早回话。以电话索取书表时,应立即记录在案把握时间,尽快地寄达。

要结束电话交谈时,一般应当由打电话的一方提出,然后彼此客气地道别,应有明确的结束语,说一声"谢谢，再见",再轻轻挂上电话,不可只管自己讲完就挂断电话。

第四节　绩效面谈

一、绩效面谈概述

1. 绩效面谈的定义

绩效面谈是通过面谈的方式由主管为员工明确本期考核结果,帮助员工总结经验,找出不足,与员工共同确定下期绩效目标的过程,将考核结果化为员工自觉改进的动力载体,也是组织绩效管理中承上启下的关键环节。

绩效管理是组织人力资源管理的核心职责之一,决定着整个组织行动的方向。而面谈是最直接的沟通方式,沟通程度较深。绩效面谈过程中可以对某些不便公开的事情进行交流,使员工容易接受,管理者可以及时对员工提出的问题进行回答和解释,减少沟通障碍,利于员工绩效与组织绩效的有效结合。

2. 绩效面谈的目的

(1) 评估业绩。总结上一个绩效周期内的工作,评估绩效结果与绩效标准之间的差距,从而界定下属的业绩达成情况,并在面谈中就评估结果与下属进行沟通。

(2) 改善业绩。结合上一个绩效周期内下属的业绩达成情况,展望下一个绩效周期,提出改善绩效的策略和新的绩效标准。

(3) 提供指导。结合下属在上一个绩效周期内的绩效表现和行为表现,为下属的个人发展提供建议和指导。

(4) 帮助决策。管理者根据面谈中员工普遍存在的问题,调整管理方法,以促进员工的工作积极性。

3. 绩效面谈的内容

(1) 工作业绩。工作业绩的综合完成情况是主管进行绩效面谈时最为重要的内容,在面谈时应将评估结果及时反馈给下属,如果下属对绩效评估的结果有异议,则需要和下属一起回顾上一绩效周期的绩效计划和绩效标准,并详细地向下属介绍绩效评估的理由。通过对绩效结果的反馈,总结绩效达成的经验,找出绩效未能有效达成的原因,为以后更好地完成工作打下基础。

(2) 组织价值观。管理者要与下属沟通,确认下属理解并认同组织的价值观,并能在实际工作中贯彻执行。一般组织价值观包括关注诚信、开放信任、团队协作、创新以及社会责任等。

(3) 工作能力。除了可以量化的工作业绩外,主管还应关注下属的工作能力,对于普通员工要考核工作质量、工作结果、沟通能力、个人工作效率和技术能力等,对主管、经理或更高级别的管理者还要关注领导能力、策略运用、授权、计划和组织能力及对下属的管理能力等。

(4) 改进措施。在面谈过程中,针对下属未能有效完成的绩效计划,管理者应该和下属一起分析绩效不佳的原因,并设法帮助下属提出具体的绩效改进措施。

(5) 新的目标。绩效面谈作为绩效管理流程中的最后环节,主管应在这个环节中结合上一个绩效周期的绩效计划完成情况,并结合下属新的工作任务,和下属一起确定下一个绩效周期中的工作目标和工作标准,帮助下属制订新的绩效计划。

4. 绩效面谈的困境

绩效面谈主要是管理者考评下属在绩效上的缺陷,而面谈结果又与随后的绩效奖金、等级评定等相联系,面对面地探讨如此敏感和令人尴尬的问题,有时会给管理者和员工带来关系紧张乃至人际冲突,致使绩效面谈陷入困境,也可能以失败告终。面谈困境主要体现在以下几个方面。

(1) 考核标准单一。如果组织用一种考核标准考核所有的员工,而没有根据工作的具体特点进行有针对性的考核,评判标准的弹性不大,往往导致上下级对考核标准和结果在认知上存在偏差,面谈中容易引起争执,双方易形成对峙和僵局。

(2) 员工抵触情绪。员工认为绩效考核只是走形式,是为了制造人员之间的差距,变相扣工资,并惧怕因吐露实情而遭到管理者的报复和惩罚。因此,面谈过程中或者会对绩效考核发牢骚,夸大自身优势,弱化不足;或者会附和主管,其余时间保持沉默。另外,如果主管心胸狭窄,处事不公,以个人好恶作为评判标准,也会使员工愈发抵触,双方矛盾重重;面谈时笼统地就事论事,没有提出针对性的改进意见,让员工感到工作照旧,自己仍不清楚今后努力的方向,感觉面谈无用,甚至是浪费时间。

(3) 管理者的角色定位不正确。管理者在绩效面谈中的角色扮演不正确,也会导致面谈的困境与僵局,如:审判官型,倾向于批判下属的不足,包办谈话,下属只是扮演听众的角色,员工慑于主管的权力,口服心不服;老好人型,倾向严重,怕得罪人,于是给下属的打分宽松,每个人的分数都很高,绩效面谈成了大家都好的走过场,让下属感觉面谈没有实际作用。

5. 绩效面谈的制度与技术

出现面谈起争执或员工抵制面谈,往往与绩效制度设计不完善有直接关系,而面谈没有起到应有的作用则与主管缺乏面谈技巧有关,多种因素相互影响制约,导致面谈不能成功。因此,需要从制度和技术层面同时入手,双管齐下,才能有效摆脱面谈中出现的困境。

(1) 完善绩效面谈的制度设计。绩效管理是管理者与员工就工作目标和如何达成工作目标进行协调并达成共识的过程。成功的绩效面谈应实现员工进步和企业发展的双赢,因此,要为绩效面谈提供制度性支持。首先要建立以人为本的组织文化,然后结合员工个人的发展计划及公司的总体战略目标确定个人的工作计划和目标。在此过程中,管理者和员工达成的承诺必须规定管理者希望员工完成的工作目标,指出员工的工作表现对实现公司目标的影响，界定衡量工作绩效的标准，员工和管理者应共同努力以完善和提高员工的业绩，指明绩效管理中会遇到的障碍并寻求解决办法。

完善的绩效管理体系应包括以下几个方面。要有明确的工作说明书，从而使每个员工职责明确。针对职责，设计相应的绩效考评指标和标准。一般来说，考评的指标应当具有代表性和典型性，考评指标的数量不宜过多，要少而精；考评的标准要具体明确，易于考评者和被考评者理解和掌握。为确保绩效考评的公正、公平，应建立健全员工绩效评审系统和员工申诉系统。通过宣传和培训，让员工了解组织的绩效管理体系、组织对他们的期望、他们怎样发展才符合组织的要求以及怎样做会得到奖励等。

绩效面谈可以给员工一个客观认识自我的机会，让他们了解自己的业绩与组织期望之间的差距，使他们明确努力与前进的方向，有意识地弥补自己在工作中的不足，最终提高个人和组织对绩效的认识，促进双方共同发展，最终实现双赢。

(2) 做好绩效面谈的实施工作。绩效考核者面谈前需要做的准备工作包括以下几个方面。

拟定面谈计划。在绩效面谈之前，考评者应明确面谈的目的和主题，在面谈前的1—2周，不仅要以文字形式预先告诉被考评者面谈的内容、时间(尽量不要安排在刚上班或下班时，尽量避开整点时间，确定后要征询一下员工的意见)、地点(一般不宜在开放的办公区进行，最好是小型会议室或接待室)以及应准备的各种绩效记录和资料，而且还必须以口头的形式将上述要求亲自通知到每个被评估者，再一次进行确认，以保证绩效面谈的准备工作真正落到实处。

收集与绩效相关的各种信息资料。绩效面谈的质量和效果不仅取决于考评者与被考评者事先的准备工作，而且取决于双方所提供展示的数据资料的翔实和准确程度。在绩效面谈前要收集的资料主要有目标管理卡(部门主管与员工一起制定的绩效管理目标)、职位说明书、绩效考评表(对员工考评结果的文字说明)、员工绩效档案(在日常管理活动中，跟踪员工绩效目标时所发现和记录的内容)、员工的定期工作总结、岗位说明书及薪金变化情况，整理出员工本阶段的最大优点和亟需改进的几点不足。

拟定面谈程序。计划好如何开始、如何结束，面谈过程中先谈什么、后谈什么，以及各阶段的时间分配。

填写自我评价表。员工要客观地做好自我评价，这样便于与组织考核结果达成一致，有利于面谈的顺利进行以及个人发展目标的切实制定。准备好个人的发展计划，面谈时提出个人发展计划，有利于管理者有针对性地对下期工作进行安排，达到双向的统一。

准备好向管理者提出的问题。这一过程是员工改变管理者对员工评价和下期绩效计划的关键时刻；安排好自己的工作，避免因进行面谈而影响正常的工作。

6. 绩效面谈的实施——创造良好的面谈氛围

(1) 确定面谈时的着装及双方的座位。面谈者(通常为管理者)要服装整洁、态度和蔼，与员工面谈座位的安置以斜对或并肩为好。在员工到来时要先握手、再微笑让座，然后递上一杯热茶，接下来关闭自己的手机，同时要补充说明电话太多会影响面谈，这样员工也会主动关闭自己的手机，为面谈做好免打扰的准备，这一互动过程可以拉近管理者与员工之间的距离。面谈开始用两分钟做铺垫，以赞扬和鼓励的话题打开局面，这样可以提高彼此之间的信任度，营造出一种轻松、热情、愉快而友好的面谈氛围。

(2) 进行绩效考核结果沟通。首先向员工明确评价标准，然后逐项说明考核结果及总的绩效等级，沟通过程中要允许员工提出质疑，给员工留出发表自己看法的时间和机会，要耐心地解释考核评价结果。

(3) 注意肯定员工的优点。按准备阶段总结的材料首先对员工的优点和成绩进行肯定，使员工感觉到管理者对自己的工作评价得比较全面客观，甚至一些自己尚未发现的优点和成绩管理者都能够提到，进而对管理者产生信任、服从的感觉。

(4) 友好地指出员工的不足。只提出不足之处及由此对绩效发展所带来的影响，不要去评论这些不足是否应该存在以及其他员工对这些不足的看法，避免因此引起员工的情绪波动和把较长时间集中到对这些问题的解释说明中，影响面谈的气氛和效果。

(5) 帮助员工制订改进计划。管理者帮助员工共同找出有待改进的地方，制订改进计划及应采取的相应措施。在绩效沟通及改进计划的基础上，主动与员工共同确定下一绩效考核周期的绩效目标；随后管理者对绩效面谈过程和考核结果进行简要的总结，与员工一同对考核结果确认签字。无论面谈结果如何，在面谈结束时管理者都要调整好员工的心情，使员工以积极的态度结束面谈，满怀正能量离开，真正感受到管理者是平等真诚地讨论自己的工作，是在帮助自己总结经验、查找不足，明确下一周期的工作方向及达到良好绩效目标的方法。

(6) 控制好面谈过程及时间。各项面谈程序完成时应立即停止面谈，普通员工面谈时间以 30—60 分钟为宜，中层主管以 60—120 分钟为佳。

二、运用好面谈技巧

面谈时总的原则是要坦诚相见，把考核结果展示在员工面前，不要遮掩；允许员工提出反对及不同意见，并认真对待；将面谈过程升华为激励员工，提高员工认识自己及提升动力的过程；面谈时不要因为自己是管理者而怕承认错误，承担责任。常见的技巧有以下几种。

1. 选择安静的面谈环境

最好不要在办公室里面谈，以免受其他人员干扰，打断正常的面谈，应选择噪音小、不受外界干扰的环境。面谈双方一定要关闭手机，最好不要有第三者在场。

2. 营造彼此信任的氛围

在面谈中双方尽量不要隔着桌子对坐，利用一个圆形的会议桌更容易拉近与下属的距离；信任来自尊重，当下属发表意见时，管理者要耐心倾听，不要随便打断，更不要武断地指责。

3. 明确绩效面谈的目的

在开始进行绩效面谈时，管理就应该向下属明确面谈的目的，以便下属能够清楚面谈的内容及意义。在阐述面谈的目的时，管理者应尽可能使用比较积极的语言，比如："我们今天面谈的主要目的是讨论如何更好地改善绩效，并且在以后的工作中需要我提供什么指导，以便我们能够共同完成任务。"

4. 鼓励下属充分参与

一次成功的绩效面谈是互动式的面谈，在面谈过程中双方应进行有效的互动沟通。管理者应避免填鸭式的说服，即使对下属工作有不满意的地方，仍需要耐心倾听下属内心的真正想法。如果下属是一个非常善于表达的人，就尽量允许他把问题充分暴露出来；如果下属不爱说话，就多给他一些鼓励，同时尽量用一些具体的问题来引导下属多发表看法。

5. 关注绩效和行为，以事实为依据

在面谈中要坚持“对事不对人”的原则，下属可能在某些个性方面有欠缺，但在绩效面谈中管理者应重点关注下属的绩效表现，如果下属个性方面的欠缺和工作无关，则尽量不要发表意见。如果管理者发现下属在某些方面的绩效表现不好时，尽量收集相关信息资料，并结合具体的事实指出下属的不足，这样不仅可以让下属心服口服，更能让下属明白业绩不佳的原因，有利于更好地改进工作。以事实为依据，要求管理者平时要注意观察下属的行为表现，养成随时记录的习惯，从而为绩效面谈提供充实的信息。

6. 避免使用极端化字眼

面对表现不佳的下属，管理者应避免面谈时的情绪化，不要使用极端化的词语，如“总是”、“从来”、“从不”、“完全”、“极差”等，多使用中性词语，注意使用相对缓和的语气。

7. 灵活运用肢体语言

将员工下巴与眼睛之间的区域作为注视范围，进行散点柔视，这不仅使员工对管理者增加了亲切感，而且也能促使员工认真聆听评价结果。

8. 以积极的方式结束面谈

管理者在面谈结束时可以充满热情地和员工握手，并真诚地说：“我感觉今天的沟通非常好，也谢谢你以前所做出的成绩，希望将来你能够更加努力地工作，如果需要我提供指导，我将全力帮助你。”这样可以使下属树立进一步把工作做好的信心，也让下属感觉到这是一次非常难得的沟通，从管理者那里得到了很多指导建议。

第五节 离职面谈

一、离职面谈的定义

离职面谈是指在员工离开公司前与其进行的面谈。从雇主的角度来说，离职面谈的主要目的是了解员工离职的原因，以促进公司不断改进。离职面谈也是组织将离职人员的知识和经验转移给其接任者的一次机会。若有可能的话，组织甚至可以通过离职面谈，邀请离职人员为现有团队就如何完成当前项目、解决现有问题以及如何进行相互合作提供建议。

许多组织忽视离职面谈，主要是因为过去没有尝试过，也认为没有这方面的必要，又害怕受到离职者的指责，费时费力不讨好，因此浪费了发现和分析离职人员意见的绝好机会。通常离职人员比在职人员更加坦率、客观，他们的意见也更富有建设性。而组织可以在有效的离职面谈中获得对企业有用的信息，以便对工作环境、企业文化、流程和系统、管理方式和发展模式等各个方面进行评估和改进。

二、离职面谈的流程设计

离职面谈的整个流程如图 7—1 所示。

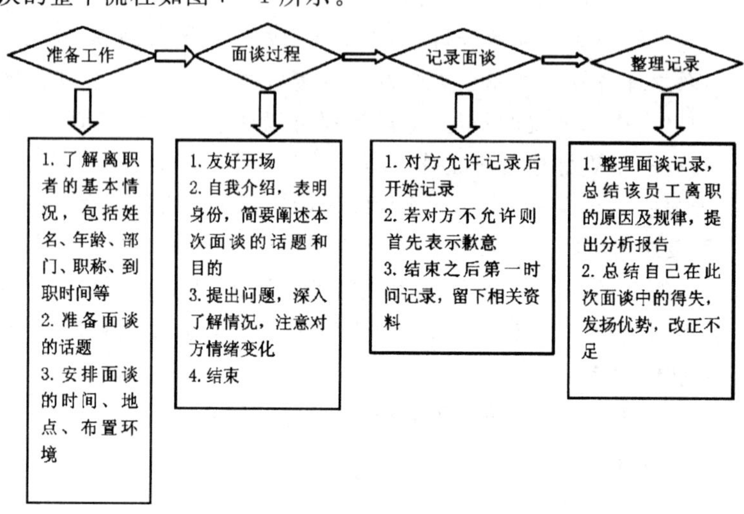

图 7—1 离职面谈流程图

三、离职面谈的技巧

1. 注重收集离职员工信息

要保证组织离职沟通的有效性，在进行离职沟通前进行必要的准备，收集与离职员工有关的信息，可以为高效、成功的沟通打好基础。收集的信息应包括以下方面。

(1) 与离职员工有关的个人信息，包括职位信息、心理状况、阅历与经验、家庭背景、生活状况等。

(2) 与员工有关的绩效和薪酬信息，包括所获得的荣誉和奖励、薪酬福利、绩效表现等。

(3) 员工离职信息，包括离职原因、离职后的目标单位、目标岗位等。此类信息收集难度较大，但是此类信息的有效获得会有助于把握员工离职的核心原因，促进离职面谈目的的实现。

2. 慎重选择面谈人

通常离职面谈应由人力资源管理部门负责实施。一般员工可以由人力资源部门相关人员实施面谈；核心员工或非常重要的离职人员需要由高管主持面谈，如组织管理人力资源业务的副总裁或者分管离职员工所在部门的副总裁执行；最为稀缺的员工有时甚至需要企业最高领导亲自面谈，以表示企业对该员工和其离职行为的重视。

3. 正确选择沟通目标策略

在员工离职前，对于面谈策略的恰当把握有助于降低离职率以及缓解员工抱怨。通常面谈策略应根据面谈对象、面谈时机以及面谈原因的不同而有所差别。

(1) 因工作中的某种突发事件而导致的员工离职。这类离职往往事前难以预见。因此，对于这类员工进行离职面谈首先更像是一次平息员工心中怨气的心理辅导。选择适当的时机、适当的地点和员工一起共同冷静地权衡离职的得失，从而使员工能够放弃原先的离职决定。沟通的时机选择应该恰到好处，过于急迫会加剧员工的抵触心理，过分拖延则可能失去挽回的机会。最佳的面谈时机是得到员工离职信息时，因为这个时候许多员工的离职意愿还不是非常明确、坚定，有时可能仅因某件事情的刺激而萌生去意。此时如能及时沟通，化解其一时冲动，往往能使员工收回辞职决定，不至于使事情闹僵至没有回旋余地。

(2) 因职业发展或工作兴趣而导致的员工离职。此类离职决定是进行了长期考虑的，员工的离职意愿非常坚决，对利害得失也进行了充分的分析。对于这类员工，离职面谈进行沟通时有双重目的，其一希望通过离职面谈能够对核心员工进行挽留，其二借离职面谈之机反省企业的管理。在面谈时对其离职动机进行全面的分析，判断员工离职是否与企业管理或者政策有关，从而排除未来管理员工的隐患。如果通过离职面谈发现了企业存在的问题，应及时补漏，避免诸如多米诺骨牌情况的产生。最佳的面谈时机是员工去意已决并办理完离职手续之后，因为此时离职员工已无任何顾忌，所以最容易讲真话。

考虑到离职面谈的特殊性，面谈地点应该具有一定的隐私性，无论是哪种情况，人力资源管理部门主持面谈的人员都需营造宽松的客观环境，避免面谈过程中被打断和干扰，让离职员工在无拘无束的情况下自由地谈论问题。例如，可以尝试选择在能够让人精神放松的、伴有舒缓音乐的、空间明亮的咖啡厅，而不是在每天都令人紧张压抑的办公室。离职面谈的时间可以根据交谈的深入情况灵活掌握，不一定要有明确的限定。

4. 综合运用倾听、谈话技巧

面谈者可以用友好的态度向离职者做自我介绍，如："您好，我是人力资源部的×××，今天约您过来主要是想与您谈一下关于您离职的情况，以便我们做好以后的工作，今天面谈的内容我会为您保密，不会对您造成任何不良影响。"

通过提出范围尽量广的问题，给对方充分的表达空间，如："您方便谈一下是哪几个方面的原因促使您做出这个决定吗?"如果对方不拒绝，可进一步深入了解情况。如果对方提出公司管理制度不完善，可以接着问："您觉得哪些方面需要改进呢?"

面谈者切忌只是按照事先列出的问题逐一发问，要积极倾听，根据离职者的反馈，随时调整要问的问题，同时也要懂得适时保持沉默，让离职员工有足够的时间思考。当出现冷场、情绪激化、失控导致面谈不能继续和面谈失败的情形时，面谈者可以起身帮离职者倒杯水以缓和气氛，用善意的动作建立彼此互信的关系，及时关心对方的感受，不唐突地介入问题，但不要做出任何承诺。如果情况允许，做好面谈记录，便于之后的分析整理。

小　　结

1. 面谈是在沟通过程中发生在面谈者(信息发出者/收集者)与面谈对象(信息接收者/提供者/收集者)之间的直接沟通行为,是组织中的成员之间有目的、有计划地面对面交流、收集信息的过程。为了有效实现沟通面谈的目的,在面谈时要坚持几条重要原则:明确沟通的主题,充分准备;语言简洁生动,注意语气语调;善于倾听,注重互动;谨慎且留有余地。

2. 面谈的信息可分为客观信息和主观信息。客观信息是指对方提供的看到或经历过的某些描述性信息,同时,这些信息能够被验证;主观信息主要是指观念性信息,揭示了态度、性格、抱负和动机,代表面谈对象对事物的评价。

3. 面谈的种类包括面对面谈话、电话交流/视频、即兴发言、演讲、口头汇报、正式或非正式的讨论等。

面对面谈话指两个或两个以上的人所进行的谈话,根据性质和目的可进一步分为聊天、谈心、问答、洽谈四种类型,其特点包括双向的口头沟通活动、灵活性更强、较为口语化等。

演讲指在公众场所,以有声语言为主要手段,以体态语言为辅助手段,针对某个具体的问题鲜明、完整地发表自己的见解和主张,阐明事理或抒发情感,进行宣传鼓动的一种语言交际活动,其特点包括目的性、说服性、艺术性和综合性等。

即兴发言指临场有感而发的演讲,是对眼前的景、事、物有所感触,临时发生兴致而做的演讲,其特点是随机性较大,受场合限制,简洁、明了。

口头汇报指下级向上级口头报告工作情况或进展,或者组织内部大家关注的问题。其特点有:以引起听汇报者的兴趣为第一要务,有时会有时间限制;随时有被打断的可能。

讨论指两人或两人以上就某一问题交换意见或进行辩论,讨论的目的在于提供/收集信息、解决问题、推销观念、进行训练。

4. 面谈的优势主要体现在:信息传递速度快;有机会补充阐述及举例说明,较大程度地保证了沟通的质量;可以通过语音语调、肢体语言等来加强效果,有助于达成共识与引起共鸣;有助于改善人际关系,有助于塑造组织的亲和力;形式灵活多样。面谈的劣势主要体现在:随机性强,通常口说无凭;不适合层级较多的组织;不能与太多人双向沟通;有时会增加沟通双方的心理压力,尤其是处于管理层级中较低位置的成员,从而影响沟通效果。

5. 电话沟通与其他面谈方式相比,具有不受时间、空间限制,适合组织全球化、虚拟化的发展趋势。在进行电话沟通时,要迅速准确地接听;把握重要的第一声;端正姿态;认真清楚地记录,随时牢记“5W1H”技巧。

6. 绩效管理是组织人力资源管理的核心职责之一,决定着整个组织行动的方向。绩效面谈的目的在于评估业绩、改善业绩、提供指导和帮助决策,绩效面谈的内容涉及工作业绩、组织价值观、工作能力、改进措施和新的目标等方面。

7. 绩效面谈在坚持坦诚相见的原则下，还应注意几个技巧：选择安静的面谈环境；营造彼此信任的氛围；明确绩效面谈的目的；鼓励下属充分参与；关注绩效和行为，以事实为依据；避免使用极端化字眼；灵活运用肢体语言；以积极的方式结束面谈。

8. 离职面谈是指在员工离开公司前与其进行的面谈。有效的离职面谈可以获得对企业有用的信息，以便对工作环境、企业文化、流程和系统、管理方式和发展模式等各个方面进行评估和改进。离职面谈流程包括准备工作、面谈过程、面谈记录、整理记录几个阶段。离职面谈的技巧包括：注重收集离职员工信息；慎重选择面谈人；正确选择沟通目标策略；综合运用倾听、谈话技巧。

案例分析一

罗芸的面谈计划

罗芸在天龙航空食品公司担任地区经理快一年了。她分管的10家供应站，每站有1名主任，主任负责向一定范围内的客户销售和服务。

天龙公司不仅服务于航空公司，也向成批订购盒装中、西餐的单位提供所需食品。天龙公司雇请所有需要的厨房工作人员，采购全部原料，并按客户要求的规格烹制订购的食品。供应站主任要负责订计划，编预算，监控分管指定客户的销售服务等活动。

罗芸上任的头一年，主要是巡视各供应站，了解业务情况，熟悉各站的所有工作人员。通过巡视，她收获不少，也增加了自信。

罗芸手下的10名主任中资历最老的是马伯兰。他只念过一年大专，后来就进了天龙，从厨房代班长干起，三年前当上了如今这个供应站的主任。

通过近一年的接触，罗芸了解了老马的长处和缺点。老马很善于和他重视的人，包括他的部下和客户们搞好关系，他的客户都是“铁杆”，三年来没一个转向天龙的对手去订货的，他招来的部下，经过他指点培养有好几位已被提升，当上其他地区的经理了。

不过他的不良饮食习惯给他带来了严重的健康问题，身体过胖导致心血管病加胆结石，使他这一年里请了三个月病假。其实医生早警告过他，但他置若罔闻。再则，他太爱表现自己了，做了一点小事，也要打电话向罗芸表功。他给罗芸打电话的次数超过另外九位主任的电话数总和。罗芸觉得过去共过事的人中没有一个人是这样的。

由于业务扩展，已盛传公司要给罗芸添一名副手。老马已公开说过，站主任中他资格最老，他觉得地区副经理非他莫属。但罗芸觉得如果马伯兰当她的副手，会让她受不了，两人管理风格太悬殊；再说，老马的行为准会激怒地区和公司的工作人员。

老马自我感觉良好，觉得跟别的主任比，他是鹤立鸡群。他性格开放豪迈，爱去拜访客户，也能和手下人打成一片，他最得意的是指导部下某种新操作方法，卷起袖子亲自下厨，示范手艺。跟罗芸谈过几次后，他就知道罗芸讨厌他事无巨细，老打电话表功，有时一天两三次，不过他还是想让她知道自己干的每项成绩。他也知道罗芸对他不听医生劝告，饮食无节制的看法。他为自己学历不高但成绩斐然而自豪，觉得就该提他当副经理，而这只是他实现更大抱负的过程中的一个台阶。

正好年终考核要到了。公正地讲,老马这一年的工作干得挺不错的。天龙的年度考绩表总体评分是10分制,10分是最优;7—9分属良,5—6分合格、中等;3—4分是较差;0—2分最差。罗芸不知道该评老马几分。评高了,他更认为该提升他;太低了,他准大为光火,会吵着说对他不公平。

考虑再三后,罗芸给老马考核总体分评了6分。她觉得这是有充足理由的:因为他不注意卫生,病假三个来月。她知道这分数远低于老马的期望,但她要用充分的理由来坚持自己的评分;然后她开始考虑给老马各考评维度的分项分数,并准备怎样跟老马面谈,向他传达所给的考绩结果。

思考与分析

(1) 你认为罗芸给马伯兰的考绩用的是什么方法?

(2) 罗芸对老马绩效的考核合理吗? 老马不服气有令人信服的理由吗?

(3) 天龙公司的考核制度有什么需要改进的地方? 你建议该公司做哪些改革?

案例分析二

上海宝安区政府的一次现场沟通

上海宝安区出台促转型1+5文件,从替代优先、创新优先、载体优先、环境优先、先驱引领等五个方面对企业加以扶持引领,同时,围绕着"转型升级年"与"作风提升年"的双年建设,不断加大服务企业的力度、广度。日前,经由宝安区首创的政企现场互动交流平台启动仪式暨第一次互动交流活动在宝安海关大厦举行。宝安区副区长孙波以及宝安区相关职能部门主要负责人参与了平台启动仪式,并面对面地听取到场企业提出的发展问题与困难。企业可网上报名直接同相关部门面对面交流,而宝安区相关部门将通过现场答疑和网络平台互动两条通道为企业排忧解难。

企业服务互动交流平台启动仪式现场成了平台的一次预演。宝安区副区长孙波亲率十余个相关部门的负责人现场为企业代表排忧解难。位于西乡固戍南太(投资)深圳公司的代表率先提出了一揽子问题。首先是最近企业出现了闪电现象,希望供电部门专家帮忙分析一下,看如何预防。其次是企业周边的交通卫生问题,107国道固戍社区、南太工业园辅道每天堵塞严重,客户对此表示关心。南太门口的路挖了很多次,经常积水,门口小卖铺多且凌乱,不整洁。之后还有劳动用工问题,企业现有工人4000多人,但还有2000多人的用工缺口,希望劳动部门帮忙解决一下。孙波插问了一句:"普通工人的待遇是多少?"南太公司的代表立即回答道:"每月有五六千元,在企业周边是最高的。"孙波随即要求经促局牵头主导各个单位,交通局也要解决交通问题,下个月之前出方案;关于用工问题,他指示由人力资源局组织专场招聘;而西安街道可组织一场专项行动,清理附近的无牌营业。

交通运输局相关负责人现场回答道:“关于107国道的拥堵问题,可以分两步走,将安排同事跟企业对接,到现场查看。客货分流问题将是中期要解决的问题。将跟相关的规划、建设部门联系,改善交通问题。”

人力资源局相关负责人则表示:“关于南太用工缺口问题,我们正准备开展几场招聘会,不止是南太问题,其他企业也都存在用工短缺问题。我们将认真组织招聘会,抓紧落实。届时会发布通知公告,做好发动工作。”

容大感光有限责任公司准备今年上市,他们提出用地方面的需求,希望能在宝安找到合适的地方设立企业总部和研发中心,孙波为他们推荐了福永环立新湖产业园、石岩企业总部园区等多个选项。

“今年宝安区共收集企业管理的问题和困难279项,目前已解决135项,占问题总数的48%。针对企业管理问题,如政企信息不对称以及沟通渠道不畅等问题,经促局搭建了面向全区广大企业的政企互动交流平台。”经促局局长谢炳文表示,“通过这个平台,企业可以实现与经促局领导和各科室工作人员的实时沟通,随时查看最新的政策信息、产业载体信息,进行项目申报、预约服务、互动交流等。”宝安区将建立方便企业办事的工作机制,每个月的第一个星期二都会在宝安海关大厦举行政企互动交流活动,由经促局领导带领相关科室与相关企业进行交流。记者随后登录宝安区网上企业互动平台,整个网络界面简洁明了,在注册与登录之后,企业可以通过文字方式将诉求传至平台。平台承诺,预约提问的问题由经促局协调相关部门在一周之内给予答复;而希望参与每月的现场互动交流的企业同样可以网上预约,经工作人员审核后短时间可获电话通知。

思考与分析

(1) 组织在与外部的利益相关者沟通时,面谈是最好的沟通方式吗?

(2) 组织在与外部的利益相关者沟通时,要注意什么?

(3) 案例中所涉及的面谈做法,对你有什么启示?

第八章　书面沟通

【学习目的与要求】

了解书面沟通的含义，识别书面沟通的类型，掌握书面沟通各类信息的写作技巧。

【教学重点与难点】

教学重点是：劝说性信息的写作，报告的写作方法，报告建议书的写作方法。教学难点是：报告与建议书的写作。

引导案例

东方朔的求职信

汉武帝刘彻登基后，招贤纳士，广罗天下英才，四方有识之士纷纷上书自荐，以谋取一官半职。然而在众多的求职者中，唯东方朔脱颖而出。据《汉书·东方朔传》记载，汉武帝刘彻读完东方朔的求职信后，赞叹不已，大称奇才，并立即封其为常侍郎（相当于现在国务院副总理的职务，获此位者多为皇帝宠信之臣）。

在做常侍郎以前，东方朔乃一介平民布衣，无背景、无关系、无钱财，那么他是如何创造这个神话的呢？正是凭着下面的自荐求职信，东方朔从草根一跃为显贵。

"臣朔少失父母，长养兄嫂。年十二，学书三冬，文史足用。十五学击剑，十六学诗书，诵二十二万言。十九学孙、吴兵法，战阵之具，钲鼓之教，诵二十二万言。凡臣朔固已诵四十四万言。又常服子路之言。臣朔年二十二，长九尺三寸，目若悬珠，齿若编贝，勇若孟贲，捷若庆忌，廉若鲍叔，信若尾生，若此可以为天子大臣矣。臣朔昧死，再拜以闻。"

《汉书·东方朔传》这样说："武帝初即位，征天下举方正贤良文学材力之士，待以不次之位，四方士多上书言得失，自炫鬻者以千数，但多不足采，报即闻罢，而东方朔之上书独具高格，文辞不逊，高自称誉，上伟之，令待召公车。"连钱锺书在《管锥编》中也这样赞叹："朔此篇干进而似匆乞怜，大言不惭，后世游士自炫自媒，或遥师，或暗合，遂成上书中一体。"

思考与分析

这篇155个字的求职信为什么达到了预期的目的？

第一节　书面沟通概述

一、书面沟通的定义

书面沟通是以文字为媒体的信息传递方式，其形式主要包括文件、报告、信件和书面合同等。理论上书面沟通属于间接沟通形式。

二、书面沟通的优缺点

1. 书面沟通的优点

(1) 形式多样。可长可短，可正式也可非正式。但在一个组织内部，会受限于约定俗成的规则。

(2) 意思表达清晰。书面沟通的主体，即信息写作者可以较为从容地表达想法，时间允许的情况下还可推敲字词、选择合适的支持材料，并可反复修改，直到定稿。

(3) 信息量大。可包含大量信息，包括数据、图表、参考文献等，且传达信息的准确性高。

(4) 书面证据。准确而可信的证据，可永久保存。

(5) 方便复制。可以同时发送给许多人，传达相同的信息。

2. 书面沟通的缺点

(1) 耗费时间较长。有数据表明，花 1 个小时写出的东西只需 10～15 分钟就能说完。

(2) 缺乏反馈。不具备内在的反馈机制，无法确保发出的信息能够被接收到，即使被接收到，也无法保证接收者按照发送者的本意对信息进行解释。

3. 书面沟通与口头沟通的区别

书面沟通与口头沟通的区别如表 8－1 所示。

表 8－1　书面沟通与口头沟通的区别

比较的维度	书面沟通	口头沟通
方式本身的含义	显示发文者对相关信息很重视	可利用肢体语言、语气语调以及周围环境来辅助表达
传播速度	纸质较慢，电子文档快	双向沟通，可及时得到反馈
特性	正式，权威性更强	随意性大
传播地域	较广	如借助网络可达任何地点
方便性	便捷	会受时间、地点的限制，如借助网络则可突破此限制

续　表

准确性	准确性比较高,思考更周全且可不断修正,提高正确性	准确性比较低,说出之后无法修改
条理性	清楚	受限于面谈者的个人技巧,也会被听众的随时反馈打乱

三、书面沟通的障碍

1. 书面沟通主体自身的障碍

(1) 个人观点和情绪。书面沟通主体很容易忽略与他自己的看法有冲突的信息。

(2) 写作能力。书面沟通主体的写作水平、写作风格、选择的书面形式会影响其写作目的和想强调的重点。

(3) 所处位置。书面沟通的主体在组织内部的地位会影响其所发出的信息的意义。

(4) 沟通时机。发送的时间会影响书面沟通的有效性。

2. 书面沟通客体的障碍

除受到与书面沟通主体一样的障碍影响之外,书面沟通客体还受下面因素的影响。

(1) 个人阅读习惯。固定的阅读模式会影响书面沟通效果,例如,因为不习惯沟通主体采用的格式,而忽略其中的信息。

(2) 情绪与外界影响。书面沟通客体即信息接收者的情绪以及环境是否安静,都会影响其专心阅读收到的信息。很多大型企业的CEO通常会在清晨六点处理邮件,主要原因之一是在头脑清楚的情况下,外界干扰会被降到最低。

四、书面沟通适用情形

书面沟通适用于以下情形。

(1) 简单问题小范围沟通时(如3—5个人沟通产出最终的评审结论等)。

(2) 需要大家先思考、斟酌,短时间不需要或很难有结果时(如项目组团队活动的讨论、复杂技术问题提前知会大家思考等)。

(3) 传达非重要信息时(如分发周项目状态报告等)。

(4) 澄清一些谣传信息,而这些谣传信息可能会给团队带来影响时。

书面沟通示例

某供电公司文职人员能力素质要求

(1) 素质名称:书面沟通。

(2) 素质定义:通过书写文档,准确清晰地传达信息给其他人。

(3) 素质级别及行为表现:如表8—2所示。

表 8-2　公司文职人员岗位能力要求

素质级别	行为表现
初级	掌握基本的用词规范 按照标准格式书写基本公文 掌握办公自动化流程 按照逻辑结构编写一般书面材料 在各种场合下能够使用适当的专业词汇
中级	清晰简明地写作专业工作汇报 有条理地组织书面语言和文章结构，以达到期望的目标 审核用词和文章结构
高级	为详细的报告撰写公司性材料 用精确的有逻辑性的语言写大型报告 撰写大型会议的会议纪要
专家级	撰写重要的行政性概要 熟练掌握演讲稿的写作方法和技巧 能够撰写有高度影响力的演讲稿 为简单概要的文章作注解 定义并执行书面沟通标准 能够书写有影响力的客观的证书

第二节　书面沟通的定位策略

一、写作对象定位

组织中进行书面沟通，对内在于传递有关信息、发出相关指令、作出必要解释等，对外在于建立业务关系、联络彼此情感、进行劝说、提出建议等。写作的内容是以传播商务信息为主，写作的对象涵盖了商务活动与经营活动中的各种主体，从组织内部的员工、中层经理、总经理或董事会成员，到组织外部的客户、供应商、政府相关部门、行业同仁/协会以及新闻媒体等。不同的书面沟通对象（书面信息接收者），对所要接收信息的内容披露程度、涵盖范围、文体格式等都有不同的要求。书面沟通主体在写作内容的选择和文体的使用上，要做到目的清晰，并对沟通能对象进行分析。

1. 目的清晰

书面沟通主体可以通过问自己两个问题来决定如何组织和呈现信息：我为什么要写这份书面文件？我希望达到什么目的？

2. 对象分析

书面沟通主体可以通过问以下问题实现对沟通对象的考察：书面沟通客体是谁？会

对信息做出什么样的反应，中立、肯定还是否定？什么样的语言最合适，是否可以大量使用专业技术术语？是否有必要解释所有问题？选择什么渠道传递信息最合适？

二、写作风格定位

管理沟通中的书面写作是一种商务沟通的方式，其语言具有与一般书面写作不同的特色。书面沟通的主体在写作之前，应仔细地研究商务内容，考虑信息接收者的需求，选择合适的语言承载合适的内容。整体风格应意思明确、语句流畅、形式正式、简洁明了，具体来说，表现在以下方面。

1. 平实

组织中的沟通是务实的活动，书面沟通的语言要朴实无华，不可夸夸其谈、矫揉造作，既不要用华丽的文学词汇，也不要用晦涩的法律式语句(合同除外)。

2. 简明

书面沟通应该简明扼要，用最清晰的语言表述写作内容，任何含糊不清或拐弯抹角的话只能使信息的阅读方困惑、不知所云，多余的陈述只会浪费对方的时间。

3. 人性化

虽然管理中的书面沟通具有一定的规则和理性，但是也要本着以人为本的态度，在称呼、语气、口吻、用词等诸多方面考虑阅读对象的感受，做到符合阅读对象的心理，激发其在阅读过程中产生好感，以情动人，达到有效沟通的目的。

4. 礼貌

除注重使用礼貌性语言外，书面沟通的礼节性还体现在以下几个方面。

及时回信，尽可能迅速地回复有关信函；信息接收者尽量明确，写给有关部门或人士要非常清楚；在涉外的写作中，要正确地拼写收信人的名字；处理投诉事件时，陈述事实，不作辩解；注意“过犹不及”，过分多礼也会让信息接收者觉得虚伪。

第三节　书面沟通的类型

一、常规型信息

常规型信息是指组织在日常的经营活动中产生的信息，沟通的内容涵盖了组织员工日常工作的各个方面。

1. 问询型信息

问询型信息是询问所需信息、行动、调整方案、产品信息和参考资料等的信息。在写作前沟通主体(即写作者)需要问自己以下几个问题：我有必要采取书面方式吗？如果需要，我要知道什么？为什么要知道？阅读此信息的人为什么要提供我需要的内容？

此类信息的写作模式是：开头开门见山地提出要询问的内容，中间说出需要此类信息的理由，结尾提出要求对方给予回答或采取行动的具体做法。

当询问组织内部的成员时，无须在开头做冗长的自我介绍或公司简介，可以直接具体而又明确地提出最重要的问题，如"空运此产品与海运相比，成本高了多少"。保持信息的简洁和直接，采用日常用语，不要长篇大论或者故弄玄虚。在写作中尽量保持一段只写一个问题。询问组织外部的人员时，如问其是否可以来参加会议、询问产品价格、确认某个流程等，注意整体语言的礼貌，提问时要问具体的问题而不是过于宽泛的问题，如"如果选择空运、海运和陆运三种不同的运输方式，你们的收费标准是什么"，而不是"你们的运输怎么收费"。如果问题较多，可以分成多个段落并编号，方便阅读。有些情况下，给组织外部人员发询问的书面信息是为了与之交流，建立合作关系，如国际贸易中的询盘或者开发客户。

2. 要求索赔与调整

此类信息用于对所购买的产品或服务不满意时，或组织内部的相关部门需要向外部的公司投诉时。书面的投诉既显得正式，也可以作为依据保留下来。

此类信息的写作模式是：通常在开头直接阐述问题是什么；中间解释细节要完整具体，如果可能的话，提供能够支持和佐证索赔与调整要求的信息或证明文件；结尾部分礼貌地要求对方采取行动，表达愿意解决此事的诚意。

此类信息要求信息写作者诚实地写出问题所在，提供所有相关的证据，如发票、销售目录与收据、相关部门出具的质检文件等，注意提供复印件，保留原件。如果知道如何解决问题，写作者可以直接提出来；如果不清楚问题的原因，可以要求对方解决，但要提供合同信息和与写作者联系的最佳时间，以便在第一时间解决问题。

3. 要求推荐

许多公司要求面试者提供推荐信，或者在内部职位升迁的竞争中，要求有原工作部门主管的推荐。

此类信息的写作模式是：开头回顾与对方的友谊、交往时间或者合作过的某些方面，以期建立对方对写作者清晰、正面的形象；中间叙述有价值的信息，如最近的工作经历、获得的奖励等，以便对方可以用在推荐信或者推荐说明中；结尾处表达感激，要写清楚推荐信或推荐材料应发给谁。

二、常规型回答

常规型回答是指对于常规型询问信息的回答，一般采用直接的方法进行写作。开头部分一般为主要的观点或要传达的消息；中间部分提供相关的细节与解释；结尾处可以强调对对方的好处，或者再次重申好消息。此类信息可进一步分为以下几种。

1. 回复的内容为写作者认为对方应该知道的政策性或宣传性信息

此类回答比如：告知组织内部的员工最新的要求，政策的变化；告诉组织外部的客户与供应商销售价格的变化，服务政策的改进等。

此类回答的写作模式为：开头将目的或信息本身和盘托出，中间描述相关细节信息，礼节性结尾。

2. 回复对方,同意提供对方在来信中需要的信息

此类回答内容通常为产品目录、价格信息等可能会促进销售的信息,或者为职位咨询者提供职位的相关信息等。

此类回答的写作模式为:开头给出答案,表明是针对提问给出的回答;中间提供关于产品或服务的关键性信息,如品质、特点等,以促进销售;结尾鼓励对方采取行动,及时联系。

此类型的信息,写作目的是在回答相关问题的基础上,给对方留下良好的印象以促进销售,建立长期合作的关系。

3. 同意索赔与调换

很多组织认为客户写投诉信是愿意反映问题的表现,给了组织一个修复关系、建立信任的机会,因此愿意相信客户所说的是真实情况。此类信息可以进一步分为以下几种。

一种是组织自身错误造成的。要表达组织一直为致力于客户满意做出的努力,暗含此次出的问题属于不经常发生的,要避免指责客户,但不要承诺此类问题再不会发生。

一种是客户自身错误造成的。组织需衡量索赔与调换的成本与流失客户的成本。如果决定索赔与调换,要在开头就点明,接下来要婉转地提醒客户如何正确使用产品。

一种是第三方的错误造成的。组织有三种做法:直接同意索赔等要求;同意客户所提要求,但是指出错误不在组织;将客户要求转给第三方,由其处理。通常情况下,由第三方处理并不是最优的做法。

三、写推荐信

管理者为申请人写推荐信,通常包括以下几项内容:被推荐者的名字及申请职位,推荐人与被推荐者的关系,被推荐者的工作经历和品质与申请职位有哪些相符的地方,推荐人的客观评论。

四、传播正面消息

组织内部的成员个人升迁、孩子入学等,或者组织外部的客户新公司开业、荣获奖项等,组织相关的人员都需要写祝贺的信件。此类信息多短小精悍,一般在开头祝贺对方,重申好消息,中间部分表达愿意建立良好合作关系的意愿,礼节性结尾即可。

五、宣布负面信息

负面信息指给内部的员工宣布负面的考核意见,告诉外部的客户无法索赔,宣布本年度利润下降等事项。

1. 负面信息写作的基本目的

传递负面信息,寻求信息接收方的接受;尽可能地传达组织对信息接收方的良好意愿,保持组织形象;尽可能一次性解决此问题。

2. 负面信息写作的基本技巧

(1) 换位思考。用信息接收者不反感的、能接受的方式来组织语言。

(2) 语言积极。用正面的词语、尊敬的口吻,让信息接收者感到礼遇有加。

(3) 对象分析。如果接收者为组织内部成员,可采用直接的方法,开头讲述负面信息,随后解释原因或者提供相关信息,礼貌性结尾。如果接收者是组织外部成员,可采用间接的方法,开头用语委婉,中间部分陈述理由,自然地引出负面信息,随后提供给对方可做的选择,结尾要客气、礼貌。如果信息接收者与写作者来自不同的文化背景,写作者还要考虑文化差异,注意措辞。

3. 负面信息的类型

(1) 对常规型询问的否定回答。无论是拒绝提供对方索要的信息、拒绝对方要求的帮助、拒绝对方的索赔或调换,还是拒绝邀请,组织内负责信息写作的成员可以视事情的紧急程度、与对方的关系远近、要求回复的时间长短选择直接法或间接法。无论哪种方法,最后落脚点都要放在即使给出负面回复,也要保持良好关系上。

(2) 对公司产品、运营方面的负面信息发布。发布此类信息多采用间接的方法,首先通过合作关系回顾、对行业发展的观点认同等方式与信息接收者产生共鸣;再陈述产品或组织运营中的问题,重点在于分析原因,透过原因分析让信息接收方看到可能的收益;最后指出未来改进的措施或方向,表达想与对方继续合作的意愿。

(3) 对员工的负面评价。发布此类信息可采用间接的方法,关注问题背后的原因而不是问题本身,注意"对事不对人",写作时避免人身攻击,对照岗位职责,指出问题所在,给出改进的时间要求,请员工积极参与改进。如果涉及解聘,则可咨询人力资源部和法务部,共同起草相关文件,以避免法律纠纷。

六、劝说性信息

1. 劝说的概念

劝说性的书信写作是向某个组织或个人提出劝说性建议的一种应用文体。通常写法是:先提出建议,随后给出充足的理由劝说对方接受你的建议。应注意的是,提出的理由要合情合理,用词要恰当,既要委婉礼貌,又要有说服力。

从劝说的对象和所需的技巧上来说,劝说别人改变想法、接受信息写作者的理念是比较难做到的。心理学研究表明,每个人都有自己的承诺区域,在其承诺区域内,人们都持有坚守的立场、态度、意见或信念,改变或者劝说成功的可能性最小。承诺区域中的一部分将会明确构成一个人的拒绝区域,也就是说,与一个人的承诺区域中的态度和信念严重不符的言论将会被拒绝。然而,一个人的承诺区域内也会有一部分处于这个人的接受区域之内,也就是说,如果一个人认为某种态度与自己承诺的态度在实质上是相同的或者一致的,那么,这种态度将会被接受。因此,只有当信息接收者认为所接收到的劝说性信息是处于自己的接受区域之内,或者处于不承诺区域或无所谓区域之内时,他的态度才会发生变化。

劝说所能够产生的影响在一个人的不承诺区域内时最大。对于那些表面上看起来和信息接收者原有的信念一致的论点,他们通常是会接受的。但是,对于那些与其原有的信念相矛盾的论点,信息接收者则倾向于加以仔细审查,有时甚至会试图破坏与他们原有信念相反的那些证据,这时就产生了抵触、抗拒等情绪,使劝说的行为难以奏效。

2. AIDA plan

AIDA plan 是一种较为广泛使用的劝说性信息的写作技巧,包括引起注意、诱发兴趣、刺激需求和采取行动四个环节。

A(Attention),引起注意:信息写作者欲传递的信息首先要引起信息接收者的注意。

I(Interest),诱发兴趣:信息接收者对产品或服务产生兴趣。

D(Desire),刺激需求:信息接收者经过考虑后,觉得产品或服务符合其需求,产生对产品或服务的需要。

A(Action),采取行动:信息接收者决定购买,达到信息发出者的目的。

第四节 报告沟通方式

一、报告沟通的定义

报告沟通是指组织内部的员工用来汇报工作,反映问题或情况,提出意见或建议,答复主管部门询问的陈述,可以是口头报告或者书面报告。

二、报告的类型

1. 调查报告

调查报告是针对某一情况、某一事件进行调查研究后,将所得的材料和结论加以整理而写成的书面材料,其目的在于反映具有普遍意义或带有关键性问题的情况,适用于制定方针政策、解决各种实际问题、弄清事情真相、扶植新生事物、推广典型经验等。调查报告侧重调查过程。

2. 调研报告

(1) 调研报告的定义。与调查报告相比,调研报告侧重于研究与结果,是以调查为前提,以研究为目的,把调查获得的材料所形成的观点,通过布局安排、语言调遣组织成文章。研究始终处于主导的、能动的地位,它是调查与研究的辩证统一,充分反映调查研究的结果。

调研报告写作的三个主要环节为调查、研究、报告。调查是基础,其目的在于掌握大量、真实、全面的客观事实和具体数据,对基本情况有一个系统的了解;研究是关键,其目的是对已经获取的材料进行分析、研究,探索事物的本质和规律;报告是调查、研究的具体体现，其目的是在调查、研究的基础上，用书面形式说明结果。

(2) 调研报告的特点。调研报告主要有以下几个特点。

第一，目的明确。调研报告不同于调查报告，调查报告是因为发生了某件事(如产品缺陷、安全事故等)才去作调查，然后写成报告。调研报告的写作者必须自觉地以研究为目的，根据组织管理工作的需要，制订出切实可行的调研计划，即将被动的适应变为有计划的、积极主动的写作实践，从明确的追求出发，深入到组织的各个层面，不断了解新情况、新问题，有意识地探索和研究，写出有价值的调研报告，如为开发新市场而做的市场调研报告，或者为了解某地劳动力状况而做的人力资源调研报告等。

第二，注重事实。调研报告的基础是客观事实，通过调查得来的事实材料说明问题、阐明观点，揭示出规律性的东西，引出符合客观实际的结论。一切分析研究都必须建立在事实的基础之上，确凿的事实是调研报告的价值所在。写入调研报告的材料都必须真实无误，调研报告中涉及的时间、地点、事件经过、背景介绍、资料引用等都要求准确真实，这样才能提供解决问题的经验和方法，研究的结论才更有说服力。

第三，夹叙夹议。调研报告的主要内容是事实，主要的表现方法是叙述，而从这些事实中概括出的观点是调研报告的灵魂。要把调研的东西加以分析综合，进而提炼出观点。对材料的研究要“去粗取精，去伪存真，由此及彼，由表及里”，从研究对象发展的不同阶段中，找出起支配作用的、本质的东西，把握事物内在的规律，运用最能说明问题的材料并合理安排，做到既要弄清事实，又要说明观点，这就需要在对事实叙述的基础上进行恰当的议论，表达出报告的主题思想。议论是“画龙点睛”之笔，调研报告要紧紧围绕事实进行议论，要求叙大于议，有叙有议，叙议结合，要防止只叙不议，观点不鲜明，也要防止空发议论，叙议脱节。

第四，语言简洁。调研报告的语言应该简洁明快，这种文体讲究充足材料加少量议论，不要求细腻的描述，只要用简明朴素的语言报告客观情况即可。但由于调研报告也涉及可读性问题，所以，语言有时可以生动活泼一些。

(3) 调研报告的格式。调研报告的标题主要有以下几种。

一种是公文式标题。这类标题由事由和文种构成，平实沉稳，如《关于客户满意度的调研报告》。

一种是文章式标题。这类标题直接揭示调研报告的中心，十分简洁，如《客户满意度有待提高》。

一种是提问式标题。这类标题是典型调研报告常用的标题，如《客户满意度为什么不高?》

一种是正副题结合式标题。这类标题是典型经验的调研报告和新事物的调研报告的写法。正题揭示调研报告的思想意义，副题表明调研报告的事项和范围，如《落实质量管理工程，积极促进客户满意——关于我公司 2011 年重点客户满意度的调查报告》。

调研报告的正文包括前言、主体和结尾三个部分。

调研报告的前言简要地叙述为什么对这个问题(工作、事件、人物)进行调查，调查的时间、地点、对象、范围、经过及采用的方法，调查对象的基本情况、历史背景以及调查后的结论等。这些方面的侧重点由写作者根据调研目的来确定，不必面面俱到。

调研报告开头的方法很多，有的是引起读者注意，有的采用设问手法，有的开门见山，有的承上启下，有的画龙点睛，没有固定形式。但一般要求紧扣主旨，为主体部分展开做准备。文字要简练，概括性要强。

调研报告的主体是调研报告的主干和核心，是引语的引申，是结论的依据。这部分主要写明事实的真相、收获、经验和教训，即介绍调查的主要内容是什么，为什么会是这样的。主体部分要包括大量的材料，如人物、事件、问题、具体做法、困难障碍等，内容较多，所以要精心安排调研报告的层次和结构，有步骤、有次序地表现主题。调研报告中关于事实的叙述和议论主要都写在这部分里，这是充分表现主题的重要部分。一般来说，调研报告主体的结构有三种形式。

一种是横式结构。模式结构即把调查的内容加以综合分析，紧紧围绕主旨，按照不同的类别分别归纳成几个问题来写，每个问题可加上小标题，而且每个问题里往往还包括若干个小问题。典型经验性质调研报告的格式一般多采用这样的结构。这种调研报告形式观点鲜明，中心突出，使人一目了然。

一种是纵式结构。纵或结构有两种形式，一种是按调查事件的起因、发展和先后次序进行叙述和议论，一般揭露问题的调研报告多使用这种结构方式，这有助于读者对事物发展有深入全面的了解。另一种是按成绩、原因、结论层层递进的方式安排结构，一般综合性质的调研报告多采用这种形式。

一种是综合式结构。这种调研报告形式兼有纵式和横式两种特点，互相穿插配合，组织安排材料。采用这种写法，一般是在叙述和议论发展过程时用纵式结构，而写收获、认识和经验教训时采用横式结构。

调研报告的主体部分不论采取什么结构方式，都应该做到先后有序、主次分明、详略得当、联系紧密、层层深入，为表达主题服务。

调研报告的结尾是调研报告分析问题、得出结论、解决问题的部分，不同的调研报告，结尾写法各不相同。一般来说，调研报告的结尾有以下五种：对调研报告归纳说明，总结主要观点，深化主题，以提高人们的认识；对事物发展做出展望，指出努力的方向，启发人们进一步去探索；提出建议，供领导参考；写出尚存在的问题或不足，以待今后研究解决；补充交代正文没有涉及而又值得重视的情况或问题。调研报告结尾要简洁有力，有话则长，无话则短，没有必要也可以不写。

撰写调研报告时，要注意克服四种倾向：一是观点与材料脱节；二是材料不充分，不能说明观点；三是堆砌材料，没有从材料中概括出观点，缺乏分析与研究；四是表述不当。写作调研报告，应尽量避免枯燥无味的语言，力争写得通俗、朴实、生动。

3. 可行性分析报告

可行性分析报告是在从事一种经济活动（投资）之前，企业从经济、技术、生产、绩效以及社会环境、法律等各种因素入手进行具体调查、研究、分析，确定有利不利因素、项目是否可行，估计成功率大小、经济效益和社会效益程度，为决策者和主管机关审批而制定的上报文件。

作为投资决策前必不可少的关键环节，可行性分析报告是在前一阶段的项目建议书获得审批通过的基础上，主要对项目市场、技术、财务、工程、经济和环境等方面进行精确系统、完备无遗的分析，完成包括市场和销售、规模和产品、厂址、原辅料供应、工艺技术、设备选择、人员组织、实施计划、投资与成本、效益及风险等的计算、论证和评价，选定最佳方案，依此就是否应该投资开发该项目以及如何投资，或就此终止投资还是继续投资开发等给出结论性意见，为投资决策提供科学依据，并作为进一步开展工作的基础。

(1) 主要内容。可行性分析报告的主要内容包括以下几个方面。

第一，全面深入地进行市场分析、预测。调查和预测拟建项目产品在国内、国际市场的供需情况和销售价格；研究产品的目标市场，分析市场占有率；研究确定市场，主要是产品竞争对手和自身竞争力的优势、劣势以及产品的营销策略，研究确定主要市场风险和风险大小。

第二，对资源开发项目深入研究，确定资源的可利用量、资源的自然品质、资源的禀赋条件和开发利用价值。

第三，深入进行项目建设方案设计，包括项目的建设规模与产品方案、工程选址、工艺技术方案和主要设备方案、主要材料、辅助材料、环境影响问题、项目建成投产及生产经营的组织机构与人力资源配置、项目进度计划、所需投资进行详细估算、融资分析、财务分析、国民经济评价、社会评价、项目不确定性分析、风险分析、综合评价等。

(2) 主要类型。可行性分析报告的主要类型有以下几种。

第一，用于企业融资、对外招商合作的可行性分析报告。此类研究报告通常要求市场分析准确、投资方案合理并提供竞争分析、营销计划、管理方案、技术研发等实际运作方案。

第二，用于进行政策立项的可行性分析报告。此类报告根据《中华人民共和国行政许可法》和《国务院对确需保留的行政审批项目设定行政许可的决定》而编写，是大型基础设施项目立项的基础文件，发改委根据可行性分析报告进行核准、备案或批复，决定某个项目是否实施。另外医药企业在申请相关证书时也需要编写可行性分析报告。

第三，用于银行贷款的可行性分析报告。商业银行在贷款前进行风险评估时，需要项目方出具详细的可行性分析报告。对于国家开发银行等国内银行，该报告由甲级资格单位出具，通常不需要再组织专家评审；部分银行的贷款可行性分析报告不需要资格单位出具，但要求融资方案合理，分析正确，信息全面。另外在申请国家的相关政策支持资金、工商注册时往往也需要编写可行性分析报告，该文件类似用于银行贷款的可行性分析报告。

第四，用于申请进口设备免税的可行性分析报告。申请办理中外合资企业、内资企业项目确认书的项目需要提供项目可行性分析报告。

第五，用于境外投资项目核准的可行性分析报告。企业在实施"走出去"战略，对国外矿产资源和其他产业投资时，需要编写可行性分析报告报给国家发改委或省发改委，申请中国进出口银行境外投资重点项目信贷支持时，也需要可行性分析报告。

(3) 可行性分析报告的产生流程。包括接受客户项目委托→组建项目小组→事前调查→编制项目研究计划→签订合同或协议→正式介入调查→分析研究、优化和选择方案→编制可行性分析报告等几个连贯的环节。该流程主要说明该项目的实现在技术、经济和社会因素上的可行性，评述为合理地达到开发目标可供选择的各种可能的实现方案，说明并论证所选定实施方案的理由。

(4) 项目可行性分析报告的编制依据。包括项目建议书及批复文件,国家和地区的经济和社会发展规划,国家有关法律、法规,政府的有关规定,项目合资、合作各方签订的协议书或意向书。

(5) 可行性分析报告的格式。可行性分析报告的格式包括以下几个部分。

第一,引言。引言主要包括项目名称、目标和基本功能,用户单位名称,新项目开发单位,该项目与其他项目或机构的关系和联系,在可行性分析报告中使用的专门术语及其定义,该报告中所引用的文件和技术资料。项目申请单位情况包括单位名称、地址及邮编、联系电话、法人代表姓名、人员、资产规模、财务收支状况等;项目负责人基本情况包括姓名、性别、职称、专业、联系电话,与项目相关的主要业绩等;项目基本情况包括项目名称、项目类型,主要工作内容、预期总目标及其阶段性目标,主要预期经济效益和社会效益指标,项目总投入情况(包括人、财、物等方面)等。

第二,可行性分析的准备。这些准备包括对可行性分析的要求和目标,进行可行性分析所具备的条件和限制,进行可行性分析所采用的方法。

第三,对项目的分析。这些分析包括企业要实现的目标与完成的任务,组织机构和管理体制,可供利用的资源及制约条件,目前企业存在的主要问题及薄弱环节。

第四,新项目方案。方案包括新项目的目标及要实现的功能,新项目的组成结构,新项目的实施计划、安排,如各阶段对人力、资金、设备的需求,新项目实现后对组织结构、管理模式的影响等。

第五,可行性分析。可行性分析包括项目的必要性、项目的经济可行性和技术可行性、组织管理的可行性和社会的可行性。项目背景及实施项目的必要性分析主要包括项目是否符合国家政策,是否属于国家政策优先支持的领域和范围,国家(含部分地区)需求分析,申请单位事业发展需求分析,项目实施对申请单位、所属领域或社会事业发展的意义与作用;项目实施的可行性分析主要包括与同类项目比较分析,项目的主要思路与设想,项目预算的合理性及可靠性分析,项目预期社会效益分析,项目预期效益的持久性分析;项目不确定性分析指项目实施过程中存在的风险和潜在问题及对应措施分析。

第六,投资估算及资金筹措。这主要包括项目投资估算、资金筹措方案和投资使用计划等。

第七,经济和社会效益分析。这主要包括未来五年成本、收入估算,财务内部收益率、贷款偿还期、投资回收期、投资利润率和利税率、财务净现值等财务指标分析,盈亏平衡分析和敏感性分析,提出财务分析结论,项目产生的社会效果和效益分析。

第八,综合实力和产业基础。这主要包括企业员工构成(包括分工构成和学历构成),企业高层管理人员或项目负责人的教育背景、科技意识、市场开拓能力和经营管理水平,企业从事研究开发的人员力量、资金投入以及企业内部管理体系等情况,企业从事该产品生产的条件、产业基础(包括项目实施所需的基础设施及原材料来源、供应渠道等)、环境保护措施、劳动保护和安全、必要的证明材料等;另外还包括特殊行业许可证(如食品、医药、农药、化肥产品生产许可证及批文),通信产品入网许可证,公共安全产品生产许可证,压力容器生产许可证等,可提供项目立项证明、高新技术企业证书、产品质量认证、环保证明,产品订货意向、合同等补充材料。

第九,可行性分析的结论。根据对以上项目的可行性分析,得出一个该项目是否可行的结论,一般有以下几种方式:可以立即进行,需要增加一定设备资源后才能进行,要推迟到具备某些条件以后才开始进行,需要对项目目标进行重大修改,不能或不必要确立该项目。

可行性分析报告示例

某公司软件开发的可行性分析报告

1. 引言

1.1 编写目的:阐明编写可行性分析报告的目的,提出读者对象。

1.2 项目背景:应包括所建议开发软件的名称,项目的任务提出者、开发者、用户及实现软件的单位,项目与其他软件或其他系统的关系。

1.3 定义:列出文档中用到的专门术语的定义和缩写词的原文。

1.4 参考资料:列出有关资料的作者、标题、编号、发表日期、出版单位或资料来源,可包括项目经核准的计划任务书、合同或上级机关的批文与项目有关的已发表的资料文档中所引用的资料,所采用的软件标准或规范。

2. 可行性分析的前提

2.1 要求:列出并说明建议开发软件的基本要求,如功能、性能、输入/输出、基本的数据流程和处理流程、安全与保密要求、与软件相关的其他系统、完成日期。

2.2 目标:可包括人力与设备费用的节省,处理速度的提高,控制精度或生产力的提高,管理信息服务的改进,决策系统的改进,人员工作效率的提高。

2.3 条件、假定和限制:可包括建议开发软件运行的最短寿命,进行显然方案选择比较的期限,经费来源和使用限制,法律和政策方面的限制,硬件、软件、运行环境和开发环境的条件和限制,可利用的信息和资源,建议开发软件投入使用的最迟时间。

2.4 可行性研究方法。

2.5 决定可行性的主要因素。

3. 对现有系统的分析

3.1 处理流程和数据流程。

3.2 工作负荷。

3.3 费用支出:如人力、设备、空间、支持性服务、材料等开支。

3.4 人员:列出所需人员的专业技术类别和数量。

3.5 设备。

3.6 局限性:说明现有系统存在的问题以及为什么需要开发新的系统。

4. 所建议技术可行性分析

4.1 对系统的简要描述。

4.2 与现有系统比较的优越性。

4.3 处理流程和数据流程。

4.4 采用建议系统可能带来的影响:包括对设备的影响,对现有软件的影响,对用户的影响,对系统运行的影响,对开发环境的影响,对经费支出的影响。

4.5 技术可行性评价:包括在限制条件下,功能目的是否达到;利用现有技术,功能目的是否达到;对开发人员数量和质量的要求,并说明能否满足;在规定的期限内,开发能否完成。

5. 所建议系统经济可行性分析

5.1 支出。

5.2 效益。

5.3 收益/投资比。

5.4 投资回收周期。

5.5 敏感性分析:指一些关键性因素,如系统生存周期长短、系统工作负荷量、处理速度要求、设备和软件配置变化对支出和效益的影响等的分析。

6. 社会因素可行性分析

6.1 法律因素:如合同责任,侵犯专利权,侵犯版权。

6.2 用户使用可行性:如用户单位的行政管理、工作制度、人员素质等能否满足要求。

7. 其他可供选择的方案

逐个阐明其他可供选择的方案,并重点说明未被推荐的理由。

8. 结论意见

可着手组织开发,需等待若干条件具备后才能开发,需对开发目标进行某些修改,不能进行或不必进行。

第五节　建议书沟通方式

一、建议书的定义及作用

建议书是指个人、单位或集体向有关单位或上级机关和领导,就某项工作提出某种建议时使用的一种常用书信;也可指个人、单位和有关方面,为了开展某项工作、完成某项任务或进行某种活动而倡议大家一起做的事情,或提出合理化的意见。建议书的作用主要是发表意见,提供建议;集思广益,扩大建议的来源途径。

二、建议书的特点

(1) 假想性。建议书是向有关部门或上级领导提建议时使用的一种书信。它没有公开倡导具体实施的特点,只是作为一种想法被提出来,具有较强的文本性特点,作为一种假想存在。

(2) 可塑性。建议书必须被有关部门、领导批准认可后才能实施。所以建议书具有较强的可塑性,它不是最终的定文形式,可以被修改、被增删,甚至弃之不用,这要由具体的情况来定。

(3) 针对性。建议书要具体明确,将自己建议的具体内容,采取的措施、方法、步骤一一列出,同时要针对某一具体问题来谈。

(4) 实际性。建议书要把握好分寸,实事求是,不提过高要求,所提的建议经过努力必须是切实可行的。

(5) 简练性。建议书的语言要精练、准确,篇幅一般不宜太长,很少分析和论证。

三、建议书的格式

(1) 标题。通常只写"建议书"三个字,有时为了突出建议的具体内容,可以写"关于×××的建议书"。题目要写在第一行的中间,字体要适当大些。

(2) 称呼。提出的建议希望得到哪些人的响应,称呼就写哪些人。要写在第二行顶格,后面加冒号。

(3) 正文。正文就是建议的内容,从第三行空两格开始写。先写提出建议的理由,再写建议的具体内容。如果内容较多,可以分条写。正文可以列条文式,也可以用段落式。

(4) 署名。在右下角写上建议人的姓名,即提出建议的团体的名称或个人的名字。

(5) 日期。日期写在建议人姓名的下方。

建议书示例

关于某公司是否实施信息系统的建议书提纲

1. 题目
2. 目录及页次
3. 前言
4. 现况分析
5. 建议方案
6. 效益分析
7. 产品介绍
8. 售后服务系统介绍
9. 参考价格
10. 结论

小　结

1. 书面沟通是以文字为媒体的信息传递方式，其形式主要包括文件、报告、信件和书面合同等。理论上书面沟通属于间接沟通形式。书面沟通具有形式多样、意思表达清晰、信息量大、书面证据可永久保存、方便复制等优点，但同时存在耗费时间较长、不具备内在的反馈机制等缺点。

2. 书面沟通的障碍有沟通主体自身的障碍和沟通客体的障碍两类。前者包括个人观点和情绪、写作能力、所处位置、沟通时机等，后者包括个人阅读习惯、情绪与外界影响等。

3. 书面沟通的基本定位是在明确沟通目标和对象的基础上，把握平实、简明、人性化、礼貌等要求。

4. 常规型书面沟通（偏重于商务方面）包括：(1) 问询型信息，询问所需信息、行动、调整方案、产品信息和参考资料等；(2) 要求索赔与调整，用于对所购买的产品或服务不满意时，或组织内部的相关部门向外部的公司投诉时；(3) 要求推荐，公司要求面试者提供推荐信，或者在内部职位升迁的竞争中，要求有原部门主管的推荐。这三种书面沟通的回答方式存在明显差异。

5. 管理者为申请人写推荐信，通常包括以下几项内容：被推荐者的名字及申请职位，推荐人与被推荐者的关系，被推荐者的工作经历和品质与申请职位有哪些相符的地方，推荐人的客观评论。

6. 传播正面消息的目的在于传达美好祝愿，负面信息写作的基本目的在于传递负面信息，寻求信息接收方的接受；尽可能地传达组织对信息接收方的良好意愿，保持组织形象；尽可能一次性解决此问题。

7. 劝说性的书信写作是向某个组织或个人提出劝说性建议的一种应用文体。应注意的是，提出的理由要合情合理，用词要恰当，既要委婉礼貌，又要有说服力。

8. 报告沟通的形式包括调查报告、调研报告和可行性分析报告三大类。调查报告是针对某一情况、某一事件调查研究后，将所得的材料和结论加以整理而写成的书面材料，其目的在于反映具有普遍意义或带有关键性问题的情况，适用于制定方针政策、解决各种实际问题、弄清事情真相、扶植新生事物和推广典型经验等。调查报告侧重调查过程。与调查报告相比，调研报告侧重于研究与结果，是以调查为前提，以研究为目的，把调查获得的材料所形成的观点，通过布局安排、语言调遣组织成文章。研究始终处于主导的、能动的地位，它是调查与研究的辩证统一，充分反映调查研究的结果。可行性分析报告是在从事一种经济活动之前，企业从经济、技术、生产、绩效以及社会环境、法律等各种因素入手进行具体调查、研究、分析，确定有利不利因素、项目是否可行，估算成功率、经济效益和社会效益，为决策者和主管机关审批而制定的上报文件。

9. 建议书是个人、单位或集体向有关单位或上级机关和领导，就某项工作提出某种建议时使用的一种常用书信；也可指个人、单位和有关方面，为了开展某项工作、完成某项任务或进行某种活动而倡议大家一起做的事情，或提出的合理化意见。建议书的作用主要是发表意见，提供建议，集思广益。

案例分析

一份市场营销调研报告

李天纯是海隆实业有限公司市场部的总经理，他习惯于在每年秋去冬来之际开始总结当年的工作，并为来年的工作做计划，而这一切均建立在大量的情报信息汇总、分析以及预测的基础上。根据企业的总体战略，李总这几年的市场工作重心已从公司本部所在地上海转移到了产品主销地之一的华东三省。在华东三省，近年来公司兼并的当地企业正逐步走上正轨，海隆实业有限公司的产品在当地的市场占有率已从15%上升到30%以上。

随后，李天纯的精力又开始转向拥有广大人口和巨大潜在市场的西南地区云、贵、川、渝。为加快实现企业的战略目标，公司总部于年初曾对在西南地区同行业内实行企业兼并、重组进行了初步可行性论证。对于这个巨大的市场，从公司的发展，降低劳动力、运输、仓储成本，提高市场占有率以及这个市场的进入壁垒等多方面综合考虑，公司准备在适当时机兼并当地一两家同行企业。此后，李天纯所在市场部的品牌科、经济研究室等部门的同事对当地主要竞争对手进行了大量的调研，目前大多已满负荷工作。要想对西南地区消费者等方面作进一步调查研究，以完成一个整体、详细的西南地区市场的综合分析，看来只有借助外力——委托几家资深的市场调研公司进行了。

华南市场研究公司是上海比较著名的市场调研公司，曾为许多著名的企业进行过市场研究、投资咨询等方面的工作，并一直保持着比较稳定的客户群，是行业中的佼佼者。海隆实业有限公司与华南市场研究公司也有过多次的合作，例如，在东北地区对公司的几个主要竞争对手作过调研。

一晃40多天过去了，华南市场研究公司的市场调研报告出来了。报告共分三大章。

(1) 西南地区本行业产品市场抽样调查分析。

(2) 西南地区本行业产品市场现状分析。

(3) 西南地区本行业产品市场的预测。

报告引言部分称，通过对西南地区产品市场的调研，从调研计划制订、问卷抽样设计、资料收集到资料整理分析的全过程的详细剖析，来描述公司在西南地区产品市场的营销现状及其竞争对手的现状，并希望通过这次对市场环境和消费者行为的调查，取得相关的市场营销活动的情报资料，以协助公司综合运用各种营销组合手段，制定正确的市场营销决策，使公司在市场竞争中获得更多的利润，取得良好的经营效果。

报告的基础是市场调研的内容、分析的方法等。粗略一看，整个报告洋洋洒洒数十万字，从方法论的比较上升到复杂的函数模型，在大量的调研数据的支撑下得出一个个结论，推理逻辑严谨。

李总仔细研究起每个章节来。他首先仔细地看了市场调研的内容，觉得华南市场研究公司虽然说是从事这方面的专家，但是从设计得相当精美的数十页问卷中，他还是看出了不少问题。

(1) 会造成误会的问题。模糊的问题易令人误解，这些问题的用词可能太松散，或者有些词语对于某些人而言具有不同的意义。例如，市场调研问卷中有不少"时常"、"很好"、"有用的"等词语，如果没有详细解释，就会造成人们的误解。例如，最近您是否使用过海隆实业有限公司的产品，受访者对于"最近"的解释基本上是近一星期或者近一个月，而市场调研人员心目中所指的可能是过去的3天。即使把问题改成"在过去的3天中，您购买过海隆实业有限公司的产品吗"，仍然会造成误解，因为有些家庭主妇可能会委托朋友或家人去购买，而本问题关注的则是自己是否购买过。所以，即使大多数受访者认为这个问题不会产生歧义，但是只要有10%的人产生误解，便表示可能有10%的误差。在某种程度上，这比抽样产生的误差还要大。

(2) 难以回答的问题。一个难以回答的问题可能会引发一个不正确的回答，例如，在进行经销渠道的调查时，经销商时常被问到买卖的是什么产品，市场调研人员可能无法依照问卷上所希望的那样获得答案。例如，调查问卷中问到经销商过去12个月的销售量。研究人员希望得到每周的数据，但是这个问题可能涉及商业机密。如果这个问题改成在一年当中不同的时期每周平均销售量，或许可以得到比较准确的答案，也比较自然。又如，问卷中询问消费者，购买公司产品时主要考虑的因素是什么，选项包括经销商的折扣、单价、产品的质量、可靠性、当地经销商的便利性、对环境的污染程度等。当访谈员将这些决定因素念完后，受访者也许已经忘记了前面的内容了，他可能会随便从能记得的原因中说出其中的一个，而这个原因不一定是最重要的，故此类关于态度的问题比起数量性的问题更不容易回答。

李天纯看完问卷，不由得凝神细思。虽然华南市场研究公司是市场调研方面的行家里手，但并不是说每个人都是设计问卷的专家。人们自从会开口说话后，便开始学习如何问问题，经过多年的实践，每个人都应当有资格来设计问卷了。但是很遗憾，事实并非如此。我们在谈话时，所提的问题往往十分松散，这些问题也时常被他人误解或误会。不过这并不要紧，因为我们还可以用其他的方式再问一遍，因为回答问题的人只有一个，所以两个人之间要想澄清问题或答案，通常还比较容易。而这样的错误及误解如果发生在抽样的受访者身上，并且市场调研的结果如果被用做重大投资项目的决策依据，将会造成很大的失误。因此，至少这份报告的开始部分即问卷的设计是有问题的。

李总继续翻阅下面的第二章"西南地区本行业产品市场现状分析"，此章主要通过对顾客、竞争者、经销商以及企业本身的销售数据进行认真观察和研究，来发现市场营销方面出现的各种问题，从而对营销策略进行调整，以使公司在市场竞争中取得优势地位。

第一部分研究公司产品在西南地区的销售情况，包括各种产品在各个地区的销售收入以及各年的变化情况，通过研究各产品在各省市以及各地区的销售差异，分析销售潜力与各地区的潜力。

第二部分通过问卷调查中得出的市场中消费者对海隆实业有限公司各种产品的认识程度，包括消费者中听说过海隆实业有限公司的人数比例、使用人数比例等指标来分析和研究海隆实业有限公司的各种产品处于什么样的市场地位，这一部分还涉及对海隆实业有限公司的各种产品与竞争品牌的认知比较。

第三部分通过零售商问卷，分析海隆实业有限公司的各种产品在各类零售网点的覆盖率。

第四部分对挑选出来的销售情况分别为好、中、差的三个城市重庆、贵阳、昆明在各方面进行比较和分析。

……

第三章是西南地区本行业产品市场的预测。第一部分是西南地区本行业市场细分、目标市场及其策略，第二部分是西南地区本行业市场产品市场占有率预测，第三部分是西南地区本行业市场产品需求量预测……

合上厚厚的一大本市场调研报告，李总认为，从报告的内容看，基本上达到了预期的目标，为领导层决策提供了实施依据。但是其中的问题也不少，有必要重新修改一下。于是李总拿起电话，拨通了华南市场研究公司张总的手机。

思考与分析

(1) 本案例围绕一份书面材料——市场调研报告的审读展开叙述，你认为这份书面材料存在哪些问题？

(2) 请对本案例中的市场调研报告提出修改建议。

第九章　团队沟通

【学习目的与要求】

理解团队的特征和类型,清楚团队沟通及其重要性,正确界定团队沟通的影响因素,理解和掌握如何打造高效团队,掌握提高团队沟通技巧的方法。

【教学重点与难点】

教学重点是:团队的特征和类型,团队沟通的影响因素。教学难点是:理解和掌握如何打造高效团队,掌握提高团队沟通技巧的方法。

引导案例

三个和尚吃水的故事

这是一个流传甚广甚远的故事。从前,山上有座庙,庙里开始只有一个和尚,这个和尚每天到山下的井里挑水,过着悠然自在的生活。一年后,来了一个外地和尚,经过协商,两人决定一起抬水,因为有了团队,挑水的效率也提高了,于是两个人有了更多的时间去整理庙里的内务。一年后,又来了一个云游和尚,从此,三个和尚反而谁也不挑水,谁也不抬水了,最后变成了谁都没水喝。

思考与分析

(1) 团队是不是总能带来绩效的改善,为什么?

(2) 同样都是需要沟通与协调,为什么在两个和尚的时候能够达成一致,在三个和尚时就乱套了呢?

(3) 三个和尚没水吃的结果仅仅是因为人数的增加导致意见不一致吗?

第一节　团队的概念及类型

一、团队的含义

为了正确理解团队沟通的含义，我们首先要明白两个基本问题：何为团队？团队是否就是群体？

自我测试

(1) 下面四个类型中，哪些是群体？哪些是团队？

龙舟队　　旅行团　　足球队　　候机旅客

(2) NBA 在每赛季结束后都要组成一个明星队，由来自各个队伍中不同的球员组成一支篮球队，跟冠军队比赛，这个明星队是团队、群体还是其他组织？

对工作团队的研究最早可追溯到威廉·大内(William Ouchi)的"Z 理论"，该理论认为，形成团队的前提有三要素，即信任、微妙性、人与人之间的亲密性。团队内部的异质人群更容易引起文化上的冲突，而难以调和。此后，美国的斯蒂芬·P. 罗宾斯(Stephen P. Robbins)指出，团队是指在特定的可操作的范围内，为实现特定的目标而合作的人的共同体。他认为团队内完美的沟通目标是可望而不可即的，而选择正确的通道，做一个有效的听众，运用反馈则有助于有效沟通。他强调为了实现团队的目标，必须在团队内部进行有效的沟通。我国学者康青认为，团队是指按照一定的目的，由两个或两个以上的雇员组成的工作小组。

本书把团队定义成是由两个或两个以上的人构成的，为实现一个或一系列共同目标而共同努力的正式群体。

团队不同于群体，两者之间存在根本性的区别。

(1) 领导方面。作为群体，应该有明确的领导人；而团队可能就不一样，尤其是团队发展到成熟阶段时，成员共享决策权。

(2) 目标方面。群体的目标必须跟组织保持一致；但在团队中除了这点之外，还可以产生自己的目标。

(3) 协作方面。协作性是群体和团队最根本的差异，群体的协作性可能是中等程度的，有时成员还有些消极、对立；但在团队中是一种齐心协力的气氛。

(4) 责任方面。群体的领导者要负很大责任；而团队中除了领导者要负责之外，团队的每一个成员也要负责，甚至要一起相互作用，共同负责。

(5) 技能方面。群体成员的技能可能是不同的，也可能是相同的；而团队成员的技能是相互补充的，把不同知识、技能和经验的人综合在一起，形成角色互补，从而达到整个团队的有效组合。

情景故事

团队的协同效应

有一次，联想运动队和惠普运动队进行攀岩比赛。惠普队强调的是齐心协力，注意安全，共同完成任务。联想队在一旁并没有做太多的士气鼓动，而是一直在合计什么。比赛开始了，惠普队在整个过程中几处碰到险情，尽管大家齐心协力，排除险情，完成了任务，但因时间拉长最后输给了联想队。那么联想队在比赛前在合计什么呢？原来他们把队员个人的优势和劣势进行了精心组合：第一个是动作机灵的小个子队员，第二个是一位高个子队员，女士和身体庞大的队员放在中间，殿后的当然是具有独立攀岩实力的队员。于是，他们几乎没有险情地迅速完成了任务。团队的优势在于团队成员在能力上互补，共同完成目标任务的保障在于发挥每个人的特长，并注重流程，使之产生协同效应。

(6) 结果方面。群体的绩效是每一个个体的绩效相加之和，团队的结果或绩效是由大家共同合作完成的产品。

团队与群体的区别如图 9－1 所示。

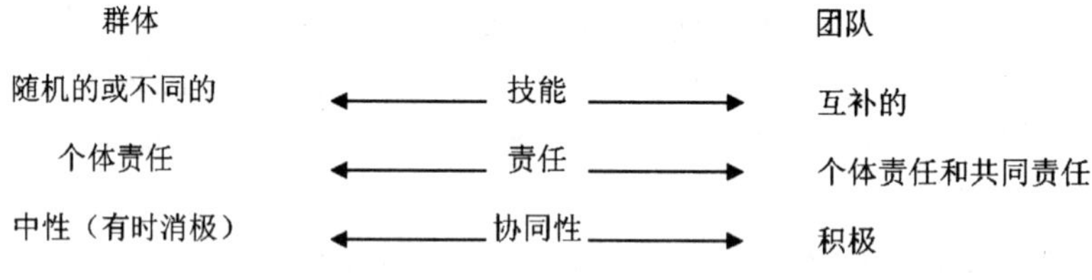

图 9－1　团队与群体的区别

综上所述，龙舟队和足球队是真正意义上的团队；而旅行团是由来自五湖四海的人组成的，它只是一个群体；候机室的旅客也只能是一个群体。明星队是团队还是群体，有一些争议。这里的看法是：明星队至少不是真正意义上的团队，只能说是一个潜在的团队，因为最关键的一点是成员之间的协作性还没有那么熟练，还没有形成一个整体的合力，当然从个人技能上来说也许明星队个人技能要高一些，所以认为它是一个潜在的团队，在国外也有人叫它伪团队。

从群体发展到真正的高效团队需要一个过程，需要一定时间的磨炼。这个过程分为五个阶段，即群体阶段、伪团队阶段、潜在团队阶段、真正团队阶段和高效团队阶段。

二、团队的构成要素

团队有如下几个重要的构成要素。

1. 目标(Purpose)

团队应该有一个既定的目标,为团队成员导航,知道要向何处去。没有目标,这个团队就没有存在的价值。

自然界中有一种昆虫很喜欢吃三叶草(也叫鸡公叶),这种昆虫在吃食物的时候都是成群结队的,第一个趴在第二个的身上,第二个趴在第三个的身上,由一只昆虫带队去寻找食物,这些昆虫连接起来就像一节一节的火车车厢。管理学家做了一个实验,把这些像火车车厢一样的昆虫连在一起,组成一个圆圈,然后在圆圈中放了它们喜欢吃的三叶草。结果它们爬得精疲力尽也吃不到这些草。这个例子说明在团队中失去目标后,团队成员就不知道向何处去,最后的结果可能是饿死,这个团队存在的价值可能就要打折扣。团队的目标必须跟组织的目标一致,此外还可以把大目标分成小目标,再具体分到各个团队成员身上,大家合力实现这个共同的目标。同时,目标还应该有效地向大众传播,让团队内外的成员都知道这些目标,有时甚至可以把目标贴在团队成员的办公桌上、会议室里,以此激励所有的人为了这个目标去工作。

2. 人员(People)

人员是构成团队最核心的力量,两个或者两个以上的人就可以构成团队。目标是通过人员具体实现的,所以人员的选择是团队中非常重要的一个部分。在一个团队中可能需要有人出主意,有人定计划,有人实施,有人协调不同的人一起工作,还有人监督团队工作的进展、评价团队最终的贡献。不同的人通过分工来共同完成团队的目标,在人员选择方面要考虑人员的能力如何、技能是否互补、人员的经验如何等。

3. 团队的定位(Place)

团队的定位包含两层意思。第一层含义指团队的定位,即团队在企业中处于什么位置?由谁选择和决定团队的成员?团队最终应对谁负责?团队采取什么方式激励下属?第二层含义指个体的定位,即作为成员在团队中扮演什么角色?是制订计划还是具体实施或评估?

4. 权限(Power)

团队当中领导人的权力大小跟团队的发展阶段相关,一般来说,团队越成熟,领导者所拥有的权力相应越小,在团队发展的初期阶段,领导权是相对比较集中的。团队权限关系具有两个方面的内容。

第一,整个团队在组织中拥有什么样的决定权?比如财务决定权、人事决定权、信息决定权等。

第二,组织的基本特征。比如组织的规模多大,团队的数量是否足够多,组织对于团队的授权有多大,它的业务是什么类型。

5. 计划(Plan)

计划包括两个层面的含义:目标最终的实现,需要一系列具体的行动方案,可以把计划理解成目标的具体工作的程序;提前按计划进行可以保证团队的顺利进度。只有在计划的操作下,团队才会一步步地贴近目标,从而最终实现目标。

三、团队的类型

根据每个团队存在目的的不同,可以将团队的类型归结为四种。

1. 问题解决型团队

问题解决型团队即来自同一部门的若干名志同道合的人临时因为某一件事情聚集在一起,就如何扩大产品知名度、提高生产线产出率、改进工作流程、改善工作环境等问题展开讨论,相互交换意见,吸收彼此观点,形成集体决策,达成工作共识。团队的概念风行初期时的团队类型大都属于问题解决型团队。20 世纪 80 年代,问题解决型团队的典型代表为“质量管理小组”或者“质量圈”,如图 9—2 所示。

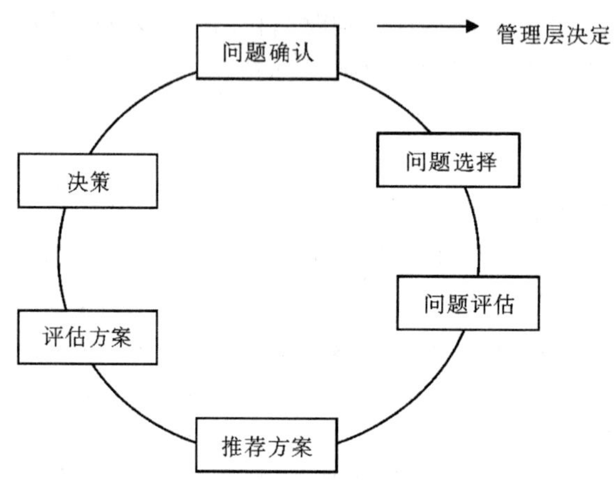

图 9—2 质量圈示意图

这种工作团队的组成结构为:职责范围近似或重叠的部分员工、主管,一般为 5—12 个人,他们会定期举行会议,在现场讨论质量问题或生产过程中将要面临的问题,调查原因,提出解决问题的建议,并监督相关的部门采取有效的行动。但是,问题解决型团队缺乏贯彻力、执行力,即这些团队形成的意见和建议专门由具有执行力的部门负责采取行动,贯彻决策或目标。随着团队素质的不断提高,这种团队渐渐面临权利不足、功能欠缺等问题,导致员工积极性和参与性动力不足。

2. 自我管理型团队

为了弥补问题解决型团队缺乏贯彻力和执行力的缺陷,就要求团队具有自主解决问题的能力,希望团队能够独立承担所有责任,具备了这两种特征的团队称为“自我管理型团队”。自我管理型团队的人数通常为 10—15 人,团队的成员构成呈现多样化的特征。团队的成员需要分担一些上级领导的职责,比如人员招聘、绩效评估、工作任务的分配、工作强度的分布以及工作时间的安排等。

情景故事

伊顿公司液压管制作团队

伊顿公司(Eaton Corp)全球制管事业部下属的一家工厂给我们提供了如何在工业生产中使用自我管理团队的例子。这家工厂位于阿肯色州奥索卡山的中心地带,生产供卡车、拖拉机以及其他重型设备使用的液压管。1994 年,为了提高产品质量和生产效率,公司管理层放弃了生产线模式,把工厂的 285 名工人组织成 50 多个自我管理团队。一夜之间,工人们可以自由参与那些过去严格限于管理层的决策活动。例如,团队可以自己安排工作日程,选择新成员,与供应商谈判,给顾客打电话,处分问题员工。其结果如何呢?1993—1999 年,工厂对顾客提出问题的回应时间缩短了 99%,生产率与成品率都提高了 50%以上,产品失误率下降了近一半。

3. 多功能型团队

多功能型团队由来自同一等级不同领域的员工组成,成员之间交换信息,激发新的观点,解决所面临的一些问题,如图 9－3 所示。当然,对多功能团队的管理不像管理一个野餐会,它形成的初期往往要耗费大量时间,因为团队成员需要学会处理复杂性和多样性的工作任务。在成员之间,尤其是那些背景、经历和观点不同的成员之间,也需要一定时间才能够建立起信任,并且真正合作共事。

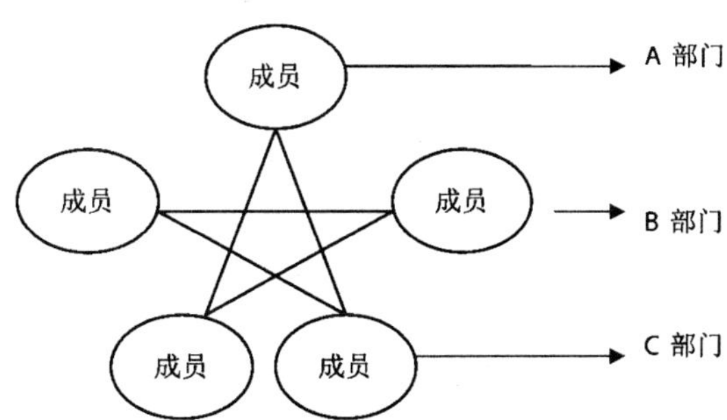

图 9—3 多功能型团队示意图

近几十年来,许多组织都采用了这种跨越部门界线的多功能型团队。20 世纪 60 年代,IBM 组建了一个大型的特别任务工作组,成员来自公司的各个部门,用于开发后来十分成功的 360 系统,这个特别任务工作组其实就是一个临时性的多功能型团队。同样,由来自多个部门的成员组成的委员会是多功能型团队的另一个例子。不过,多功能型团队的兴盛和普及是 20 世纪 80 年代末的事。当时,所有主要的汽车制造公司,包括丰田、尼桑、本田、宝马、通用汽车、福特和戴姆勒-克莱斯勒,都采用了这种团队来协调复杂项目的完成。哈雷—戴维森公司(Harley-Davidson)依赖具体的交叉功能团队来管理每一条摩托车产品线。这些团队中不仅有来自设计、制造、采购部门的哈雷员工,而且有重要的外部供应商的业务代表。

4. 虚拟型团队

虚拟型团队是随着通信技术的发展和网络服务的完善而渐渐兴起的一种新的团队形式。"虚拟"指的就是团队环境的虚拟,但每个成员所进行的工作以及所奉献的经历等都是真实的,通过虚拟世界进行的相互之间的沟通和协作化也是真实存在的。

虚拟团队与面对面活动的团队之间主要有三方面的差异:缺少副言语和非言语线索,有限的社会背景,克服时间限制和空间限制。在面对面的交谈中,人们使用副言语线索(语调、声音的起伏、音量)以及非言语线索(眼睛运动、面部表情、手势以及其他身体语言),这些信息提供了更多的意义,使沟通的内容更为明确。虚拟团队常常因为成员间缺乏社会和谐和直接交流而受到不利影响,它们无法复制出正式面对面沟通中的听说互动过程。尤其是当成员不见面时,虚拟团队更可能是任务取向,相互交流的信息也更少含有情感的内容。因此,与面对面的团队相比,虚拟团队成员认为,自己对群体互动过程更不满意,这一点并不意外。最后,即使成员之间远隔千山万水,彼此相差 12 小时或更多,虚拟团队也能够在一起共同工作,它使得那些用其他任何方式都难以共同协作的人现在可以在一起工作了。

惠普、波音、福特、摩托罗拉、通用电气、洛克希德·马丁(Lokheec Martin)、Veri Fone 和皇家壳牌公司都是虚拟团队的重要使用者。例如,洛克希德·马丁就利用虚拟团队为美国军方制造新的隐形战斗机。团队成员由来自全球的工程师和设计师组成,他们将同时为这个价值 2250 亿美元的工程工作。公司预测,这样的团队结构可以节省 2.5 亿美元,在过去的十年,这些钱可以用来造一架喷气机。

第二节 团队沟通概述

一、团队沟通的概念及优缺点

团队沟通指两个或两个以上的人,为了达到共同的目标,以一定的方式联系在一起而进行交流的过程。

情景故事

教授的裤子

一位教授精心准备一个重要会议上的演讲,会议规格之高、规模之大都是他平生第一次遇到的。全家人都为教授的这次露脸而激动,为此,妻子专门为他选购了一套西装。晚饭时,妻子问:"西装合身吗?"教授说:"上身很好,裤腿长了那么两厘米,倒是能穿!"晚上教授早早就睡了。妈妈却睡不着,琢磨着儿子这么隆重的演讲,西裤长了怎么能行,就翻身下床，把西装的裤腿剪掉两厘米，缝好烫平，然后安心地入睡了。早上五点半，妻子睡醒了，想起丈夫西裤的事，心想时间还来得及，便拿来西裤又剪掉两厘米，缝好烫平，惬意地去做早餐了。一会儿，女儿也起床了，看妈妈的早餐还没有做好，就想起爸爸西裤的事情，寻思自己也能为爸爸做点事情了，便拿来西裤，再剪短两厘米，结果……

事实表明，团队是组织提高运行效率的可行方式，它有助于组织更好地利用员工的才能，而且比其他形式的群体更灵活，反应更迅速。但是，仅仅建立团队还不足以保证获得较高的组织绩效，团队成员之间有效的沟通与协作才是组织高效的关键。换句话说，团队的一切活动都与沟通过程相互作用，团队沟通至关重要。阿尔钦和德姆塞茨的团队生产理论认为，团队成员间的有效沟通对于提高企业的生产效率显得尤为重要，而且有效的团队沟通是医治团队成员偷懒的有效方法；美国的斯蒂芬·P. 罗宾斯认为团队内完美的沟通目标是可望而不可即的，而选择正确的通道，做一个有效的听众，运用反馈则有助于更有效的沟通。为了实现团队的目标，必须在团队内部进行有效的沟通。

与个体自我沟通相比，团队沟通的优点表现在：考虑问题全面，决策质量高；成员相互理解，关系融洽，有较高动力协调作战；防止偷懒，搭便车；更容易出业绩。

团队沟通也存在几个明显的缺点，主要表现在：权责不清晰；从众心理；领导效应，呈现“一言堂”现象。

二、团队沟通的形成和发展

团队沟通是伴随团队这种组织结构的诞生应运而生的。20 世纪 80 年代，随着经济全球化的发展和信息技术的广泛应用，企业的外部生存环境发生了根本的改变，这就要求企业必须快速准确地对千变万化的市场做出反应，变大规模的福特制生产方式为灵活的弹性生产方式，变分工和等级为合作与协调，这样才能充分调动员工的积极性，最大限度地发挥员工的专业技能。而传统的垂直功能化管理组织模式已经不再适应现在的市场环境，在这种情况下，一种全新的以团队为核心的企业组织结构应运而生并迅速盛行起来。

团队的形成和发展大致可分为初创阶段、初见成效阶段、持续发展阶段和成熟阶段四个阶段。不同团队发展阶段的团队沟通特征各异。

1. 初创阶段

这一时期的团队沟通表现为谨慎相处型。由于团队刚形成，缺乏稳定性，这样的团队尚未确立统一的愿景，缺乏运作规范，领导职责不明确。从本质上讲，新形成的团队缺少组织文化，所以成员缺乏对团队的认同。这个阶段的团队成员或者表现为谨小慎微，即通过评价其他成员的态度和能力来决定自己该怎样做，他们对团队的归属是暂时性的；或者表现出很强的个人主义意识或对其他组织而非本团队的忠诚。这个阶段团队工作的效率很低，因为成员之间需要时间相互适应。

2. 初见成效阶段

这一时期的团队沟通表现为相互竞争型。一旦确立了统一愿景，团队便开始完成组织所授予的任务。在这一阶段，尽管团队成员提出了有关团队的使命、目标、运作规范及领导者等问题，但团队本身依然只是名义上的，因为尚未形成团队文化，其成员还是没有明确的团队意识，但是这一阶段比上一阶段多了一些活力和协调。这个阶段处于初创阶段与持续发展阶段之间，团队成员或者为了其在组织中的地位或影响力而相互竞争，或者对组织中的事情更加漠不关心。成员之间可能会相互竞争，在目标和主导性问题上发生争执，并且想方设法争取领导权。与此同时，团队成员对彼此的知识和技术能力有所认识。由于团队成员的经历不同，团队从初创阶段发展到这一阶段的时间长短也不相同。如果团队中的相当一部分人过去曾在一个紧密协作的团队中工作过，这一过程可能会短一些；如果团队是由那些第一次参加团队的人员组成的，且领导者试图将一支处于僵局的团队改变成一支具有统一目标的团队，则可能需要更长的时间。然而，有些团队在这一阶段可能会陷入困境，无法在操作程序和优先权的问题上达成共识，有时甚至连应对常规问题也有困难，更不用说面对那些新的难题了。另外，由于团队成员存在个性差异，因此在团队工作过程中，一些成员的性格显得与其他人格格不入。在这个阶段陷入困境的团队，很可能从初见成效转变为功能失调。

3. 持续发展阶段

这一时期的团队沟通表现为和谐融洽型。团队度过竞争阶段之后，建立起了大家认可的正式或非正式的团队运作规则和工作程序，团队成员之间的合作显得比竞争更重要，他们能够像一个整体一样发挥作用。尽管成员在有关新方法或职位认定等问题上仍会存在分歧，但是这一阶段的团队成员对不一致持开放的态度，认为团队中的每个成员都可以发表不同的观点，提出不同的意见。

4. 成熟阶段

这一时期的团队沟通表现为协作进取型。进入成熟期的团队能够紧密协调地合作，因为团队成员已将团队文化完全消化吸收，进而融为自我意识的一部分。他们了解团队对每个成员的期望，因此会将时间和精力花在实质性问题而非一些程序问题上。和谐的团队通常为自己制定很高的标准，因为他们了解自己的能力，并且相信每个人都能够履行自己的职责。团队成员以自己是团队的一员而自豪，也以自己能为团队的成功做出贡献而骄傲。处在成熟阶段的团队，一方面更具协调感，另一方面也有变得僵滞的危险。由于团队成员都了解各自的观点和办事方式，因此会变得自以为是，做事很容易想当然而不是深思熟虑。集体的意见代替了团队讨论中有建树的观点，这样就会轻易地抹杀掉个体的特性和建设性意见。团队进入这一阶段后，可能再也不会寻找或接受新的观点和思维方式了，容易形成团队的官僚主义。团队中成员的关系既是一种协调性极强的沟通渠道，又是团队自身健康运作的束缚绳索，使其无法为组织创新和提高组织效率发挥应有的作用。

三、团队沟通的影响因素

1. 个人因素

(1) 成员的态度、观点和信念。成员的不同态度、观点和信念会影响团队沟通的效果。例如，在接收信息时，团队成员对符合自己利益需要又与自己切身利益有关的内容很容易接受，而对自己不利或可能损害自己利益的则不容易接受。

（2）成员个体的性格、气质、情绪、兴趣等。在团队沟通中，包括团队领导者在内的所有成员个体的性格、气质、情绪、兴趣等心理特征都会影响团队沟通效果。例如，对于一个成功的高效的团队，其内部沟通必然是畅达充分的。如果团队领导者是专制型的，或是放任自流型的，那么团队沟通就会低效或无效。因为，前者压制了来自团队成员的新思想、新建议，后者则会使团队沟通显得漫无目的或很少发生。

（3）成员个体的语言表达能力和理解能力。同样的词汇对不同的人来说含义是不一样的。在一个团队中，成员常常具有不同的背景，有着不同的说话方式和风格，对同样的事物有着不一样的理解，这些都造成了团队沟通的障碍。

2. 人际因素

影响团队沟通的人际因素主要包括沟通双方的相互信任程度和相似程度。沟通是发送者与接收者之间的互动过程，因此，沟通双方的诚意和相互信任至关重要。在团队沟通中，当面对来源不同的同一信息时，人们最可能相信他们认为的最值得信任的那个来源的信息。团队成员之间的猜疑只会增加抵触情绪，减少坦率交谈的机会，也就不可能进行有效的沟通。沟通的准确性与沟通双方间的相似性也有着直接的关系。一般来讲，团队成员的特征包括性别、年龄、智力、种族、社会地位、兴趣、价值观、能力等的相似性越大，团队沟通的效果也会越好。

3. 结构因素

（1）团队规模。团队规模越大，可利用的信息、技能、才能、背景和经验就越多样化，但相应地，个体参与的机会就越少。研究表明，较大规模的团队中，权利和力量大的人支配着可用于交流的时间。

（2）团队成员的角色分担。每个团队都有若干个成员组成，这些成员在团队成立之后到团队解体之前都扮演着不同的角色。按照团队成员扮演的角色能否对团队工作起到积极的作用，通常将角色分成两大类，即积极角色和消极角色。如表 9－1 所示。

表 9－1 团队成员的角色

<table>
<tr><th>角色</th><th>积极角色</th><th colspan="2">消极角色</th></tr>
<tr><td>领导者</td><td>能确定团队目标任务并激励下属完成的成员</td><td rowspan="2">绊脚石</td><td rowspan="2">固执己见、办事消极的成员</td></tr>
<tr><td>创始者</td><td>能为团队工作设想出最初的方案的成员，其行为包括明确问题、为解决问题提出新思想、新建议</td></tr>
<tr><td>信息搜寻者</td><td>能为团队工作不断澄清事实、提供证据相关信息的成员</td><td rowspan="2">自我标榜者</td><td rowspan="2">总想通过自吹自擂、夸大其词寻求他人认可的成员</td></tr>
<tr><td>协调员</td><td>能协调团队活动、整合团队成员不同思想或建议并能减轻工作压力、解决团队内分歧的成员</td></tr>
<tr><td>评估者</td><td>分析方案、计划的成员</td><td rowspan="2">配者</td><td rowspan="2">试图操纵团队，干扰他人工作以提高自己地位的成员</td></tr>
<tr><td>激励者</td><td>起到保持团队凝聚力作用的成员</td></tr>
<tr><td>追随者</td><td>按计划实施的成员</td><td rowspan="2">避者</td><td rowspan="2">总是跟他人保持距离，对工作消极应付的成员</td></tr>
<tr><td>旁观者</td><td>能以局外人的眼光评判团队工作并给出建设性意见的成员</td></tr>
</table>

当然,团队任务变量的特征,团队所处的环境因素,如自然位置、组织等级中的位置、在组织和社会中的相互关系等,也会影响团队沟通的效果。

四、团队沟通的维度

团队沟通通常包括三个维度,即沟通频率、反馈效果和学习程度,这三个维度都对团队的合作水平有显著的影响。

1. 沟通频率

团队成员之间经常进行沟通,这意味着团队成员之间的知识不断传递与共享,意味着新知识的不断获取,这大大促进了团队成员共同解决问题的能力和水平,进而对团队集体效能感的提高有着有利影响。在团队运作过程中,团队成员间必须进行信息的共享和沟通,只有这样,才能使整个团队成员之间可以获得充分的信息。因此,团队内部信息沟通手段越多样化、沟通的频度越高,团队的协作力就越强,进而团队的任务绩效以及周边绩效就会越好。所以团队的沟通程度对团队集体效能感有着积极的预测作用。

2. 反馈效果

团队沟通如果能够得到反馈,则说明团队成员确实通过沟通掌握了知识和技能,同样能够提高团队成员共同解决问题的能力,进而提高团队集体效能感和团队绩效。

成员在进行信息的交换时,反馈作用是不容忽视的。反馈是对所获取的信息作出反应,可以分为积极反馈与消极反馈两种。人们可能会认为消极的反馈只会产生负面效应,事实上这两种反馈对于团队来说都需要,问题是看你是否掌握了有效反馈的技巧。比如,反馈要强调具体的行为;反馈不能针对某个人,应该针对某一观点或者具体行为,消极反馈更应该如此,对错误的做法我们要及时指出、注意观察并需要考虑反馈对象的情绪,确保对方能够准确理解和接受;消极反馈要针对可控的行为,不要指责或者责备信息发送者无法控制的因素。反馈是沟通过程中和沟通结束时的一个必要的环节,不少人在沟通的过程中不重视或者忽略了反馈,结果沟通的效果大打折扣,如有时人们以为对方已经听懂了自己的意思,可是在实际的操作过程中却发现结果大相径庭。在双方沟通时,只要注重反馈的结果,在沟通结束时多加反馈,效率就会大大提高。

3. 学习程度

团队学习是指提高团队成员的整体搭配与实现共同目标能力的过程,它是建立在发展共同的愿景和自我超越的基础之上,由团队内部的成员为团队自身以及团队之外的其他人创造知识的过程。团队通过提出问题、寻求反馈、反思结果、试验和讨论行动产生的错误及不可预期结果,既在成员之间获取、分享和整合知识,查漏补缺,又可以进行反思和行动,优化团队体系和改善行为,以在不断变化的环境中使团队保持良好的发展。

五、优秀沟通团队的特征

1. 目标明确

在团队里,要进行有效沟通,必须目标明确,即团队成员清楚地了解所要达到的目标,以及目标所包含的重大现实意义。目标明确几乎是所有成功团队的一致特点。团队的形成必有其原始的目标,不论是有形的或是无形的,它是指引团队发展方向的明灯。在某种程度上,目标管理是进行有效团队沟通的一种解决办法。因为整个团队都着眼于完成目标,这就使团队沟通有了一个共同的基础,彼此能够更好地了解对方。当然,组织的目标是多层次的,在结构上最高的部分是组织存在的终极目标,亦即组织的社会责任,其次为部门的目标或分组团队的目标,最底层是个人的目标。一个组织的目标体系是环环相扣的,管理者要有意识地让这些目标相互形成关联,让团队对目标达成共识。在实现团队目标的同时达成个人目标,这样才会使团队目标真正成为对成员有意义的目标。

情景故事

雅芳早期销售团队

世界知名企业雅芳公司设立的原始目标是找出一种可以沿街叫卖的新产品,而且产品应当是很快用完且需要再购买的东西。公司几经思量后选定香水为推销的产品,随后顺应顾客的需求又陆续开发出洗发精、面霜、药膏等商品。由于商品开发越来越多,公司快速建立了拥有5000人的销售团队。

为了实现团队的目标,雅芳在销售策略上大胆采用个体作业的方式,他们选用了很多女性,让她们手持产品手册,面带微笑地沿街登门拜访顾客,推销公司的产品。由于商品符合需求、价格低廉,且销售团队平易近人、友善、真诚,产品获得了顾客的青睐。这样的服务精神与态度渐渐成为雅芳的特色,被称为“雅芳精神”。雅芳结合个人目标与组织目标的直接推销方式,让成员乐于发挥自己最大的潜力,尽心尽力为达成目标而努力,并且可以获得工作上的成就。

雅芳在发展过程中,除不间断地开发新产品外,也随时顺应经营环境的变化进行创新与改革,积极引进新的物流制度来提供更好的货品配送系统。另一方面也开发邮购系统来服务那些销售人员无法实时提供服务的人,随后更发展出电子化的订货系统,让顾客可以很方便地购买到雅芳的产品。所有这些创新、所拟订的策略,其目的就是达成团队的目标及实现成员的个人成就。所以团队的发展必须兼顾个人的前程发展,这是管理者必要的思考逻辑。

2. 有效解决冲突,达成共识

有人说:“沟通就是,我所说的便是我所想的,怎么想便怎么说,如果团队同伴不喜欢,也没办法!”实际上,从目的来看,团队沟通是共同磋商的意思,即团队成员必须交换和适应相互的思维模式,直到每个成员都能对所讨论的意见或观点有一个共同的认识。我们认为,团队沟通只有达成共识才可以被认为是有效的团队沟通。

情景故事

麦肯锡公司绩优团队的创建方法

在日益全球化的发展中，用传统的知识和经验共享为客户提供最满意的方案日益困难。麦肯锡公司通过创建绩优团队，利用团队成为知识和经验共享的枢纽，已为麦肯锡分布在全球的1/4客户和咨询人员提供了服务，其多年的经验与方法如下。

首先，将团队从工作组中甄别出来，二者的区别如表9—2所示。

表9—2　工作组与团队的差异

工作组	团队
① 强有力的目标明确的领导人	① 团队成员分担领导作用
② 个人负责制	② 个人负责和相互负责相结合
③ 工作组的目的与更广的组织任务是一致的	③ 团队自己产生具体的目的
④ 个人的工作产品	④ 集体的工作产品
⑤ 通过有效的会议运行	⑤ 鼓励进行不限人员参加的讨论和积极的解决问题的会议
⑥ 通过工作组对他人的间接影响来评定其效率(如企业的财务业绩)	⑥ 通过评价集体的工作产品直接评定业绩
⑦ 讨论决策和代表作用	⑦ 团队成员共同讨论，共同决策，也共同做实事

其次，成为真正的团队。由志愿者组成团队，讨论、决策和认清任务，提出所有的障碍进行讨论；探讨工作方法中的不确定问题，在工作中学习所需的技能，共同克服障碍，体现友爱和支持。

最后，诞生绩优团队。用主题和认同感、热情和能量水平、由事件构成的历史、个人责任感和业绩成果等“生命体征”来确定一支团队在业绩曲线上的位置。当团队工作超出了共同目的和方法，关心彼此成长和成功，掌握所需技能，形成共同使命感时，绩优团队也就形成了。

3. 角色明确，分工协作，发扬团队精神

情景故事

五官论战

一日，嘴对鼻子说：“尔有何能，而位居吾上?”鼻子说：“吾能别香臭，然后子方可食，故吾位居汝上。”鼻子对眼睛说：“子有何能而在吾上也?”眼睛说：“吾能观美丑，望东西，其功不小，宜居汝上也。”鼻子又说：“若然，则眉有何能，亦居吾上?”眉毛说：“吾也不愿与诸君相争，吾若居眼鼻之下，不知尔一个面皮，欲放哪里?”

优秀沟通团队的建设也与上述小故事有相似的道理，原则、感情与共同的利益和目标是维系一个团队的纽带。只有大家形成一个共同奋斗的共识和目标，才能形成团队的凝聚力和团队精神。如果总是搞个人主义，处处抬高个人、贬低他人、钩心斗角、争占上风，个个想当主角、内耗不断，就会造成角色易位。如果互相拆台，无休止地搞内耗，就会弄得整个团队像一盘散沙。蚂蚁尚有可贵的团队精神，更何况是万物之灵长的人类？所以，要培养团队精神，不能去做"五官论战"之类的蠢事。

4. 开放的沟通氛围

首先要营造开诚布公、畅所欲言的沟通氛围，保证团队成员之间沟通顺畅，信息交流充分；其次要保证团队成员之间真诚、信任，只有这样才能保证信息的准确性。

微软公司有一种企业文化叫做"开放式沟通(Open Communication)"，它要求所有员工在任何沟通场合里都能敞开心扉，完整地表达自己的观点。在微软开会时，大家如果意见不统一，一定要表达出来，否则公司可能错过改进的良机。例如，当 Internet 产业刚起步时，很多微软的领导者包括比尔·盖茨在内都没有认识到它的价值而不打算投入太多精力来研究。但是，有两位刚加入微软的技术人员不断就此提出自己的意见和建议，虽然他们的上司并不理解和赞成他们的意见，但是仍然支持他们保留"开放式沟通"的权利，使他们的声音很快传到比尔·盖茨的耳朵里，最终促使比尔下决心改变公司方向，全面支持 Internet 技术。从这个例子我们可以看出，这种开放的沟通环境对微软公司保持企业活力和创新能力是非常重要的。

我们要做到开诚布公，敢于说"不"，这才是尊重自己、尊重事实的沟通准则。当然，在表达不同意见时，自己的态度应该是具有建设性的、有高度诚意的，而不是为了批评而批评。

5. 有效倾听

在团队沟通中，言谈是最直接、最重要和最常见的一种途径，有效的言谈沟通很大程度上取决于倾听。作为团体，成员的倾听能力是保持团队有效沟通和旺盛生命力的必要条件；作为个体，要想在团队中获得成功，倾听是基本要求。在对美国 500 家大公司进行的一项调查表明，作出反应的公司中超过 50%的公司为他们的员工提供听力培训。有研究表明，那些是很好的倾听者的学生比那些不是的学生更为成功。在工作中，倾听已被看做是获得初始职位、提高管理能力、事业有成的必备技能之一。

当然，这里的倾听不等同于听。倾听不仅仅是用耳朵，更要用心。其一，因为正常人基本都是一张嘴巴、两只耳朵，这意味着造物主让我们多听少讲，只有听清楚了，才能说明白。其二，从倾听过程来看，倾听不是机械地接收信息，而是了解、理解、接受、接纳外部世界的过程，如图 9－4 所示。

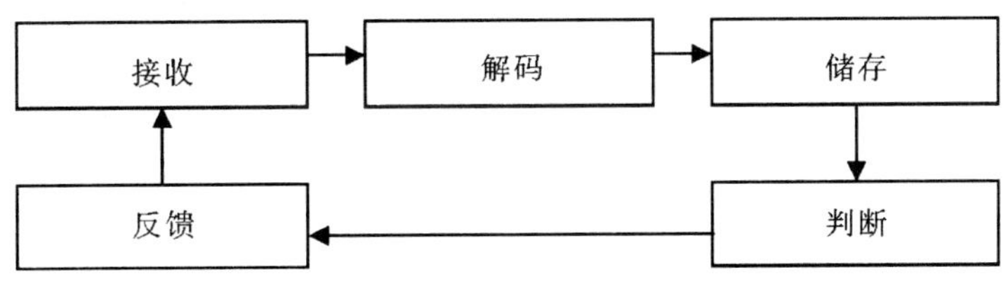

图 9－4 倾听的过程图

要成为一个优秀的倾听者,应该做到“三要”和“三不要”。“三要”即要能听、会听和“择”听。要能听,意指要暂时放弃自己的价值观和立场,尽量放空自己,只有这样才能倾听别人。

情景故事

问　　禅

一位学者向南隐问禅,南隐以茶相待。南隐将茶水倒入杯中,茶满了但他还是继续倒。学者说:“师傅,茶已经满了,不要再继续倒了。”南隐说:“你就像这只茶杯一样,里面装满了你自己的想法。若不先把自己的杯子空掉,让我如何对你说禅?”

要会听,意指要选择合适的倾听方式。只有这样,才能记住他人发言的关键点,将重要词句铭记于心;留心谈话者的情感、情绪;捕捉言外之意、弦外之音,洞察他人难以启齿的需求和愿望。倾听方式主要有三种类型,即内容型倾听方式、批判型倾听方式和情感型倾听方式。内容型倾听注重理解和记忆讲述者所讲的内容;批判型倾听通常在争论中较为适用,其目的是评价信息;情感型倾听则在了解他人感受时较为有效,其出发点是为了“了解”而非为了“反应”,也就是通过交流去了解别人的观念、感受。倾听方式的选择主要取决于信息发送者的沟通意图和信息接收者的反应,如图 9－5 所示。当信息发送者仅为传递某种信息时,那么倾听者应采用内容型倾听方式,因为此时信息接收者的主要任务是理解和记忆讲述者所讲的内容;当信息发送者不仅要传递某种信息,而且同时还希望得到倾听者的信息反馈,甚至是争论或辩论时,这时信息接收者应采用批判型倾听方式;当信息发送者通过交流与你分享情感、交流感受时,此时信息接收者应采用情感型倾听方式。

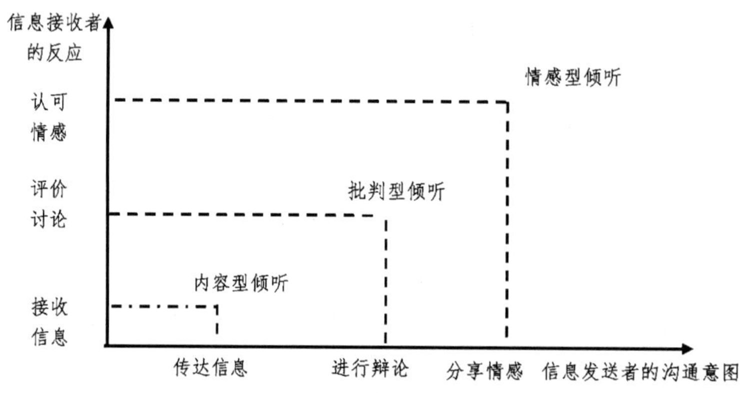

图 9－5　倾听方式选择图

要“择”听,意指要给自己时间去思考和判断,既要尝试理解和接纳别人的感受、观点,同时又要避免听什么信什么,因为倾听别人的意见而丧失自己的主见,是极不可取的。

“三不要”即不急抢、不打断和不乱否。“不急抢”意指在倾听过程中,不要急于表达自己,要礼貌地请对方先发表意见。用简单的肢体语言(如身体稍稍前倾、微笑、点头)跟着对方的思路，来表示你在尊重并聆听对方讲话。“不打断”意指在倾听过程中，不要轻易打断别人的话，要让别人把事情叙述完整，感情表达清楚，不满发泄出来。“不乱否”意指倾听后不要急于否定对方，不要匆忙下任何结论。因为这种做法非常危险，有时候会让人误会和误解。

第三节 团队沟通技巧

一个优秀的企业，强调的是团队的精诚团结，团队成员之间如何沟通是一门大学问。因为，成员之间如果沟通不好，往往会产生矛盾，形成内耗，影响企业的正常运转。下面是著名企业提高团队沟通技巧的七个方法。

一、讲故事法

1994 年以前，美国的波音公司遇到一些困难，总裁康迪上任后，经常邀请高级经理们到自己的家里共进晚餐，然后在屋外围着个大火炉，讲述有关波音的故事。康迪请这些经理们把不好的故事写下来扔到火里烧掉，用来埋葬波音历史上的“阴暗”面，只保留那些振奋人心的故事，极大地鼓舞了士气。

二、聊天法

奥田是丰田公司第一位家族成员之外的总裁，在长期的职业生涯中，奥田赢得了公司内部许多人士的爱戴。他有 1/3 的时间在丰田公司里度过，常常和公司里的多名工程师聊天，聊最近的工作，聊生活上的困难；另外用 1/3 的时间用来走访 5000 名经销商，和他们聊业务，听取他们的意见。

三、制订计划法

爱立信是一个“百年老店”，员工每年都会有一次与人力资源经理或主管经理面谈的机会，员工在上级的帮助下制订个人的发展计划，以跟上公司的业务发展，甚至超越公司的发展步伐。

四、越级报告法

在惠普公司，总裁的办公室从来没有门，员工受到顶头上司的不公正待遇，或者看到公司的什么问题，都可以直接提出，也可以越级反映。这种企业文化使得人与人之间相处时，彼此都能互相尊重，消除了对抗和内讧。

五、参与决策法

美国的福特公司每年都要制订一个全年的“员工参与计划”,动员员工参与企业管理。这个举动引发了职工对企业的“知遇之恩”,使得员工的投入感和合作性不断提高,合理化建议也越来越多,生产成本大大减少。兰吉尔载重汽车和布朗轿车的成功就是很好的例子。在投产前,公司大胆打破了那种“工人只能按图施工”的常规,把设计方案摆出来,请工人们“评头论足”,提意见。工人们提出的各种合理化建议一共有 749 项,经过筛选,公司采纳了 542 项,其中有两项意见的效果非常显著。如以前装配车架和车身,工人要站在一个槽沟里,手拿沉重的扳手,低着头把螺栓拧上螺母。由于工作十分吃力,因而往往干得马马虎虎,影响了汽车质量。工人格莱姆说:“为什么不能把螺母先装在车架上,让工人站在地上就能拧螺母呢?”这个建议被采纳以后,既减轻了劳动强度,又使质量和效率大为提高。另一位工人建议,在把车身放到底盘上去时,可使装配线先暂停片刻,这样既可以使车身和底盘两部分的工作容易做好,又能避免发生意外伤害,此建议被采纳后果然达到了预期效果。

六、培养自豪感

美国的思科公司在刚创业时,员工的工资并不高,但员工对于自己的工作都很自豪。该公司经常购进一些小物品如帽子,给参与某些项目的员工每人发一顶,使他们觉得工作有附加值。当外人问公司的员工,你在思科公司的工作怎么样时,员工都会自豪地说,工资很低,但经常会发些东西。

七、口头表扬法

表扬不但被认为是当今企业最有效的激励办法,事实上也是企业团队中的一种有效的沟通方法。日本松下集团很注意表扬人,创始人松下幸之助如果当面碰上进步快或表现好的员工,会立即给予口头表扬;如果不在现场,他还会亲自打电话表扬下属。

第四节 团队沟通绩效的评估

一、团队沟通绩效的内涵

对团队绩效的理解,理论界有不同认识。Hackman 和 Sundstrom 认为团队绩效是指团队实现预定目标的实际结果,主要包括三个方面:团队生产的产量(数量、质量、速度、顾客满意度等);团队对其成员的影响(结果);提高团队工作能力,以便将来更有效地工作。Nalder 认为团队绩效主要包括三个方面:团队对组织既定目标的达成情况,团队成员的满意感,团队成员继续协作的能力。Guzzo & Shea 提出了"输入—过程—输出"模型,其中输入包括成员的知识、技术和能力,团队的构成、组织情景、报酬系统、信息系统、目标方面的因素;过程包括团队成员的相互作用、信息的交换、决策参与的模式和社会支持等;输出包括团队的产品、团队的发展能力、团队成员的满意感等。

团队绩效考核与传统职能部门绩效考核相比,存在几个方面的不同:传统职能部门的考核更关注结果,而团队绩效考核更关注过程;传统职能部门只对个人进行考核,而团队绩效考核同时对团队和个人进行考核;传统职能部门偏重于对个人进行奖励,团队同时对团队和个人进行奖励。

综上所述,团队绩效一般指某一组织群体的整体绩效,其整体绩效是否大于每个成员个体绩效总和,由团队核心素质以及团队合作的程度决定。如果组织能通过共享价值观,将个体绩效、团队绩效与组织绩效结合在一起,则组织的战略目标就能实现,这就要求以人的导向为基础的评估体系必须有所改变。团队绩效的评估和管理,不仅要对团队的绩效目标进行评估和管理,还要对团队成员的工作表现及团队绩效对组织目标实现的贡献进行评估和管理。个体绩效、团队绩效和组织绩效三者之间的关系如图 9—6 所示。

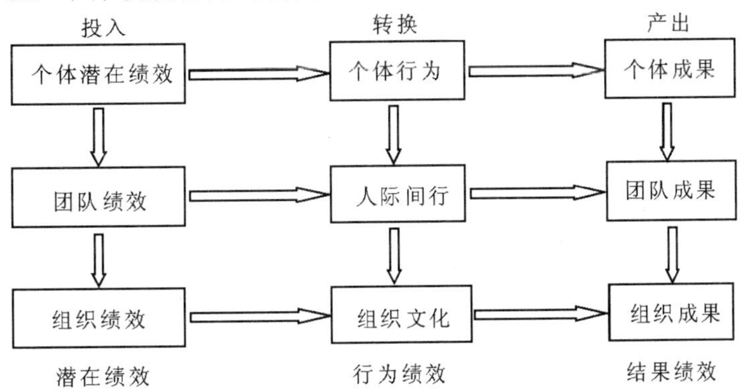

图 9—6 团队绩效与个体绩效、组织绩效之间的关系

二、团队绩效考核的原则及指标选取

1. 指标选取原则:SMART 原则

(1) 明确性(Specific)。用具体的语言清楚地说明要达成的行为目标,如"增强客户意识"是非常不明确的描述,而"将客户满意度由目前的 80%提高到 90%"则是明确的表达。

(2) 衡量性(Measurable)。目标必须有标准可以测量,如"将客户忠诚度由目前的 80%提高到 90%"是很难衡量的,忠诚度不像满意度那样易于判断。

(3) 可接受性(Acceptable)。赋予团队或成员的目标必须是与团队或成员充分沟通的结果。

(4) 可实现性(Realistic)。目标必须是在现有资源条件下可行的。过于乐观的目标,往往会给团队的信心带来打击。

(5) 时限性(Timed)。时间要求必须非常明确,时间的遵循必须是严格的,而且应设置阶段性时间要求,以一个个小的关键点的跨越,不断提高团队士气。

此外,在绩效评估指标的选择上要注意体现团队的特点,指标的选择以不破坏团队成员的合作为前提,尽量选择易于团队和个人两个层次统计的指标;在指标的选择上要关注团队的长远发展能力,不能局限于眼前的财务指标。要注重团队发展能力以及学习创新能力的培养,这点对研发团队尤为适用。

2. 指标选取

分层次设计的绩效测评指标包括:最高层次指标,包含对具有战略性、导向性的目标的考核;中级层次指标,包含可以量化的目标如销售量、市场占有率、生产率等;软标准指标,包含员工士气、组织声誉、员工满意感等。对于高管团队,大体上为任务表现、组织绩效和经营绩效。对团队成员的奖惩或绩效评价应综合考虑三方面内容,部门绩效、个人任务达成情况、组织经营状况各占三分之一。

3. 团队绩效评估与团队沟通的相互作用与影响

常见的团队绩效评估模型均探讨了影响团队绩效的因素,认为团队互动过程即沟通过程是团队影响因素(输入)与团队绩效(产出)之间的中介。

(1) 描述类模型。主要有 McGrath 的描述性模型(Descriptive Models),Nieva 等人提出的绩效模型,Jwell 和 Reitz 提出的团队行为模型。

McGrath 的描述性模型的主要贡献在于列举出一些影响团队绩效的输入性因素,并尝试探究这些因素与团队互动过程和团队绩效之间的系统性关系,如图 9—7 所示。

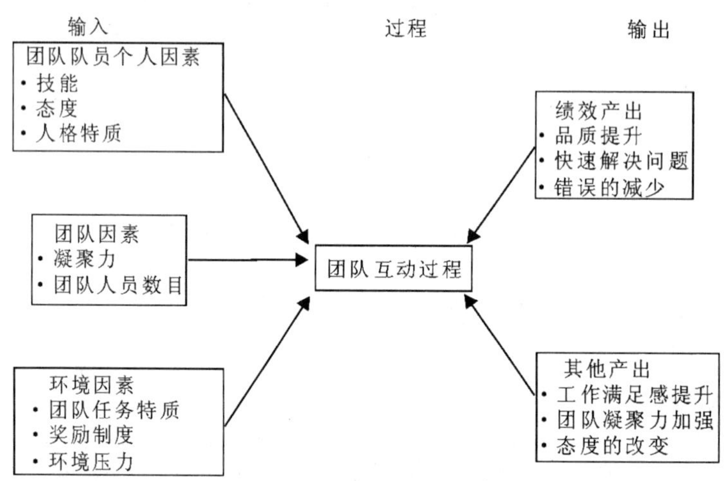

图 9—7 McGrath 的描述性模型

Nieva 等人相信团队队员的特性(团队队员本身的能力、激励与人格特性)和任务特性与需求(组织所分派团队的任务范围与活动)均会影响到团队的特性(团队的结构面观点,如团队的成员数量、沟通模式、团队气候和权力结构等),再直接或间接地影响到个人与团队绩效。他们认为团队绩效是团队为了要完成指派任务所表现出来的一种目标导向行为、活动和功能,因此将团队绩效分为个人工作表现与团队绩效的功能面两个层级。个人工作表现指的是团队队员能完成团队所分派的任务行为，而团队绩效的功能面则视团队队员间的互动关系与相互协调的结果而定，如图 9－8 所示。

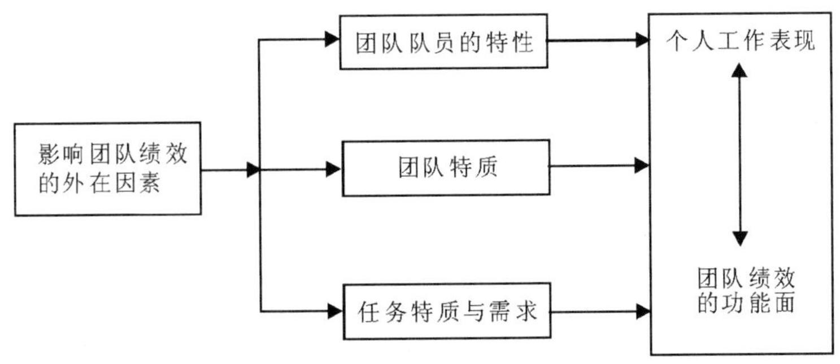

图 9－8 Nieva 等人的团队绩效模型

Jewell and Reitz 的贡献是开始列举出可以影响团队绩效的变量中的重要因素。他们将团队的成果当做一个因变量，并发展出团队行为的整合性模型。在此模型中，影响团队绩效的有四大类变量，即个人特质（指团队成员）、团队特质、环境因素（分为社会环境和物质环境）以及通过团队的互动过程转化为团队的内在外在两类成果，如图 9－9 所示。

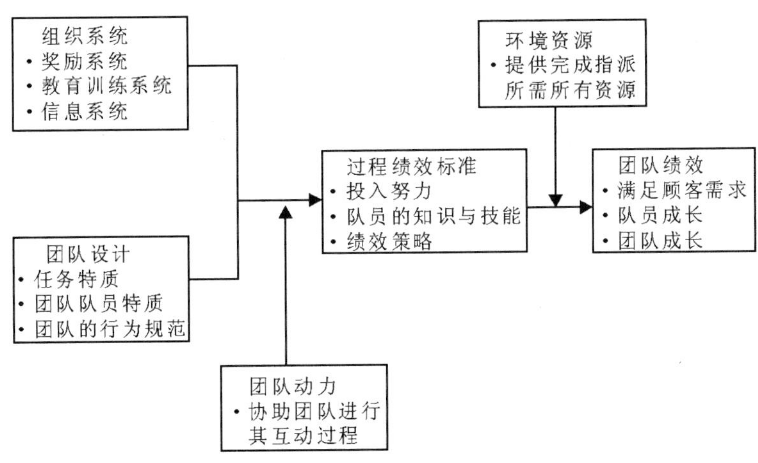

图 9－9 Jwell 和 Reitz 的团队行为模型

（2）规范类模型。规范类模型强调团队的互动过程与团队绩效的相互影响，即组织的系统因素和团队设计会影响团队的互动过程，而此互动过程又会影响团队绩效的品质。此模型强调组织系统因素和环境因素的重要性，认为组织必须建立完善的奖励系统、教育系统及信息系统，以协助团队完成所指派的任务。另一方面，在影响团队绩效的相关环境因素方面，提供团队必要的资源是团队成功的关键所在。在团队互动过程中，认为团队队员在沟通中所注入的努力、团队队员所具备的技能及团队队员是否采取适当的策略，是决定团队能否成功的三项过程性关键因素。不同于描述性模型的地方在于，规范性模型不仅描述影响团队绩效的重要因素，更重要的是，规范性模型开始实际探讨如何去建构这些因素，以促进团队的成功，即团队的产出能满足顾客的需求、团队队员的个别成长和整个团队的成长，如图 9－10 所示。

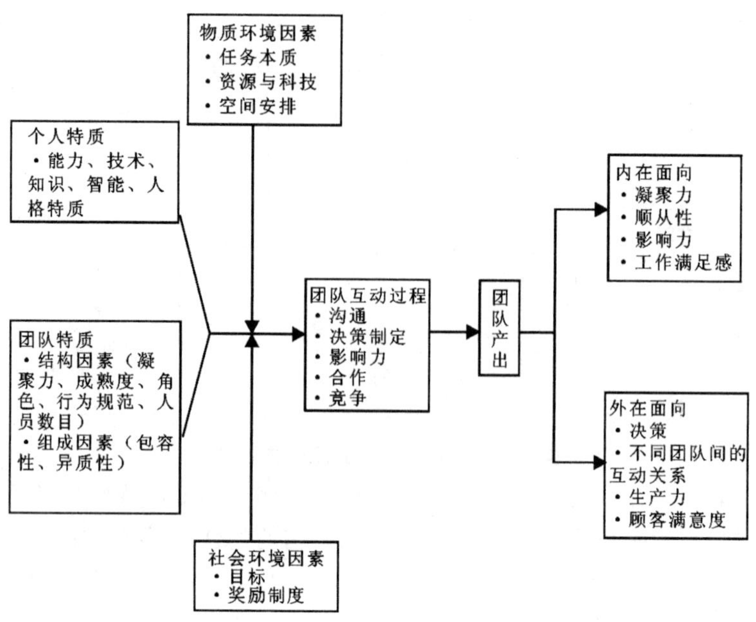

图 9—10　Hackman 的规范性模型

(3) 实证性模型(Empirical Model)。Gladstein 的实证性模型是少数几个经过调查研究而加以验证的模型，着重于团队在组织环境系统因素中的探讨，证明了团队的互动过程会影响团队运作的成果，且任务的性质与需求的确扮演着影响团队绩效中介的角色，组织系统与环境因素对团队绩效也会产生影响。在调查近一百个销售团队的结果上，调查者发现沟通、组织的支持，主动性的领导风格，团队队员的经验和团队训练均会影响团队的绩效；此外，也发现组织系统与环境因素对团队成败有着一定的影响力。另一方面，当团队队员可清楚认知到团队的目标及团队队员间能发展出一套大家共同认可的行为规范时，团队的结构因素对团队的互动过程有着很大的影响，如图 9—11 所示。

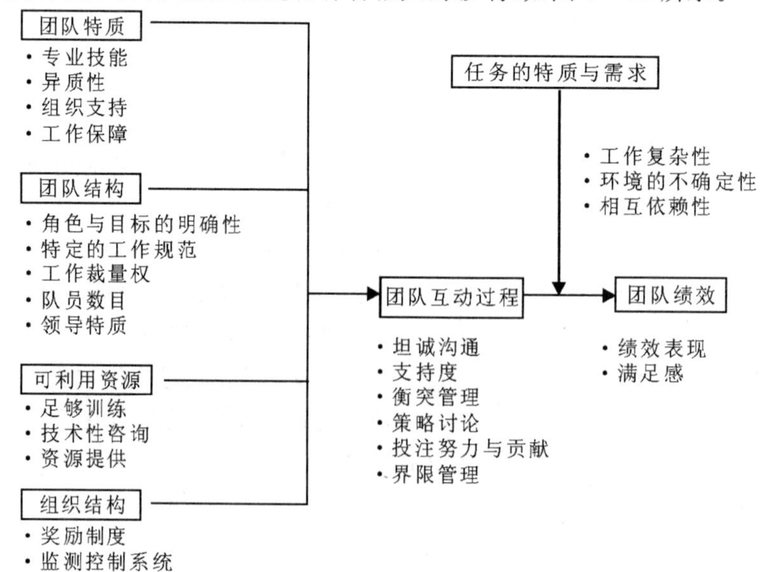

图 9—11　Gladstein 的实证性模型

(4) 启发式模型(Heuristic Models)。Salas 等人在整合了之前几个著名的团队理论模型的基础上,加入了团队训练、团队沟通、团队协调与团队合作等因素,认为团队互动过程对团队绩效有着重大影响,明确指出个人特质、任务特质、团队特质及工作特质彼此交互影响,并会影响团队的互动过程,沟通协调与团队合作是影响团队互动过程成功与否的关键性因素。只有通过训练学习的过程,才能使团队队员熟悉团队运作过程,加强团队的绩效,如图 9—12 所示。

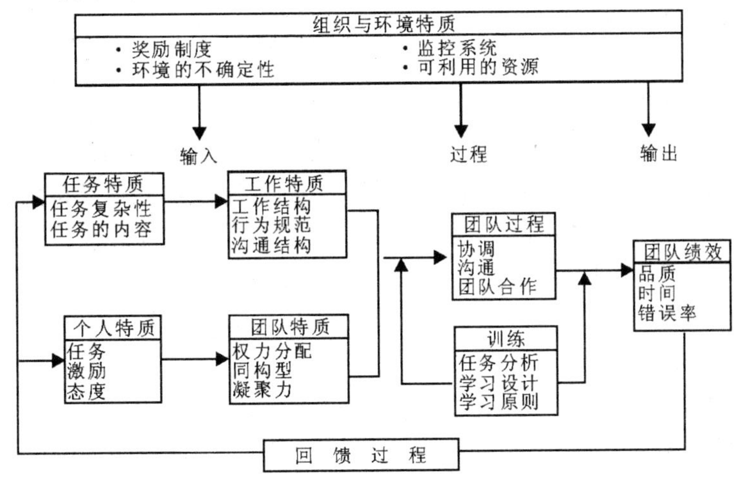

图 9—12 Salas 的启发式模型

(5) 综合性团队绩效模型。李弘晖(1996)在根据文献探讨及对美国俄亥俄州 46 个团队及 413 个团队队员所做的实证研究后,发展出了一个综合性团队绩效模型。此模型十分强调团队互动过程的重要性,并且团队队员深信团队互动过程在团队绩效中扮演着最重要的角色,团队互动过程中的变量间有着交互影响的关系。另一方面,此模型将全面品质管理的理念运用在模型中,强调学习与持续改善的过程,尤其适合在生产型团队中运用,如图 9—13 所示。

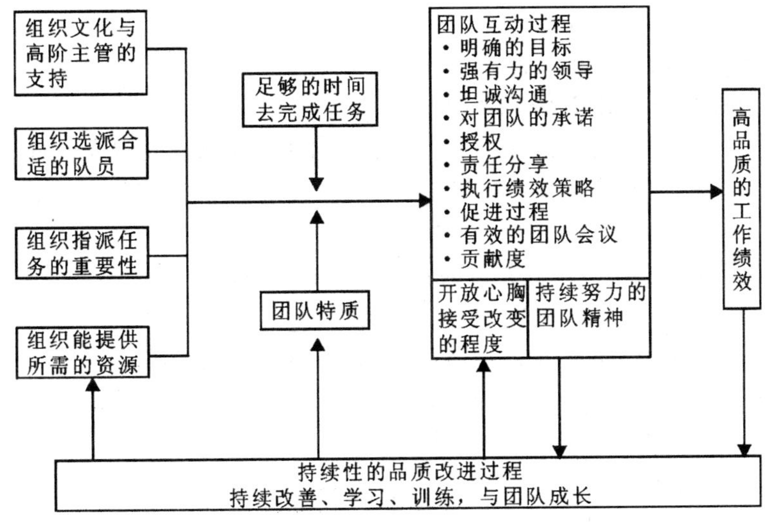

图 9—13 综合性团队绩效模型

第五节　团队沟通的扩散效应

一、团队沟通与知识共享

知识共享的重要性已为人们所共识。从实践的角度看，知识共享不能被强迫，只能被鼓励和推动。然而，组织内的知识共享并不必然发生。所以，许多组织从各个方面积极致力于促进员工间的知识共享。显性知识因为可编码化，所以容易获得和共享。而大部分存在于组织内部的是隐性知识，具有难以编码、难以共享和储存的特点，但这个部分却是知识创造的关键。隐性知识扩散的重要手段之一是面对面的互动，而团队这种能互补、有共同目标与绩效标准、共同完成工作任务的群体就成为了经济快速发展中组织知识共享、整合和迁移的有效载体，具体表现为以下几个方面。

1. 团队是组织中知识共享和创新的基本单元

以团队的组织方式工作，可以享受到团队工作的传统好处——团队成员知识的互补。组织里的知识系统包含几个不同层级的知识，由个人、团体、部门到公司的层级，只有个体层面知识升华为组织层面的知识，才能便于组织管理，实现其经济价值和竞争价值，而个体层面知识要转化为组织层面知识必须通过团队。并且，组织创造知识是源于隐性知识的共享，其核心发生在团队层次，团队成员在交互作用中创造、分享和使用知识。

2. 团队沟通是团队知识共享的根基

团队知识共享的平台可以分为虚拟平台（基于组织自行建立的局域网的虚拟平台）和实体平台（相对于网络虚拟平台而言的，个体间可以面对面沟通的真实的生活、工作场景）。而面对面的交流与沟通是隐性知识扩散的有效途径之一，沟通者可以综合运用语言、表情、肢体等来传递信息，相比较网络环境下的文字、符号沟通，面对面的沟通信息含量较多，此实体平台较虚拟平台而言，对于知识的共享、整合和迁移更为有效。

3. 团队认知是团队知识共享的核心过程机制

20 世纪 90 年代认知心理学和组织心理学在团队认知领域的突破性进展，为团队知识共享提供了新视角，人们逐渐意识到团队认知是团队知识共享的核心过程机制，而其中团队共享心智模型和交互记忆系统又是团队认知中的关键。

共享心智模型是指团队成员共享的关于团队相关情境中关键要素，如有关任务、设备、工作关系等的知识有组织的心理表征，可以使团队成员在任务/项目执行中对问题的界定、策略的认识、情境采取的反应以及对未来的预期表现出协调一致性。

团队交互记忆系统是实现团队知识共享的一个关键环节，是指团队成员对各个成员所拥有的知识的结合以及对各自所拥有的专长知识的意识，是团队的一个集体记忆。团队成员只有在对面临的任务/项目有一个一致的认识，以及互相对对方的特长有一个认识和信任的前提下，团队成员围绕着任务/项目的知识转移和创造，即知识共享才可能发生。

4. 研究与数据

(1) Plez 和 Andrews(1976)的研究。他们通过对来自各行各业的 1311 位科研人员和工程师的调查,总结出四点与团队绩效相关的因素,第一点就是“同事间的沟通”。研究发现,对科研实验室的博士们来说,和同事沟通越多,对该领域的贡献越大;对于工程师来说,和同事沟通越多,他们的工作对组织越有用。

(2) Doheny-Farina(1990)的研究。关于沟通在工程设计团队转移新技术中的作用,他从实验研究到实际团队的实证研究,开展了两年半的广泛研究,他的研究识别、检验和分析了四个技术转移的障碍,其中两个是沟通方面的,因此得出的结论是:沟通是不同组织工作关系中的一个核心问题,是每一个团队的一个重要功能。

(3) Topir 和 King(2004)的研究。研究表明,工程师大约安排 21%的时间去获取信息,27%的时间输出信息,这意味着他们 48%的工作职能需要某种形式的沟通。

二、团队沟通与知识整合

知识被认为是企业与经济的关键资源,是企业核心能力、竞争优势、动态能力的源泉,但是许多学者认为是“知识整合而非知识本身形成企业的核心能力”,也有研究认为企业资源与能力的优势来自于企业内部知识的整合。当分散的个体所拥有的互补知识被组合成新的知识时,知识整合就发生了。个体知识只有被整合、放大到集体层面才是有价值的组织资产。组织作为一个分布式的知识系统,面临着内部如何利用广泛分布的知识、外部如何应对激烈变化的环境的双重挑战,而以团队为基础的组织结构正是对这种外部环境变化和内在知识整合要求的反映,可以提高企业的效率、加强灵活性。

知识在团队内的整合过程要求分散的个体首先把所拥有的互补的知识贡献出来,然后要求团队成员有能力把它们组合成新知识。整合过程中,贡献知识阶段受到团队环境的影响较大,而组合知识阶段起决定性作用的是组合能力。

知识贡献阶段的主要影响因素包括团队贡献知识的氛围等,这中间起决定作用的是成员之间的信任,团队成员彼此信任时才愿意从事学习和冒险行为。具有尊重、关爱和合作意识的团队成员会从长远合作的角度考虑其他人的重要性,衍生出具有尊重、关爱和合作意识的团队氛围,进一步促进团队成员产生更高的信任水平和合作水平,进而产生更多的合作行为,个体成员更愿意向团队及其他成员贡献自己的知识。共同愿景体现了团队成员的集体目标和精神,当团队成员拥有相同的关于如何交往的认识时,他们能够避免沟通中可能的误解,有更多的机会自由地交换观点或资源,进而促进团队成员贡献知识。一项对美日企业知识整合的比较研究表明,日本企业员工参与程度高,员工对目标的认同程度也高,执行更加迅速有效,因此促进了成员共享知识,增强了个体对组织的依附,降低了监督和管理成本。

三、团队沟通对组织结构的影响

团队沟通的有效实施,促进了组织内部知识的共享和整合,由此引发了工作实质性的变化:从流水线工作到团队工作,从枯燥重复性工作到创新性工作,从单一技能工作到多技能工作,从上司权力转移到顾客权力,从工作关系的上级协调到同事协调。原有的直线组织结构延长了决策时间,增加了组织运行成本,已经成为组织发展的负担。组织需要快捷灵活的应变能力以及相互协调的运作方式,这就要求组织结构向扁平化发展,具体表现为:组织外形扁平化,即管理层级的减少和管理幅度的扩大;组织运作柔性化,即组织结构的可调性,对环境变化、战略调整的适应能力。

上述要求与变化,使得团队成为最好的工作组织形式,除了能够有效沟通动态目标和进行变革外,团队领导者还可以控制工作节奏、决定工作任务的分配、安排工作时间休息,甚至可以挑选自己的成员,并让成员相互进行绩效评估。良好的团队沟通可以使团队工作重点突出、重复活动降到最低,灌输紧迫的使命感,进行有效控制、协调和激励;同时又必须保持宽松、不干预的管理模式。扁平化组织内部的团队沟通有效地保持了一种有利于进行创造性思考的环境,提供对竞争和市场的发展迅速反应的能力,又能使组织成员在不断磨合中加强控制的向心力,保持力量来避免组织受挫。主管人员的工作重点就从管理日常琐事、作出具体决策工作转移到目标设置、战略决策、协调协作关系等工作上来,既使员工一直处于充满创造力的环境中,又通过协作实现组织目标,做到组织与时俱进的成长。

小　结

1. 团队是由两个或两个以上的人构成的,为实现一个或一系列共同目标而共同努力的正式群体。团队与群体在领导理念、目标设计、协作机制、责任划分、技能培养、结果衡量等方面存在显著性差异。一个完整的团队通常由目标(Purpose)、人员(People)、团队的定位(Place)、权限(Power)和实施计划(Plan)等要素构成。

2. 根据每个团队存在目的的不同,可以将团队的类型归结为以下四种。(1) 问题解决型团队:来自同一部门的若干名志同道合的人临时因为某一件事情聚集在一起,就如何扩大产品知名度、提高生产线产出率、改进工作流程、改善工作环境等问题展开讨论,相互交换意见,吸收彼此观点,形成集体决策,达成工作共识。(2) 自我管理型团队:为了弥补问题解决型团队缺乏贯彻力和执行力的缺陷,就要求团队具有自主解决问题的能力,希望团队能够独立承担所有责任,具备了这两种特征的团队称为“自我管理型团队”。(3) 多功能型团队:由来自同一等级不同领域的员工组成,成员之间交换信息,激发新的观点,解决所面临的一些问题。(4) 虚拟型团队:虚拟型团队是随着通信技术的发展和网络服务的完善而渐渐兴起的一种新的团队形式。

3. 团队沟通指两个或两个以上的人,为了实现共同的目标,以一定的方式联系在一起进行交流的过程。团队的形成和发展大致可分为初创阶段、初见成效阶段、持续发展阶段和成熟阶段四个阶段,不同发展阶段的团队沟通特征各异。

4. 影响团队沟通的因素包括个人因素、人际因素、结构因素三大类。其中,个人因素主要指成员的态度、观点和信念，成员个体的性格、气质、情绪、兴趣等，成员个体的语言表达能力和理解能力。人际因素主要包括沟通双方的相互信任程度和相似程度。结构因素主要指团队规模和团队成员的角色分担状况。团队规模越大，可利用的信息、技能、才能、背景和经验就越多样化，但相应地，个体参与的机会就越少。按照团队成员扮演的角色能否对团队工作起到积极的作用，通常将角色分成两大类，即积极角色和消极角色。

5. 衡量团队沟通效果的维度包括沟通频率、反馈效果和学习程度，这三个维度都对团队的合作水平有显著的影响。团队内部信息沟通手段越多样化、沟通的频度越高，团队的协作力就越强，进而团队的任务绩效以及周边绩效就越好。所以团队的沟通程度对团队集体效能感有着积极的预测作用。团队沟通如果能够得到反馈，则说明团队成员确实通过沟通掌握了知识和技能，同样能够提高团队成员共同解决问题的能力，进而提高团队集体效能感和团队绩效。团队通过提出问题、寻求反馈、反思结果、试验和讨论行动产生的错误及不可预期结果，既在成员之间获取、分享和整合知识，查漏补缺，又可以进行反思和行动，优化团队体系和改善行为，在不断变化的环境中使团队保持良好的发展。

案例分析一

趋势科技："混血团队"全球抓毒

1. 公司简介

趋势科技——网络安全软件及服务领域的全球领导者，几年前就以卓越的前瞻眼光和技术革新能力引领了从桌面防毒到网络服务器和网关防毒的潮流，现在又以独特的服务理念再次向业界证明了趋势科技的前瞻性和领导地位。趋势科技的总部位于日本东京和美国硅谷，目前在 38 个国家和地区设有分公司，拥有 7 个全球研发中心，员工总数超过 4000 人，是一家高成长性的跨国信息安全软件公司。趋势科技分别在日本东京证券交易所和美国 NASDAQ 上市，并分别在 2002 年 10 月和 2004 年 9 月入选日经指数成分股(4704)和道琼斯可持续性指数。

2. 全球团队分布

(1) 研发团队。台湾地区是趋势科技的研发大本营，也是公司的生根之处。台湾的理工科学生素质好，电子计算机业的体系又完整，因而培养出许多杰出工程师，趋势科技多年来建立了亚洲顶尖软件公司的声誉，更有利于征聘才华横溢的一流工程师。

美国信息业的先端技术多在硅谷发生，趋势科技美国总部便设在硅谷的库帕蒂诺(Cupertino)，就地取材，争取硅谷一流工程师的加入，发展最尖端的网络防毒技术。

(2) 营销团队。欧洲语言文化的多样性，适合趋势科技的弹性决策本质。趋势科技尽情发挥，适应欧洲各国经销模式，同时在德国也撷取它的科技优势。

(3) 全球客户中心。菲律宾的大学毕业生英语流利、资源充足、追求上进、学习能力强，而且一般个性温和、乐于服务，趋势科技便把全球客服中心设在马尼拉，实行 7 天、24 小时、三班制的全年无休服务，不但成本低而且不愁没人愿意上晚班。

(4) 总公司。日本是趋势科技的总公司所在，占有最大的防毒市场，也是资金的来源所在。

3. 团队沟通的原则:有理就是王

总体决策的形成由代表各区域、各功能的六国主管共同协议达成,尽可能照顾到各区的利益,而不是以一国为中心。趋势科技的创办人虽然来自台湾地区,做决策时却不以台湾为中心,因为台湾只占趋势科技全球大约5%的营收,既然放眼全球市场,就必须胸怀世界,有时甚至因为信任一个人,就利用他的专长来设立功能单位或是行销模式。就这样不以任何一国一地为单一考量,久而久之,趋势科技逐渐形成了散布各地的营运单位各自发挥所长,结合成一个"梦幻团队"。

"梦幻团队"的管理从一开始就非常强调两种沟通精神。一是"no ego"(无我),也就是把公司全体利益摆第一,个人骄傲、自尊、成见尽量摒弃,就事论事来商议,以解决客户问题为优先,以合理运用资源、同心协力为基础。另一种常被强调的精神是"Be yourself, Be the best part of yourself"(自在做自己,发挥最好的潜质),不怕表达出真实的想法与感受。大家就事论事,有理就是王,没有阶级、没有权威,不必讨好上司,也不必忌惮下属。

各国有不同的文化,功能不同的各部门也有明显的文化差异,例如行销人员与研发人员之间普遍的沟通障碍,这并不是趋势科技所独有的,只不过公司的研发人员大多是中国人,而总公司的产品行销人员大都在美国,所以除了专长技能的沟通障碍,还加上东西文化的不同表达,使沟通显得错综复杂。

为了增进双方团队的沟通,趋势科技曾在菲律宾的马尼拉策划了一场拉拢产品经理与研发经理的会议,叫做睡衣派对。大家穿着睡衣表示卸除武装、亲密沟通,足足开了三天会,互相展示实力,沟通意见。会议之余,大家跳舞、烤肉、游泳、打水战,简直无所不玩。当然最重要的是建立两者之间同生死、共存亡的意识,一切以产品发表之后能够畅销为目标。两个月后,涵盖所有产品线的,以中央控管、病毒预警服务为中心的"趋势企业安全防护策略(EPS)"终于顺利在全球陆续发表,也得到许多专业杂志的奖章肯定。

思考与分析

(1) 你认为本案例可以用哪个理论或模型进行阐述?

(2) 趋势科技的团队管理特点给了你怎样的启示?

案例分析二

紧急会议

翔达公司是一家汽车零部件企业,其主要客户是A公司、B公司和其他一些汽车总装厂,如C公司、D公司等。2005年上半年,翔达公司在轿车外饰件产品供货的质量和供货的及时性方面受到了来自A公司和B公司的巨大压力,A公司和B公司一直对翔达公司在提高产品质量和供货能力方面所作的努力表示怀疑,总是抱怨翔达公司对外服务质量差、不重视客户意见、纠错措施不力等。由此,公司在整个轿车制造业内的声誉受到了不良影响。

翔达公司的执委会(总经理、三名副总经理)对当时的处境很是不安,他们清楚地知道造成目前这种局面的根本原因有两条。一是翔达公司在轿车外饰件领域的产品开发能力和生产制造能力匮乏,对生产工艺研究不够深入,相关的技术专业人员紧缺,从而对产品质量的控制缺乏手段,产品质量不稳定,产品合格率较低;二是生产线能力的紧缺,现有的生产线只能满足产品开发初期的产量预计,然而因为市场需求的增加,A公司和B公司的需求量大大超出了翔达公司当初的产量预计。两种因素的叠加造成了目前这种四面楚歌的尴尬局面。

翔达公司的执委们在广泛听取下设各相关部门(如生产制造部门、产品开发部门、质量部门和市场部门等)的意见后,基于对目前客户意见的分析和对未来轿车市场以及相关的零部件市场发展趋势的总体研究,一致决定尽快筹建新外饰件生产线,扩充其生产制造能力,以解决目前在供货质量、供货能力方面存在的问题。

经过预测分析,新生产线的总投资要2000万美元,根据该公司财务规定,超过10万美元以上的投资必须要经过董事会批准。而翔达公司的董事会一年两次,分别在每年的4—5月和10—11月召开,而当时已到了6月份,当年的第一次董事会刚开过,第二次要到11月份才召开。可是,目前的形势十分火急,这个决策不能再等,所有执委会申请召开紧急董事会,专题讨论新生产线投资事宜。

7月中旬,紧急董事会如约召开,董事会达成以下决议。一是要求执委会加大对现有生产线产品质量的监控力度,组成技术质量攻关专题小组,以提高产品质量和生产合格率;二是加强与客户的交流沟通,了解客户所需,请客户理解并相信翔达公司在产品质量提高方面所作出的努力,以及翔达公司在对客户负责方面所作的承诺。另外,加强现场服务,采取更加行之有效的能缓解目前用户抱怨和担心的一切措施。一是组织新生产线项目组,要求各部门为项目组提供一切支持,包括人员、工作程序等方面。同时要求项目组必须在2006年8月新生产线全面投产。这是一份军令状,因为翔达公司的所有员工都清楚公司所面临的处境。根据市场预测,翔达公司的原生产线只能满足轿车总装厂2006年7月份的生产量。而2006年8月份的产量比7月份将有很大的提升,原生产线根本无法满足销售需求。所以,一旦新生产线不能如期投运,那么将意味着因翔达公司产品质量和生产能力不足的问题,造成A公司和B公司等轿车主机厂全面停线,这对整个轿车工业来说影响非同小可。而且,更重要的是,A公司和B公司的停线,将直接影响到D市的生产和销售等经济指标,从而间接影响D市在国内的影响力,很有可能会转化为一个带有政治色彩的经济运作问题。

翔达公司在董事会后马上行动,全面出击,并在公司范围内进行宣传动员,把新生产线的筹建作为公司第一号工程来抓。新组建的项目组成员来自公司各相关部门,公司执委会任命工厂工程部经理张凌飞担任新生产线项目负责人,全面掌管整个项目的费用、项目的进度、项目的技术,包括基建、公用动力、生产线设备等。张经理接受任命后,马上挑选项目组工作人员。一天后,一份项目组工作计划就到了执委们的手中,上面详细描述了项目组组织机构和各工作小组人员名单及其工作职责。经执委会同意后,张经理召集所有项目组成员召开动员会。

在会上,张经理首先向大家简单分析了翔达公司目前所处的危机以及解除危机的措施,然后他把整个项目的规模、时间进度等要求向与会者作了详细说明,最后宣布了项目组人员名单,以及各工作组分组情况。工作组下设四个专业小组:规划组——由规划科科长王剀高工担任,主要负责项目审批工作;生产设备组——由外饰件生产厂工艺主管刘工担任,主要负责设备的技术参数要求的制定,该小组成员来自工业工程科(车间平面布置)、设备技术科和设备维修股(提供设备机械和电气方面的支持)和现场工艺股(提供生产工艺方面的支持)等;基建环保组由工程部基建环保科李开为工程师担任组长,主要负责新生产线所需厂房的建设和项目环境保护方案的制订和落实;第四组——公用动力组,组长由动力科蔡科长担任,主要负责为新生产线的准时投运提供公用动力保证。同时,张经理还预先考虑了另外一个小组,即生产启动小组,因时机还没到,张经理在会上没有公布。

张经理向大家介绍完后,向在座各位成员征询意见。规划组组长王剀高工是一位老者,白发苍苍,很有学者风度,面对张经理这样一位年轻气盛的领导很有些想法。他首先发言:"今天是7月15日,该项目是2000万美元的投资,其审批权是在北京,而不是上海。从以前的经验来看,可行性文本编写至少需要两周,组织上级主管部门内审至少一周,文本修改后再送D市主管部门(外资委、计委、经贸委、规划局、环保局、消防局、劳动局、供电局用水办等)审查需要两周,再到北京国家外经贸委、经委、环保总局等审批至少两个月,进行再进行设计文本编写需要一个月,组织上级主管部门内审一周,送D市相关部门外审两周,再送到北京相关部门审批又两周,总共需花时至少四个月(从过去的经验来看,这确实是最快的速度了)。再加上开工前的前期工作,如基建开工手续,办理执照、招投标、报检等至少一个月,即该项目至少要到12月中下旬才能正式启动,你现在要求9月17日厂房开始打桩,这是不可能的。"

张经理沉着地对王剀说:"王工,能否把基建项目单独立项,使其列入D市审批范围?而且针对此事,上级主管部门和市经委、规划局等都表示全力支持,审批工作可以从简操作。王工,你们组的工作进度是我们项目进度的首道关卡,相信你能够在这件事上与政府部门通力合作,尽快办妥项目立项审批工作。你在这方面有足够的阅历,相信你会出色完成任务。"

此时基建组李开为工程师插话了,他是公司的老臣,工作老练。他说:"即使是由D市来审批厂房这个单项,最快也要一个半月,即要到9月上中旬完成审批,等批文下达到办理开工前期手续也要一个月,也就是要到10月中旬才能开工,9月中旬开工是不可能的。而且即使是9月17日开工,但要求在2006年2月底开始安装设备绝对不可能,简直是天方夜谭,你们要知道这是将近两万平方米的钢结构厂房。"他的话很坚决,不容置疑。

李开为工程师是张经理的手下,因为时间匆忙,这个进度计划还没来得及与李开为工程师沟通。张经理想了想说:"是的,大家都觉得时间很紧,都认为这个计划是不现实的。是的,我承认这个计划有点脱离'目前'的现实,但'目前'的现实我们是否可以去改造它?我们大家一定要建立一种特事特办的工作思维方式,和制度赛跑,和时间赛跑。我们可以在文本送批的同时,施工设计同步进行,然后征得相关政府部门的支持,简便操作手续,如减少审批等待时间,政府各部门同时审批,而不是像以往一个一个相互传递的审批方式,这样至少可以节省两周时间。当然有些必要的过程绝不能省,尤其不能违规操作。我相信我们的目标是能够实现的。至于2006年2月底设备进场安装一事,我想只要我组织好厂房现场施工管理,和设备安装管理人员加强交流沟通,协调好厂房施工和设备安装进度,统筹管理,我想这个时间节点我还是有信心的。李开为工程师你在这方面有着足够的经验,2月底对你来说不是不可能。”

张经理尽管这样讲,但他清楚,这个目标只有在最理想的施工条件下才有可能,但在2005年9月到2006年2月这段时间要经历一个寒冬和初春,冰冻天是无法进行混凝土浇筑的,而且冬天的施工进度明显要慢于春夏秋季,更何况还有一个春节假期。张经理之所以这样说,无非是要建立大家的信心。

紧接着,设备组组长刘工也表达了自己的担心:“从主机厂A公司和B公司的生产线筹建的整个过程来看,他们从项目组开始运作到设备投运费时将近三年。我们的第一条生产线建设,从项目组成立,出国考察、技术交流、方案确认、设计、施工、安装调试,历时18个月。长春H公司的轿车外饰件生产线规模比我们的小,厂房、设备、工艺都比我们的简单,他们也用时15个月;沈阳H公司的外饰件生产线,其厂房、设备的规模和先进程度根本无法和我们这个项目相提并论,可他们历时16个月。这些公司完成这些项目的时间都是指施工和安装周期,还不包括项目前期技术准备,如与设备供应商的技术交流和谈判等。而我们的施工安装期却只有10个月,整个项目周期也只有12个月。我们还有一个困难就是设备负重与厂房的设计问题,这是亟待解决的问题,因为我们首先要进行技术交流,制定方案;再进行商务谈判,确定签订合同,然后进行技术交底,提供设计参数,进行厂房设计。可厂房设计能等这么长时间吗?再者公司要求在10月份签订供货合同,时间不够。一般从技术交流到方案确定,再到签订合同至少需要6个月以上。”

刘工是一位年轻有为的年轻干部,技术出色,工作认真,只是不善于和下属进行有效交流,下属对其评价不高。他刚才提出的问题也是张经理所担心的。因为,他知道这么大的投入,选择一个有信誉的、有雄厚技术支撑的、价格合适的设备供应商是项目成败的关键。而技术方案的制定又是最关键的,可要在2—3个月时间里完成,谈何容易,更难的是要在没有确定供应商的前提下,把设备的布局、各种参数进行风险确认,因为厂房设计等着这些信息。

张经理点点头说:“刘工的担心是正确的,可我们现在是在制定战略,我们的战略目标要一致,具体的战术,会后我们单独再谈。但我还是相信,只要战术得当,我们的战略目标还是可以实现的。”

张经理已经有了一套完整而有效的谈判思路,这在以后的技术和商务谈判过程中得到了验证。

动力科蔡科长随后发言,大致意思与前几位相同:还是时间!计划要求6月份提供动能供给,可锅炉房、冷冻房要到5月完工。锅炉、冷冻设备安装调试的时间不够,另外厂变电间要到4月份才交付设备安装,时间实在太紧了。

蔡科长是张经理的部下,张经理对他的个性了如指掌,他的脾气比较暴躁,说话响亮,但办事很尽责。张经理对他的话不置可否,因为他相信蔡科长会尽力做好每一件事。张经理只是提醒了蔡科长一句:“6月份是夏天了,你现有的锅炉能力在夏天是有大量富余的。我想冷冻设备和电力供给是你的重要任务。”

张经理见大家不再说话，就问："大家还有什么问题？"

设备组组长刘工说："我们组是比较特殊的，成员来自各部门，我们需要集中办公，希望能解决场所和办公设施。"

张经理说："你的问题，公司领导都已经想到了，你们设备组的临时工作办公室设在质保部楼的办公区域内，你们的办公用品需要移动的，请与李开为工程师协调解决，他会提供搬运帮助。"

稍停片刻，张经理说道："以后我们项目组每周召开一次协调会，由各组通报一周来的工作进展情况和下一步工作计划以及需要支持的内容等。会议通知会在每周广播上公布。各工作组之间如有什么问题，请各组长及时协调解决。"

张经理继续说："希望各小组成员振作精神，团结一致，为公司规避临近的危机献策献力。你们是我们公司的栋梁和精英，相信你们能够出色地完成公司交给你们的任务。"

会议在张经理的鼓动声中结束。

思考与分析

(1) 规划组组长王剀为什么反对工程马上启动？张经理是如何应对这一反对意见的？

(2) 刘工在会上提出了什么问题？为什么张经理建议会后再细谈？这样处理有什么好处？

(3) 该案例给有效团队沟通以哪些启示？

案例分析三

诺基亚如何建设优秀团队

诺基亚是移动电话市场的领导厂商，在市场竞争日益激烈的情况下，诺基亚的移动电话增长率持续高于市场增长率，从1998年起它就位居全球手机销售龙头，目前占有全球三分之一的市场，几乎是位居第二的竞争对手市场份额的两倍。诺基亚在中国的投资超过17亿美元，建立了八个合资企业、二十多家办事处和两个研发中心，拥有员工超过5500人。

面对这样一家拥有如此庞大员工和机构的企业，诺基亚的竞争优势除来自对高科技的大量投入外，还在于其大胆实践领导力变革。诺基亚究竟是如何建设一支优秀的团队，来保证其实现并保持全球手机销售领先者的目标呢？

1. 开放沟通，由下而上开发领导力

在诺基亚并非只有顶着经理头衔的领导才需要具备领导能力，领导能力是每个员工通过日常工作与生活经验的培养积累而得的，目的是让每一个人都是主动者，是自己的领导。优秀的企业都高度重视培养员工的工作能力与团队精神。诺基亚每年花在培训方面的费用超过25.8亿欧元，约为其全球净销售额的5.8%。根据员工的特殊需要进行教育培训，可以让员工看到自己有机会学习和成长，那么员工对组织的责任感就会加强，就会产生热情。

诺基亚的领导特色首先体现在鼓励平民化的敞开沟通政策，强调开放的沟通、互相尊重，使团队内的每一个成员都感觉到自己在公司的重要性。公司的高层领导人率先身体力行，努力倡导企业的平等文化。比如诺基亚公司董事长兼首席执行官约玛·奥利拉(Jorma Ollila)每次到中国访问，从不前呼后拥，这远远胜过说教，也充分体现了公司的平等文化。

诺基亚中国公司的中层管理人员对公司强调平等的管理文化也深有体会。据诺基亚的政府关系经理王颖介绍，诺基亚在组织机构上不是上下级等级森严，而是很平等，有问题可以越级沟通。而且有许多具体制度来保证下情上达，下面的意见不会被过滤。在这方面，诺基亚的具体做法有三种。

第一，每年请第三方公司作一次员工意见调查，听取员工对工作和公司发展的看法，并和上一年的情况做比较，看在哪些方面需要改进。

第二，公司每年有两次非常正式的讨论，经理和员工之间讨论以前的表现以及今后的目标，除了评估员工的表现，也是沟通彼此的途径。

第三，公司在全球设有一个网站，员工可以匿名发送任何意见，甚至可以直接发给大老板，下属的建议只要合理就会被接受。

除了建立正式的开放沟通渠道之外，公司的管理层也会利用适当的时机与员工沟通。如诺基亚(中国)投资有限公司总裁康宇博对员工所反映问题的处理方法是，如果牵涉某个经理人，除非是另有考虑，否则马上把人找来，双方当面讲清楚，这样做是让下属看到，上级领导的门永远是敞开的，沟通是透明的，既保证沟通的透明度，又保证沟通的有序管理。掌握两者的平衡，是领导的艺术。

诺基亚有一个突出的做法，就是利用员工俱乐部，组织和管理员工的活动。俱乐部在管理上体现诺基亚的文化，尊重个人，让员工自己管理自己。员工俱乐部体现了诺基亚尊重个人、自我做主的文化传统，以人人容易接受的方式来进行团队建设，把员工的兴趣融入团队建设的活动当中，以此提高员工在实际工作中的能力。

2. 鼓励尝试创新

现代领导力的核心应该是如何建设优秀团队进行领导变革和管理创新，就诺基亚的实践方式来说，它具有三个特点可供借鉴。

第一，关心下属的成长。公司关心的是市场竞争力和业绩，而员工关心的是个人事业的发展和对工作的满意度。经理人应当充当协调员的角色，将员工个人的发展和公司的发展有机结合起来。如果只是对下属硬性压指标，是不会有好效果的。

第二，用人不疑，疑人不用。一旦授权下属负责某一个项目，定下大方向后，就放手让他们去做，不要求下属事无巨细地汇报，而让他们自己思考判断，发现了问题由大家共同解决，如果做出成绩是大家的。

第三，鼓励尝试创新。给下属成长空间，让他们敢于去尝试，并允许犯错误。否则，下属畏首畏尾，什么都请示领导，自己的主动性、创造性就没了。

虽然诺基亚是一家大公司，很注重团队精神，但也非常强调企业家的奋斗精神。希望它的员工都能有企业家的思想，不断创新，不墨守成规。这样可以更快地面对市场挑战，提高竞争力。

3. 借企业文化塑造团队精神

诺基亚公司的企业文化包括四个要点:客户第一,尊重个人,成就感,不断学习。公司的团队建设完全以企业文化为中心,不空喊口号,不流于形式,落实到具体的行动中。诺基亚强调要把人们的思想和行为变成公司与外界竞争的优势,提升诺基亚的员工成为一个工作伙伴,而不仅是停留在雇主与员工的劳动合约关系上。唯有这样,工作伙伴们才会看重自己,一起帮助公司积极发展业务。

公司的团队建设活动一直是持续进行的,各个部门都积极参与。公司会定期举行团队建设活动,这些活动和每个部门的日常工作、业务紧密相连。这方面,诺基亚学院在团队建设和个人能力培养上发挥了很大作用,为员工提供很多很好的机会,让员工认识到他们是团队的一分子,每个人都是这个团队有价值的贡献者。

诺基亚在招聘之初,除了专业技能的考核外,也非常注重个人在团队中的表现,将团队精神作为考核指标中的主要项目之一。通常会用一整天时间来测试一个人在团队活动中的参与程度与领导能力,并考虑候选人是否能在有序的团队中,发挥协作精神、激发潜能和有效资源配置。这样就可以最大限度地保证诺基亚所招聘的人一开始就能接近公司要求团队合作的精神文化。

4. 没有完美的个人,只有完美的团队

移动通信行业发展快速,手机历史大概只有十多年,手机产品几乎每 18 个月就更新换代。为反映这一行业特性,诺基亚在中国的 5000 多名员工的平均年龄只有 29 岁。诺基亚希望他们能跟上快节奏的变化,增加公司竞争力。为体现这个目标,在人力资源管理上,诺基亚采取"投资于人"的发展战略,让公司获得成功的同时,个人也可以得到成长的机会。

在诺基亚,一个经理就是一个教练,他要知道怎样培训员工来帮助他们做得更好,不是"叫"他们做事情,而是"教"他们做事情。诺基亚同时鼓励一些内部的调动,发掘每一个人的潜能,体现诺基亚的价值观。当经理人在教他的工作伙伴做事情、建立团队时可以设计合理的团队结构,让每个人的能力得到发挥。没有完美的个人,只有完美的团队,唯有建立健全的团队,企业才能立于不败之地。

思考与分析

(1) 阐述诺基亚建设优秀团队的重点。

(2) 你心目中的优秀团队是什么样的?

团队沟通游戏

迷 失 丛 林

1. 游戏规则说明

(1) 形式：先以个人形式，之后以小组形式完成。

(2) 类型：团队建设和团队沟通。

(3) 时间：60 分钟。

(4) 材料及场地：迷失丛林工作表及专家意见表，教室。

(5) 适用对象：所有学生。

(6) 活动目的：通过具体活动来说明，学会正确运用团队工作的方法可以达到更好的效果。

2. 故事梗概

你是一名飞行员，驾驶的飞机在飞越非洲丛林上空时突然失事，这时你必须跳伞。与你一起落在非洲丛林中的有 14 样物品，这时你必须为生存作出一些决定。首先，以个人形式将 14 样物品按重要顺序排列出来，然后把答案写在工作表(见表 9—3)中的第一栏。然后，6—8 个人一组，以小组形式把 14 样物品重新按重要顺序排列，把答案写在工作表中的第二栏。当小组完成之后，公布专家意见表，小组成员将专家意见写在工作表中的第三栏。用第三栏减第一栏，取绝对值得出第四栏，用第三栏减第二栏得出第五栏，把第四栏累加起来得出个人得分，第五栏累计起来得出小组得分。

表 9—3 迷失丛林工作表

序号	供应品清单	第 1 步	第 2 步	第 3 步	第 4 步	第 5 步
		个人排列	小组排列	专家排列	个人和专家排列的差值(绝对值)	小组和专家排列的差值(绝对值)
A	药箱					
B	手提收音机					
C	打火机					
D	三支高尔夫球杆					
E	七个大的绿色垃圾袋					
F	指南针(罗盘)					
G	蜡烛					
H	手枪					
I	一瓶驱虫剂					
J	大砍刀					
K	蛇咬药箱					
L	一盆轻便食物					

续　表

M	一张防水毛毯					
N	一个空热水瓶					
	求和					

思考与分析

(1) 你的小组是否出现意见垄断的现象，为什么？

(2) 你所在的小组是以什么方法达成共识的？

(3) 团队沟通的关键是什么？

第十章　危机沟通

【学习目的与要求】

了解危机及危机沟通的含义，识别危机沟通的类型，描述危机沟通的原则，理解危机沟通的步骤，掌握危机沟通的策略。

【教学重点与难点】

教学重点是：危机沟通的含义，危机沟通的原则。教学难点是：掌握危机沟通的策略。

引导案例

中国十字会的信任危机

2011年6月20日，认证为“中国红十字商会商业总经理”的微博昵称“郭美美baby”的郭美玲在网上大肆张扬其奢华生活，引起了网民的巨大关注，无数网民自发进行了人肉搜索，最终将愤怒的矛头指向了中国红十字会的内部腐败，中国红十字会信任危机全面爆发。

面对危机，中国红十字会连续发表微博声明称“郭美美”与中国红十字会无关，中国红十字会并没有“红十字商会”机构，也没有“郭美美”其人。同时向公安机关报案，决定启动法律程序，以维护中国红十字会的合法权益和声誉。

2011年6月28日，中国红十字会首次就“郭美美事件”召开媒体通报会，只邀请了几家中央级媒体参与。通报会上，中国红十字会沿用之前官媒表态中国红十字会并没有所谓的“红十字商会”机构，也未设有“商业总经理”职位，更没有“郭美美”其人。

7月1日晚，中国红十字会总会发布声明称，将暂停中国商业系统红十字会(以下简称“商红会”)的一切活动，同时将邀请审计机构对商红会成立以来的财务收支进行审计，并调查媒体所反映的商红会运作方式问题。

从万元帐篷到虚假发票再到天价公务餐等危机事件中，中国红十字会都只是简单地发表对外声明，侥幸地平息公众的质疑。但这一次“郭美美事件”涉及面广、引发公众愤怒强，注定此危机事件将是一场持久的公众信任重建战役，媒体沟通将是其中的重点。但从整个危机处理过程来看，中国红十字会单一、迟缓的媒体沟通策略，导致危机之火越燃越烈，最终全面引爆中国红十字会的信任危机。

思考与分析

(1) 危机来临之时，企业应采取什么样的媒体沟通策略？
(2) 中国红十字会信任危机得以化解的途径是什么？

第一节　危机的定义及类型

一、危机的定义

"人类的一半活动都是在危机当中度过的。"危机作为危险和机遇的并存，其本身是一个情景性很强的概念，很难用统一的定义来加以概括，不同的学者从不同角度做出了不同的定义。

赫尔曼(Hermann)认为，危机是指一种情景状态，在这种情景状态中，其决策主体的根本目标受到威胁，做出决策的反应时间有限，事件的发生也出乎决策主体的意料之外。

罗森塔尔(Roster)认为，危机是一个对社会系统的基本价值的严重威胁，并且在时间和不确定性很强的情况下必须做出关键性决策的事件。

巴顿(Barton)认为，危机是一个会引起潜在负面影响的具有不确定性的事件，这种事件及其后果可能对组织造成巨大的伤害。

班克思(Banks)认为，危机是对一个组织、公司及其产品或声誉等产生潜在负面影响的事件。

里宾杰(Lerbinger)认为，危机是一个对企业未来的获利性、成长乃至生存发生潜在威胁的事件。

凯普兰(Kerpling)认为，每个人都在不断努力保持一种内心的稳定状态，保持自身与环境的平衡与协调。当重大问题或变化发生使个体感到难以解决、难以把握时，平衡就会打破，内心的紧张不断积蓄，继而出现无所适从甚至思维和行为的紊乱，即进入一种失衡状态，这也就是危机状态。简言之，危机意味着稳态的破坏。危机形成的过程大致分为危机前状态、易感期和重整期等三个时期，这是最早系统地提出的危机概念。

一般来说，一个事件发展成为危机，必须具备三个特征。一是破坏性。由于危机常具有不可预见的特点，不论什么性质和规模的危机，都必然不同程度地给企业带来破坏，造成混乱和恐慌，而且由于决策的时间以及信息有限，往往会导致决策失误，从而带来无可估量的损失。二是紧迫性。对企业来说，危机一旦爆发，其破坏性的能量就会被迅速释放，并呈快速蔓延之势，如果企业没有采取行动，危机会急剧恶化，使企业遭受更大损失。三是突发性。危机爆发的具体时间、实际规模、具体态势和影响深度，是始料未及的。

二、危机的类型

根据不同的标准，我们可以把危机分为不同的类型。

1. 一般性危机和重大危机

按照危机的严重程度，危机包括一般性危机和重大危机。一般性危机指常见的公共关系纠纷，对企业来讲，常见的公共关系纠纷主要有内部关系纠纷、消费者关系纠纷（消费者投诉）、同业关系纠纷和政府关系纠纷等。重大危机指的是重大工伤事故、突发性的商业危机和重大的劳资纠纷等。

2. 政府危机和企业危机

根据危机事件主体，危机可分为政府危机和企业危机。政府危机主要包括自然灾害（地震、火山喷发、台风、洪水等）、重大事故（大型矿难、重大火灾、重大食品安全事件、重大污染事故和重大交通事故等）、公共卫生危机和政府形象危机等。企业危机多种多样，按危机同企业的关系程度以及归咎的对象，企业危机可分为企业内部危机和企业外部危机。企业内部危机主要由该企业的成员直接造成，主要包括经济危机、信息危机、产品危机、财务危机、人力资源危机、声誉危机、行为危机和自然灾害等方面的危机；企业外部危机则主要体现为企业与外部公众，如消费者、媒体、政府、社区、竞争者、投资者、供货商、销售商和社会环境等之间的危机。

第二节　危机沟通的定义、渠道及原则

一、危机沟通的定义

危机沟通是指个体或组织为了防止危机的发生、减轻危机造成的破坏或尽快从危机中得到恢复而进行的沟通过程。沟通是化解危机最重要的工具，贯穿在危机管理的每一个环节。无论事前的危机预防、事中的危机管理还是事后的恢复管理，都离不开沟通。危机沟通是危机管理的核心，是处理潜在的危机或已发生的危机的有效途径。一般来说，组织危机沟通的主要对象包括投资者、组织员工、工会、政府及社会中介组织、媒体、顾客、经销商等。

二、危机沟通的渠道

1. 新闻媒介

报刊、电视、广播、网络等媒介传达组织信息是危机沟通管理的主渠道，具体方式包括召开新闻发布会以及投放新闻稿件等。在危机影响范围很广的情况下，组织需要大范围地发布信息，这时要考虑在那些利益相关者可能关心的、权威的新闻媒体上发布组织声明、公告与新闻稿。

2. 个别会谈

对于一些重要的利益相关者，特别是危机的受害者，个别会谈是一种最直接有效的方式。

3. 网络平台

在危机处理中，组织要充分利用网络传播的即时性和互动性，一方面传达组织应对危机的方针、政策和应对措施，通报危机管理的进展情况，另一方面了解利益相关者的态度、意见和需求。

4. 记者采访

记者的报道是公众信息最主要的来源，通过记者把最需要告诉公众的核心信息及时传达出去。

5. 接待来访

对来访人员可单独接待，也可通过座谈会等形式集体接待，要视来访人员的身份、情绪和沟通话题而定。

6. 信件与电子邮件

对于不能直接交流的重要顾客，当组织需要快速传达所要沟通的消息时，可以考虑利用信件或者电子邮件等手段与其沟通，把组织的信息及时传达给对方。

7. 权威机构和人士

外部专家或者能够就利益相关者所提出的问题给予权威性回复的某领域专业人士都是信息传递的重要渠道。争取权威人士的支持与认同，通过他们与利益相关者进行对话是危机沟通管理的重要途径之一。

三、危机沟通原则

危机沟通不仅能帮助公众理解影响他们的生命、感觉和价值观的事实，还能让他们更好地理解危机，做出理智的决定。但是危机沟通属于非常态的信息传递行为，所以需要遵循一些基本原则，最常见的有危机沟通“8F”原则和“3T”原则。

1. 危机沟通“8F”原则

从危机的沟通战术角度，福莱灵克公关咨询公司研究提出危机沟通中应遵循“8F”原则，即：事实（Factual），向公众沟通事实的真相；第一（First），率先对问题做出反应，最好是第一时间；迅速（Fast），处理危机要果断迅速；坦率（Frank），沟通情况时不要躲躲闪闪，要体现出真诚；感觉（Feeling），与公众分享你的感受；论坛（Forum），公司内部要建立一个最可靠的准确信息来源，获取尽可能全面的信息，以便分析判断；灵活性（F1exibility），对外沟通的内容不是一成不变的，应关注事态的变化，并酌情应变；反馈（Feedback），对外界有关危机的信息做出及时反馈。

2. 危机沟通“3T”原则

英国危机管理专家罗杰斯特（Regester）曾提出著名的危机沟通“3T”模式。

(1) 主动沟通原则(Tell your own tale)。危机处理时组织要牢牢掌握信息发布的主动权,主动对外披露危机的有关信息,使组织成为信息沟通的主渠道,并防止其他信源的消息传播,使不确的消息减少传播的机会,从而主导舆论。

(2) 全部沟通原则(Tell it all)。组织将自己知道的危机事实全部告知公众。信息发布要全面、真实,不要掩盖事实真相。要以真诚的态度赢得媒介的同情与支持。

(3) 尽快沟通原则(Tell it fast)。在实施危机沟通时,组织不但要积极主动讲真话,还要注意在第一时间进行沟通。首先,因为危机事件具有较大的新闻价值,媒体出于职业的需要会积极介入其中。媒体要求及时跟踪事态的进展、及时发布新闻,不断满足社会公众的知情需要,如果组织的消息不能及时发布,那么媒体只能转而寻找其他信息源,甚至对组织的沉默作出各种推测,这样便会在一定程度上使舆论出现混乱。而且一旦组织的沟通延误,各种传言就有了先入为主的效果,此时,组织想改变公众的认识、信念和态度就难得多了。

3. 其他危机沟通原则

近年来,我国学者在已有研究的基础上,提出了新的危机沟通原则,例如危机公关专家游昌乔先生创导的"危机公关5S原则"。

(1) 承担责任原则(Shoulder the matter)。危机发生后,公众会关心两方面的问题。一方面是利益的问题。利益是公众关注的焦点,因此无论谁是谁非,企业都应该承担责任。即使受害者在事故发生中有一定责任,企业也不应首先追究其责任,否则会各执己见,加深矛盾,引起公众的反感,不利于问题的解决。另一方面是感情问题。公众很在意企业是否在意自己的感受,因此企业应该站在受害者的立场上表示同情和安慰,并通过新闻媒介向公众致歉,解决深层次的心理、情感关系问题,从而赢得公众的理解和信任。实际上,公众和媒体往往在心目中已经有了一杆秤,对企业有了心理上的预期,即企业应该怎样处理,我才会感到满意。因此企业绝对不能选择对抗,态度至关重要。

(2) 真诚沟通原则(Sincerity)。企业处于危机漩涡中时,是公众和媒介的焦点。企业的一举一动都将接受质疑,因此千万不要有侥幸心理,企图蒙混过关;而应该主动与新闻媒介联系,尽快与公众沟通,说明事实真相,促使双方互相理解,消除疑虑与不安。

真诚沟通是处理危机的基本原则之一。这里的真诚指"三诚",即诚意、诚恳、诚实。如果做到了这"三诚",一切问题都可迎刃而解。诚意,指在事件发生后的第一时间,公司的高层应向公众说明情况,并致以歉意,从而体现企业勇于承担责任、对消费者负责的企业文化,赢得消费者的同情和理解;诚恳,指一切以消费者的利益为重,不回避问题和错误,及时与媒体和公众沟通,向消费者说明事件的进展情况,重拾消费者的信任和尊重;诚实,是危机处理最关键也最有效的解决办法,我们会原谅一个人的错误,但不会原谅一个人说谎。

(3) 速度第一原则(Speed)。"好事不出门,坏事传千里。"在危机出现的最初12-24小时内,消息会像病毒一样,以裂变方式高速传播。而这时候,可靠的消息往往不多,社会上充斥着各种谣言和猜测。企业的一举一动将是外界评判企业如何处理这次危机的主要根据,媒体、公众及政府都密切注视企业发出的第一份声明。对于企业在处理危机方面的做法和立场,舆论赞成与否往往都会立刻见于传媒报道。因此企业必须当机立断,快速反应，果决行动，与媒体和公众进行沟通，从而迅速控制事态，否则会扩大突发危机的范围，甚至可能失去对全局的控制。危机发生后，能否首先控制住事态，使其不扩大、不升级、不蔓延，是处理危机的关键。

(4) 系统运行原则(System)。在逃避一种危险时，不要忽视另一种危险。在进行危机管理时必须系统运作，绝不可顾此失彼。只有这样才能透过表面现象看本质，创造性地解决问题，化害为利。危机的系统运作主要是做好以下几点。

第一，以冷对热，以静制动。危机会使人处于焦躁或恐惧之中，所以企业高层应以"冷"对"热"、以"静"制"动"，镇定自若，以减轻企业员工的心理压力。

第二，统一观点，稳住阵脚。在企业内部迅速统一观点，万众一心，对危机有清醒认识，从而稳住阵脚；然后，组建班子，专项负责。一般情况下，危机公关小组的组成由企业的公关部成员和企业涉及危机的高层领导直接组成。这样，一方面是高效率的保证，另一方面是对外口径一致的保证，使公众信赖企业处理危机的诚意。

第三，果断决策，迅速实施。由于危机瞬息万变，在危机决策时效性要求和信息匮乏条件下，任何模糊的决策都会产生严重的后果。所以必须最大限度地集中各种资源，迅速做出决策，系统部署，付诸实施。

第四，合纵连横，借助外力。当危机来临时，应和政府部门、行业协会、同行企业及新闻媒体积极配合，联手应对危机，在众人拾柴火焰高的同时，增强公信力、影响力。

第五，循序渐进，标本兼治。要真正彻底地消除危机，需要在控制事态后，及时准确地找到危机的症结，对症下药，谋求治"本"。如果仅仅停留在治标阶段，就会前功尽弃，甚至引发新的危机。

(5) 权威证实原则(Standard)。自己称赞自己是没用的，没有权威的认可只会徒留笑柄。在危机发生后，企业不要整天拿着高音喇叭叫冤，而要曲线救国，请重量级的第三者在前台说话，使消费者解除对自己的警戒心理，重获他们的信任。

情景故事

"泰诺"危机事件

"泰诺"是美国约翰逊联营公司生产的治疗头痛的止痛胶囊商标，这是一种家庭用药，在美国年销售额达到4.5亿美元，占公司总利润的5%。1982年9月29日至30日，有消息报道，芝加哥地区有人因服用泰诺止痛胶囊而死于氰中毒。开始报道是死亡3人，后增至7人，随着新闻媒体的传播，传言在美国各地有25人因氰中毒死亡或致病，后来这一数据增加到2000人(实际死亡人数7人)。这些消息引起了曾服用泰诺的消费者的极大恐慌，民意测验表明，94%的人表示今后不再服用此药。约翰逊公司面临一场生死存亡的巨大危机。实际上，对回收的800万粒胶囊所做的化验，只发现芝加哥地区的一批胶囊中有75颗受到氰化物的污染，而且是人为破坏。

面对这一严峻局势，约翰逊联营公司随即采取了一系列危机沟通措施：成立由董事长以及负责公关的副总等7人组成的委员会，危机之初每天开两次会，讨论事件、做出决策；

决定在全国范围内立即收回全部价值近一亿的泰诺止痛胶囊(5天内完成);花费50万美元通知医生、医院和经销商停止使用;与新闻媒介密切合作,以坦诚的态度对待新闻界,无论好坏,迅速传播真实消息;敞开公司大门积极配合公众和医药管理部门的调查,5天内对全面收回的胶囊进行抽验,向公众公布结果;设计重返市场计划,举行大规模的卫星转播的记者招待会,感谢新闻界的公正对待;推出重新包装的防止污染的止痛胶囊,现场播放生产流程。

约翰逊联营公司正是通过实施上述危机管理,有效地避免了"泰诺"危机事件给公司可能造成的重大损失,在短短一年时间内恢复了其领先地位,重新取得公众的信任。

为了避免危机可能造成的任何损失,企业需要建立一项危机沟通计划。"泰诺"危机沟通为企业危机沟通活动提供了示范,该活动有以下几个步骤。

步骤一:成立危机沟通小组。公司选派高层管理者,组成危机沟通小组。最理想的组合是,由公司的首席执行官领队,并由公关经理和法律顾问作为助手。如果公司内部的公关经理不具备足够的危机沟通方面的专业知识,可以找一个代理者或者独立的顾问。小组其他成员应该是公司主要部门的负责人,涵盖财务、人力资源和运营部门。

步骤二:选定发言人。在危机沟通小组里,应该有专门在危机时期代表公司的发言人。首席执行官可以是发言人之一,但不一定是最主要的,一些首席执行官是很出色的生意人,但并不健谈。形象沟通常常和事实沟通一样强而有力,因此,拥有高超的沟通技巧是选择发言人的首要标准之一。

步骤三:培训发言人。以下两句话可以概括为什么企业需要训练发言人面对媒体的能力。"我和一个关系不错的记者聊了一个多小时,但他却没有报道关于我公司的最重要的信息。""我经常在公共场合演说,所以面对媒体我没有任何问题。"第二句话说明,自以为知道如何对媒体讲话的经理人大有人在。第一句话说明,大部分经理人并不知道如何将"最重要的信息"传达给采访者。并且,分析家、机构投资者、个人持股者和其他重要投资者群体作为听众,与媒体一样会对来自你公司的信息产生误会或者曲解。所以,尽可能避免误解的发生是第一要务。举例来讲,曾经有一家运转完全正常、管理良好的公司,其价值20亿美元的股票在一天之间下跌了将近25%,就是因为有报道说,一家著名的证券公司建议抛售这只股票,而事后该证券公司对此予以否认。当然,损失已经无法挽回了。

因此,对发言人的培训,能让公司和职员学会如何妥善应对媒体,最大可能地使公众的说法或分析家的评论如你所愿。

步骤四:建立信息沟通规则。公司任何职员都可能最先获取与危机相关的信息。最先发现问题的也许是看门人、销售人员,也可能是出差在外的经理人。那么发现问题的人应该通知谁呢?如何找到他们呢?这就需要建立突发事件通信"树状结构图",并分发给每一个职员,该图可以准确说明面对可能发生或已经发生的危机,每个人应该做什么,与谁联络。除了有合适的主管人员之外,危机沟通小组中至少要有一名成员和一名候补成员应该在突发事件联络表中留下其办公室及家庭电话。

步骤五:确认和了解公司的听众。哪些听众与公司相关呢?大多数公司都会关心媒体、顾客和潜在消费者,个人投资者也可能包括在内。公司要有他们完整的联系方式,如邮寄地址、传真和电话号码簿,以便在危机时期与之迅速联络。此外,公司还要知道每个人希望寻求到何种信息。

步骤六:预先演练。如果公司想抢先行动、未雨绸缪,那么就要把危机沟通小组集中起来,预先讨论如何应对所有潜在危机。这种做法有两个直接的好处。首先,公司可能会意识到,完全可以通过对现有运营方式加以改动来避免一些危机的发生。第二,公司能够思考应对措施,做最好和最坏的打算。有备而战总比被动应付要好得多。

当然,在一些情况下,公司已经知道危机即将发生,因为公司正在引发危机,比如公司裁员或者进行大规模收购。如果这样的话,公司甚至可以在危机发生前就进行以下第七至第十步。

步骤七:对危机进行评估。没有充分认识情况就仓促做出回应,是典型的"先打后问"的情况,应该避免这类事件的发生。但是如果公司已经首先完成了以上六个步骤,公司的危机沟通小组就很容易成为信息的接收端,进而就可以决定做出何种应对措施。

如果事先没有准备,公司应推迟做出应对的时间,等到公司员工或者匆忙招募来的顾问人员——完成以上一至六步后再做出反应。此外,一个匆忙建立起来的危机沟通战略和工作小组的效率是非常低的,与预先计划好并且经过演练的情况无法相比。

步骤八:确定关键讯息。公司已经明了听众正在寻求何种信息。现在,公司希望他们对此危机情况有何认识呢?要做到简单明了,给每个听众的主要讯息不超过三条,也许还需要为具有专业素养的听众提供相应的信息。假设一个在可疑情况下发生死亡的事件,是供退休人员使用的器材出了问题,公司需要向听众提供的关键讯息应包括以下几个方面。

我们对人员死亡的悲剧深感遗憾,我们正在与警方及验尸官全力合作,以确认死亡原因。我们公司有极好的安全纪录,符合所有保障健康和安全的规则要求。我们会及时向媒体提供最新的消息。

步骤九:决定信息沟通方式。进行危机沟通的方式有很多,对于公司的职员、客户、潜在的消费者和投资者,公司领导可以亲自向他们简要介绍情况,也可以将讯息以邮件、通讯或者传真的方式发送给他们。

对于媒体,要向其提供新闻稿和解释信,或者让其参加公司举行的一对一的情况介绍会或新闻发布会。选择的方式不同,产生的效果也不同。因此,公司里必须有一个专家熟知每一种方式的优缺点。

步骤十:安全渡过难关。无论危机的性质如何,无论消息是好是坏,也无论公司准备得如何认真、做出的应对如何谨慎,总有一些听众的反应与公司的愿望背道而驰。该怎么办呢?很简单:客观看待这些听众的反应。是公司的错还是他们一厢情愿的理解?判断再一次沟通是否能改善还是会恶化他们对公司的印象,进行再一次沟通是否有意义。

缺乏计划,会导致控制损失所需的时间和成本增至原来的两倍或者三倍。延迟也可能带来无法挽回的损害。相反的是,建立应对未来危机情况的模式和运作基础,只需要好好计划一次,并且不断稍加更新即可。换句话说,危机沟通计划是一种成本相对较低的办法,它可以避免将来花费更高的代价和面对更大的烦恼。

第三节　危机沟通的策略

目前危机沟通的研究主要有两种路径：一种是管理学取向，一种是修辞学取向。修辞学取向聚焦于危机传播中的“信息”环节，探讨危机发生后组织的形象管理和辩护策略，旨在帮助组织运用各种话语和符号资源来化解危机，挽回形象。其中，具有代表性的就是班尼特（William L. Benoit）首创的一套在国际上得到较高认可的形象修复（Image Repair）理论和库姆斯（Coombs）的情境危机沟通理论（Situational Crisis Communication Theory，简称 SCCT）。

一、班尼特的形象修复理论

班尼特认为，危机发生后，组织应该主动承担责任，争取在较短的时间内将组织形象受损的程度与范围控制在最小的限度。这里的企业形象指企业在社会大众及企业利益相关者眼中所占有的地位。形象修复理论提出了由六项策略构成的危机沟通管理模式，为组织形象的修复和改善提供了可供选择的策略。

1. 否认策略（Denial）

否认策略主要表示某事件对社会造成的危害并非企业所为，所以企业不承担不该承担的责任。否认战略又可进一步分为两类：一种是简单否认，另一种是转移责难。简单否认，就是直接表示“未做亏心事，不怕鬼敲门”，企业不应承担责任。转移责难就是企业在危机爆发后，立刻采取其他行动，以转移大众及利益相关者的注意力，有点像三十六计中的“金蝉脱壳”。后者只有在责任确实不在企业的时候方能使用，否则会有逃避责任之嫌，搞不好会弄巧成拙。

2. 逃避责任（Evasion of Responsibility）

逃避责任意指危机发生之后，企业企图逃避危机事件中应该担负的责任，前提是符合道德原则。威廉·班尼特提出了逃避责任的四种修补形象战略。

（1）被激惹下的行为。企业所为仅仅是反击外在挑衅的防御行为，因此企业的行为是被迫的、可以谅解的。此战略的意图是将一切责任归咎于对方的挑衅。

（2）不可能的任务。这是非企业能力所能够控制的，而非企业不愿处理，所以不应该把责任归咎于企业。尤其当企业欠缺对状况处理及掌握相关资讯的能力时，可借此逃避应担负的责任。

（3）事出意外。强调危机事件纯属意外，而非本企业“意愿”或“有意”之举；即事件是在非控制而意外的状况下发生的，企业即使有责任，也只能承担极小的过失责任。

（4）纯属善意。危机发生绝非企业意图，实际上此举系出自企业的一片“善意”。因此，企业所承担的责任应该降至最低，由此减轻企业形象的破损程度。

3. 减少敌意(Reduce offensiveness)

公司因错误的行动而造成本身的危机,可通过以下六种不同的企业形象修补战略,降低外界对其负面的评价。

(1) 支援与强化。对受害者表示愿意承担责任。或者,用过去的企业绩效和曾经对社会的贡献等良好形象来消减社会公众对企业的不良评价。

(2) 趋小化。以事件不严重来降低社会对公司错误行为所产生的批判性情绪及负面感觉,淡化危机。

(3) 差异化。区分和强调自己与竞争对手对危机事件处理的差异,目的是彰显本公司的处理方式较竞争对手更周全,更有利于弱势群体和社会大众。

(4) 超越。展示或巧妙表述公司对社会的贡献,远远超过对社会或消费者无意的伤害。

(5) 攻击原告。进攻是最佳的防御,以攻代守,再辅助配合以拖待变的战略。此举不但可以减少原告所带来的冲击,更可以模糊状况的严重性,从而使焦点转为孰真孰假的探究。当真假大白的时候,时空背景早已经转变。

(6) 补偿。此战略是最符合诚实和道德原则的。尽管企业可能要对受害者付出补偿费,但企业勇于承担责任的良好表现,对公司长久形象的塑造不无裨益。

4. 修正(Corrective Action)

企业表达要采取行动来恢复到危机发生前的状态,并承诺预防该错误再度发生。对所发生的错误,除表示负责与道歉外,还需要在语言或者行为上进行更正。

5. 承认/道歉(Mortification)

承认/道歉意指公司主动认错、承担责任,并期待和寻求原谅。但此种战略可能会产生另一项不利的结果,即企业可能会面临法律诉讼。不过一个勇于承担责任、诚实、负责的企业形象却可以在承认与道歉中得以展现。至于道歉函的内容,则应该包含五项要点,即表明歉意、说明现状、查明原因、防止再发生的对策和承担责任。

6. 更改公司名字

此战略意在放弃公司过往污点的历史,可同时搭配促销、广告、销售渠道的转移等措施来重建公司的形象。

形象修复策略存在两个重要前提:其一,组织被认为对危机事件的发生承担责任。其二,社会大众对组织责任的看法比危机事件的真相本身更重要。也就是说,当危机发生后,组织的责任归属并非通过事实来认定,只要公众认为组织与此行为有关联,即产生形式上的责任归属。从这个意义上来说,关于危机责任的沟通效果将决定组织形象得以恢复的程度。

二、库姆斯的情境危机沟通理论

库姆斯的情境危机沟通理论是在以往危机公关研究的基础上,以归因理论(Attribution theory)作为理论基础,通过比较不同危机情境中的危机响应策略及其效果发展而来的。情境危机沟通理论以危机责任(crisis responsibility)为出发点,把组织责任分成受害型、(无意)事故型和(有意)错误型三类。在语艺批评研究的基础上,以表明立场(posture)为切入点,总结出了四种类型的根据危机情境所使用的危机回应策略(crisis response strategies)。

1. 否认回应策略(Deny)

该策略又细分为三种类型。第一种是攻击指控者(attack the accuser),指危机管理者必须与指责组织缺失者对抗;第二种是否认(denial),指危机管理者必须坚持没有发生危机的立场;第三种是找代罪羔羊(scapegoat),指危机管理者指责组织外部的人或团体才是需要对危机负责的对象。

2. 降低危机回应策略(Diminish)

此策略包括两个方面:借口(excuse),即借由否认意图伤害他人以降低对危机的责任;合理化(justification),即危机管理者用适当的理由,缩小人们所感知到的危机程度。

3. 重建回应策略(Rebuild)

此策略包括两个方面:补偿(compensation),即危机管理者以金钱或其他物品的方式补偿受害者;道歉(apology),即承认组织必须负起责任并请求利益关系人的原谅。

4. 强调正面响应策略(Bolstering)

此策略包括三个方面:提醒(reminder),即告诉利益关系人组织过去的良好表现;讨好(ingratiation),即危机管理者赞赏利益关系人,提醒他们组织过去良好的表现;受害者(victimage),即危机管理者提醒利益关系人,组织在这场危机中也是受害者。

响应策略对于危机初始责任的影响要看该危机响应策略是否被大众媒体所接受:若否认策略被接受,则组织不会受到任何的声誉损害;若降低策略被接受,则组织所受到的声誉损害将会降低;若重建策略被接受,则组织可以有效地重塑新的组织声誉。过去研究指出,当组织使用不同的危机响应策略时,利益关系人对于组织负责任的程度的感知会有所差异,其中属于重建策略中的道歉策略被发现是让利益关系人觉得该危机组织最愿意负起危机责任的响应策略。

小　结

1. 危机是危险和机遇的并存,危机形成的过程大致分为危机前状态、易感期和重整期等三个时期。这是最先系统地被提出的危机概念。

2. 危机具备三个特征:一是破坏性,二是紧迫性,三是突发性。

3. 根据危机的严重程度,危机包括一般性危机和重大危机。根据危机事件主体,危机可分为政府危机和企业危机。其中,企业危机按危机同企业的关系程度以及归咎的对象,可分为企业内部危机和企业外部危机。

4. 危机沟通是指个体或组织为了防止危机的发生、减轻危机造成的破坏或尽快从危机中得到恢复而进行的沟通过程。

5. 组织危机沟通的主要对象包括投资者、组织员工、工会、政府及社会中介组织、媒体、顾客、经销商等。

6. 危机沟通的渠道包括新闻媒介、个别会谈、网络平台、记者采访、接待来访、信件与电子邮件、权威机构和人士。

复习思考题

1. 概述危机的特征。
2. 组织危机沟通的主要对象有哪些?
3. 解释罗杰斯特的危机沟通"3T"模式。
4. 危机沟通的策略有哪些?

案例分析一

"蛆橘事件"

"白白的蛆虫学名叫大实蝇,俗称柑蛆。"负责处理病虫害果实的嘉川镇农业服务站站长高鸣胜解说道。柑蛆作为一种寄生虫在果园生存并不奇怪,但像2008年这样大面积爆发,产生灾难性的后果实属罕见。

2008年9月22日,四川省广元市旺苍县尚武镇村民报告县农业局,在自家柑橘园内发现疑似柑橘大实蝇的害虫,县农业局立即派出技术人员予以核实,确认为柑橘大实蝇。随后,县政府立即组织有关专家到相邻乡镇展开排查,发现发生疫情的柑橘树占全县柑橘树总数的8.9%,蛆果率为1%左右。

9月27日,政府发布柑橘大实蝇疫情防控通告,将树上成熟、未成熟的果实全部摘下,并以每公斤0.30元的标准统一收购,然后深埋、消毒作无公害化处理。

10月4日,媒体报道四川旺苍柑橘园爆发大实蝇病虫害。《华西都市报》在文中说,上世纪90年代,当地柑橘就出现过此类病虫害,此次大面积爆发是由于果园管理不善造成的。

10月6日,广元市政府应急办向四川省政府递交疫情应急快报。同日,省、市联合调查组赶赴旺苍,在主要通道设立检查检疫点,24小时值班检查,严禁柑橘类果实向外调运。旺苍县也对全县所有的农贸市场、个体摊点销售的柑橘类果品实行严格监测和检疫,严禁蛆橘上市交易,并严肃查处销售蛆橘的行为。旺苍县分管农业的副县长表示,由蛆果造成的直接经济损失巨大,政府将拿出300万元资金进行统一收购并作无公害化处理,由政府筹资对果农予以适当补偿。

10月20日,一条"广元发现蛆虫柑橘,告诉家人和同事朋友,暂时不要吃橘子"的短信通过手机和网络传播,不少人开始谈橘色变,蛆虫柑橘成了网络上各大论坛讨论的关键词。

10月21日下午,四川省农业厅召开新闻发布会,称此次柑橘大实蝇疫情仅限于旺苍县,全省尚未发现新的疫情点。旺苍县仅11个乡镇的6.8万多株柑橘树发生大实蝇疫情，爆发虫害的地方柑橘产量只占全县柑橘总数的8.9%。且该县蛆果已全部摘除，落果全部捡尽，并深埋处理，疫情已得到很好控制。对于网上与短信流传的大量广元病虫柑橘流入市场的消息，广元市政府称纯属谣言，正在调查消息的源头。

事件发生后约一个月，全县已销毁果实1252吨，其中蛆果12吨。镇上处理果品最多的一户需要埋掉10万公斤柑橘果实，按上一年最低的市价估算，损失将在32万元以上。

10月21日，新民网记者就此事采访四川省植物检疫站，该植检站表示，此事件有被媒体炒作之嫌。对于社会上沸沸扬扬流传的短信，卫生部门将就这些流言和短信向公安机关报案。植检站相关人士向新民网记者解释说，这只是一种普通的虫害，而有虫害的柑橘仅占1%，目前也已被有关部门"全部处理掉了"。他们还表示，旺苍县并不适合种植柑橘，当地种植的橘树数量较少，平时也缺乏管理，发生虫害属正常情况。当地部门已建议果农改种茶叶等作物。

11月中下旬，市场对柑橘的需求逐步回升，"蛆橘事件"告一段落。

在此次事件中，政府面临一场关系到四川全省果农以及全国消费者的食品危机事件。而对此次危机的处理，四川各级政府的表现有很多可圈可点之处，具体表现在以下几点。

1. 及时反应，阐明立场

"蛆橘事件"发生后，县政府第一时间得到消息。这时，他们必须核查事件的真实性，调查疫情的严重程度，收集第一手数据并做出判断。在得知尚武镇发现疑似大实蝇的虫害后，县农业局立刻派出技术人员予以核实，并在相邻村镇展开排查。经调查得知，疫情分布集中，同时了解到橘树、橘果的发病比率，这为确定下一步的措施提供了依据。由于疫情的控制不容拖延，县政府发布疫情防控通告后，统一收购橘果并作无公害化处理。在收购橘果的过程中，政府表明立场，将出资300万对损失果农适当补偿，这一举措安抚并鼓励了果农，使得收果的阻力减小很多。

县政府在该危机事件中处于第一级权力层，它的所作所为直接影响到下一步的处理。我们看到，县政府并没有对疫情置之不理，也没有隐瞒不报，而是及时收集信息，稳定民心，相当有效地控制了事态的发展。

2. 成立危机应对专项小组，迅速做出决策

一般来说，在危机尚未恶化之前，由高层领导出面做出解释是非常有利于稳定局面的。他们的出面能够在一定程度上缓和多方矛盾，并向公众传达信息，表现出一种负责任的态度。

事件爆发后，四川省、广元市政府抽调相关人员组成联合调查组，赶赴旺苍县指导疫情防控工作。在联合调查组的安排与指挥下，旺苍县政府也积极配合调查组的工作，使得整个防控过程更加有序。高层组成的决策小组及指挥中心能够全面地调查事件的来龙去脉，口径统一地发布信息，与外界形成有效的沟通渠道，使准确、迅速地做出决策成为可能。

3. 决策过程高度透明，信息传递渠道通畅

政府缓和危机的过程就是争取民众支持的过程。在"蛆橘事件"中，四川省各级政府运用了"科学劝说模式"，通过专家解说、相关技术部门验证的方式，逐步得到了大多数人的理解与支持。

危机事件爆发后，在信息缺失的情况下难免会产生臆测与谣言，而这些谣言会夸大甚至扭曲事件真相，处在信息末端的不知情者往往会听信谣言并动摇立场、对政府失去信心。这时政府就需要从正式的渠道发布权威信息，稳定公众情绪。此时专家提供的科学解说、相关技术部门发布的检验结果就成了最可靠的信源、最有公信力的依据。可以说，邀请中立的第三方发言是破除谣言臆测、防止信息无序传播的最优途径。县政府在接到疑似虫害的报告后，没有丝毫拖延，立即派出技术人员予以核实，并组织有关专家展开排查，迅速地收集了信息。之后发布了疫情防控通告，开始处理虫害。这一系列过程都建立在科学调查的基础之上。随后，四川省农业厅召开新闻发布会，公布了虫害爆发的原因、程度、处理手段以及防控的阶段性成果，澄清了事实，一定程度上控制了局势。在信源的选择上，四川省政府充分调用省植物检疫站、农业厅等技术机构，利用科学的解释获得民众的信任，消除了消费者的担忧。在整个处理过程中，政府的决策科学、理性，透明度高，同时信息发布及时，沟通渠道通畅，树立了良好的政府形象。

4. 真诚应对不同群体，妥善处理多方关系

在此次事件中，四川省各级政府本着开诚布公的原则，积极主动地应对不同的群体，妥善地处理多方关系，及时地消除了公众的疑虑和不安情绪，为危机的控制创造了宽松的环境。

(1) 针对果农。在“蛆橘事件”中，果农是损失最大的群体，因此政府需要在第一时间安抚果农，做出补偿承诺。同时，由于爆发虫害的橘树需要清理，所以必须动员果农尽快采摘蛆果。省、市、县政府大力为果农做工作，动员大家采摘蛆果，并表明将由政府筹资补偿果农损失，不仅得到了果农的支持，而且为控制疫情争取了时间。在此次事件中，最难能可贵的是，四川省各级政府领导为增强市场信心，带动橘子消费，他们以身作则，亲自现场试吃，以此向大家证明橘子安全。

(2) 针对消费者。在市场经济中，消费者作为买方，拥有很大的自主权。如果没有消费者，市场就没有存在的必要，而如何争取更多的消费者，往往需要卖方大费脑筋。尤其是“蛆橘事件”爆发后，消费者一时不敢再买橘子，造成了各地橘子市场产品严重滞销。此时，作为政府，应该代表果农向消费者致歉。我们看到，四川省政府严格地控制了蛆橘的流向，防止蛆橘运出省外造成更多的伤害，而且及时向外部发布消息，诚恳地说明了情况，并在数据支持的基础上科学地引导消费者，教授消费者如何辨认蛆橘，重视消费者的安全与健康，成功地得到了消费者的理解与谅解。

(3) 针对媒体。在危机管理中，新闻媒体正发挥着越来越大的作用，舆论的报道与监督使得危机管理工作的难度更大，所以做好与媒体的沟通，处理好双方关系显得尤为重要。四川省各级政府始终以一种坦诚的姿态面对媒体，不回避存在的问题，并主动向社会公布调查处理的情况。同时，联系媒体采访农业专家、植物专家，与媒体一同了解事件真相，取得媒体的理解，争取到了媒体的客观报道。

思考与分析

运用危机沟通的相关理论分析四川省政府在“蛆橘事件”中的沟通策略。

案例分析二

麦当劳纠错机制缺失

尽管低调，但这段时间麦当劳仍然新闻不断。涨价、关门，如今的“消毒水当红茶卖”，更是成为人们关注的热点。但是综观麦当劳在危机来临时的种种做法，的确是让人不敢恭维。1999 年可口可乐比利时风波后不久，百事可乐欧洲公司总裁给所有的职员发出了一封电子信函：“我想强调的是，我们不应将此次可口可乐事件视为一个可以利用的机会，我们必须引以为鉴，珍视企业与消费者之间的纽带。”遗憾的是，这句话并未给麦当劳足够的警醒，麦当劳正在慢慢亲手剪断“企业与消费者之间的纽带”。

1. 高层反应迟钝，痛失消灭危机于萌芽状态的宝贵时机

“红茶事件”发生后，麦当劳的现场副经理早在 7 时 15 分就已通知店长和地区督导赶到现场，结果两人直到 9 时多才相继出现。而这两个小时恰恰是矛盾激化的关键时刻。对比一下发生在 1999 年 6 月的可口可乐事件，也许有助于对麦当劳事件的分析。事件起因是：比利时发生至少 100 名中学生喝了可口可乐而中毒的事件。为此，欧盟就可口可乐产品可能带来的危险向其成员国发出警告，比利时等国家相继宣布禁止销售可口可乐公司生产的所有饮料，眼看灭顶之灾就要倾覆可口可乐公司。但仅仅十天后，6 月 23—24 日，比利时、法国先后决定取消对可口可乐的禁销令。据媒体报道，事件发生后的第二天清晨，可口可乐员工的电脑里、公司内部互联网上就已传来关于此次事件所有的消息以及危机处理的原则。

2. 缺乏专业的危机管理人士，没有正确的危机意识

危机发生后，麦当劳在处理过程中有两大严重的错误：一是与消费者多次发生争执，工商局的工作人员赶到现场进行调停了近一个小时，最终仍以破裂收场；二是拒绝作出调查方案，这无疑是火上浇油，作为全球快餐大王，麦当劳在危机公关方面有不应该的幼稚表现。

3. 漠视消费者的生理和心理健康，不能勇敢地承担责任

事件发生后，麦当劳方面只是承诺愿意向两人各赔偿 500 元，如两天内当事人身体不适要到医院诊治，医药费可予报销。正是由于其对消费者身心健康的漠视导致了事态的扩大。再对比一下可口可乐比利时风波时该公司的做法。在风波发生后，公司立即宣布，将比利时国内同期上市的可口可乐全部收回，并承诺尽快宣布调查结果和向消费者退赔，为所有中毒的顾客报销医疗费用。可口可乐公司总裁在比利时承认自己对这次事件负有不可推卸的责任，并当场喝掉一瓶可口可乐。不久后，比利时的一些居民陆续收到了可口可乐公司的赠券，上面写着：“我们非常高兴地通知您，可口可乐又回到了市场。”

4. 对权威机构的作用不重视，无法自圆其说

在事件发生后，麦当劳立即停售了红茶，现场管理人员开展了调查，并随即解释说，事件可能是由于店员昨天对店里烧开水的大壶进行消毒清洗后，未把残余的消毒水排清所致。如果此时管理人员说：“我们将马上通知卫生检疫部门前来检测。”也许事情就是另一个样子了。

5. 对公众不坦诚，拒绝与消费者沟通

时至今日也未见麦当劳对媒体和公众作出公开的说明，当媒体对其进行采访时，其负责人表示，在事情没有完全调查清楚之前，不会发表任何观点。对比一下，可口可乐公司在比利时危机中与媒体时刻保持密切沟通，并为此设立了专线电话，在因特网上为消费者开设了专门网页，把握住了信息发布的主动权，避免了有关信息的错误扩散，将企业的损失降低到最小的程度。

6. 纠错机制不健全，两个月内发生两起相同事件

实际上早在今年5月份，麦当劳某北京分店就已发生过把消毒水当饮料提供给消费者的事情，只不过当时卖的是“白开水”，这次卖的是“红茶”！当时一名消费者向媒体大倒苦水：“没想到他们的态度特别不好，真是让我特别失望。店长说，现在是特殊时期，他们压力很大，希望我能体谅她，今后一定加强管理。这是体谅能解决的事吗?”谁知两个月后竟又发生了类似的一幕。

（摘自《南方都市报》，2003年07月19日，作者：游昌乔）

思考与分析

（1）结合案例，说明危机沟通的特点。

（2）从麦当劳此次危机处理过程中可以获得哪些启示?

第十一章　冲突与谈判

【学习目的与要求】

正确识别冲突的类型，掌握冲突的成因，理解和掌握冲突沟通的基本步骤，识别谈判的类型，理解关键对话的含义，掌握关键谈话的策略，理解并掌握冲突沟通的策略。

【教学重点与难点】

教学重点是：理解冲突及冲突沟通的基本含义，理解谈判前、谈判中、谈判后的管理沟通。教学难点是：理解并掌握冲突沟通的策略，识别谈判者的沟通风格。

引导案例

马陆的困惑

马陆今年34岁，在一家保险公司工作，由于工作出色，不久前，他被公司任命为索赔部经理，那是一个受到高度重视的部门。走马上任后，马陆了解到在自己谋求索赔部经理这一职位的同时，另外还有两名业务能力很强的同事（吴豪和苏丽）也曾申请过这个职务，他确信公司之所以任命他，部分原因也是为了避免在两个有同等能力的员工中作出选择。

马陆到索赔部后的第一个月业绩很不错，因此他对部门员工的素质及能力感到十分满意，即使是吴豪、苏丽也表现得很合作。于是马陆信心百倍地决定用培训员工及安装新计算机系统的计划来推动部门快速发展。

然而当马陆提出实施这一计划时，苏丽却埋怨他还没有完全了解部门运作程序就这样干，显得有些操之过急。马陆认为苏丽可能还没有完全接受他得到了原本她想要的职位的事实；当吴豪来找马陆的时候，这一点似乎得到了证实。吴豪说，在面对所有即将到来的变革时要关注一些员工的士气，他甚至对马陆暗示说某些人正考虑要提出调任。尽管吴豪没有指名道姓，马陆确信苏丽是问题的根源。

因此，马陆一方面谨慎地推行新计划，另一方面对苏丽的言行保持一定的警觉。在日后的工作中，苏丽隐约感到这位新上任的马经理正在疏远她，这使她陷入苦恼之中。

思考与分析

(1) 马陆和苏丽的冲突在哪里？

(2) 这是员工问题还是纯业务问题？

(3) 马陆的到来是争议点吗？吴豪是如何卷进去的？

(4) 如果你是马陆、苏丽或者吴豪，你会如何做？

第一节　冲突的基本问题

一、冲突的概念及其特征

1. 冲突的概念

冲突(conflict)泛指各式各类的争议，例如对抗、不搭调、不协调，甚至抗争。

管理学家罗宾斯(Stephen P. Robbins)认为："冲突是一个过程，这种过程始于一方感觉到另一方对自己关心的事情产生消极影响或将要产生消极影响。"管理决策学派的代表人物西蒙把冲突定义为："组织的标准决策机制遭到破坏，导致个人和团体陷入难于选择的困难。"曾任国际冲突管理协会主席的乔斯沃德教授认为："冲突是指个体或组织由于互不相容的目标认知或情感而引起的相互作用的一种紧张状态。"他认为一个人的行为给他人造成了阻碍和干扰就会产生冲突，冲突和暴力、争吵是两码事。

2. 冲突的特征

冲突的直接目的是打败对方，是直接以对方为攻击目标的一种互动行为；冲突双方必须有直接的交锋；冲突各方所追求的目标既可能相同又可能不同，这与竞争必须是对共同目标争夺的情况不一样；冲突在形式上比竞争激烈得多，它往往突破了规则、规章甚至法律的限制，带有明显的破坏性。

3. 冲突概念的演变

国外学者把冲突观念的演变分为三个阶段，即传统的观点(traditional view)、人际关系观点(human relations view)和相互作用观点(interaction view)阶段。

20 世纪 30－40 年代，冲突的传统观点占优势地位，该观点将冲突视为组织功能的异常现象。在这种观点下，冲突往往和暴力、破坏、不和谐联系在一起。

冲突的人际关系观点认为，冲突是组织中一种很自然而且无法避免的现象，在这种观点下，管理者必须以平常心面对它，将冲突的存在视为一种合理的现象。该观点在 20 世纪 40—70 年代中叶占据统治地位。

冲突的相互作用观点主张，冲突不仅对组织有正面影响，某些冲突甚至对组织或群体的有效运作是不可缺少的。组织有时必须鼓励冲突，通过适度的冲突，组织可以激发出成员的创意与变革。

表 11－1　三种冲突观的观点比较

冲突的观念	主要观点
冲突的传统观点	冲突是可以避免的。 冲突导因于管理者的无能。 冲突足以妨碍组织之正常运作，致使最佳绩效无从获取。 最佳绩效之获取，必须以消除冲突为前提要件。 管理者的任务之一，即是消除冲突。
冲突的人际关系观点	在任何组织形态下，冲突是无法避免的。 尽管管理者之无能显然不利于冲突之预防或化解，但它并非冲突之基本原因。
冲突的相互作用观点	冲突可能导致绩效之降低，亦可能导致绩效之提升。 最佳绩效之获取，有赖于适度冲突之存在。 管理者的任务之一，即是将冲突维持在适当水平。

二、冲突的类型

根据冲突对象涉及的范围，冲突分为以下五种基本类型。

1. 个体内部冲突

个体内部冲突指个体内心同时存在的对立想法和感情。个体内部冲突发生在个体本身，涉及目标、认知或情感形式的冲突。不同个体内部冲突模式，其核心含义有所不同，如表 11－2 所示。人的社会行为不但具有遵循社会一般准则的基本义务，还具有体现个性行为、寻求个体价值的需要。不同个体的价值标准是不同的，价值标准决定个人的目标选择。个人目标不是无条件实现的，它受到个人才能与努力程度以及客观环境等多方面因素的制约。当个体在选择和实现个人目标的过程中出现问题时，就会发生个人目标冲突。此外，当个体的思想观念、情感体验、对过程的看法与外部环境的客观现实发生偏差时，也会引发内心冲突。

表 11－2　个体内部不同冲突模式的比较

个体内部冲突模式	核心含义
目标冲突	不一致的偏好
认知冲突	不一致的思想
价值冲突	不一致的价值观
情感冲突	不一致的情感
程序冲突	不一致的对过程的看法

2. 人际冲突

弗罗斯特与威尔莫特为人际冲突下的定义是：“相互依赖的两方或两方以上之间的公开的争斗，他们发现彼此的目标不一，他们之间的关系回报不大，或者在实现目标时受到他方的干扰。他们处在既相互合作又相互对抗的地位。”人们发现彼此的行为与各自的自我利益相左，因而无法取得回报，这时就出现冲突了。人与人之间的冲突表现为两个以上的个体在态度、行为、偏好、目标方面的对立，多由于个体之间的角色冲突、角色模糊和人格差异所致。

3. 群体冲突

群体冲突指群体内的成员相互间发生碰撞。群体内任务的分配以及群体成员的情绪变化对冲突的产生都具有影响作用。与人际冲突的情形相似，群体冲突可以通过冲突中的行为和冲突最后的结果来观察。冲突的破坏性通常可以由群体凝聚力的下降或在实际冲突结束一段时间后，群体所表现出来的工作效率低而展现出来。

4. 组织内部冲突

组织内部冲突是指组织内团体之间由于各种原因而发生的对立情形，可分为两种基本类型，即垂直冲突和水平冲突。垂直冲突是指组织中通过纵向分工形成的不同层次间的冲突，即上级部门与下级部门间的冲突；水平冲突是指组织通过横向分工形成的不同职能部门间的冲突，也称为功能冲突。

5. 组织外部冲突

组织在发展过程中，往往会与其他竞争者、政府部门、社区、媒体、利益相关者等外部社会之间存在更为错综复杂的冲突，这类冲突即为组织外部的冲突。从冲突的性质上看，组织外部冲突还可分为积极冲突和消极冲突。积极冲突是那些对组织目标的达成具有促进作用的冲突，而消极冲突是对目标的达成有所阻碍的破坏性的冲突。从冲突的根源上看，组织外部冲突又分为实质冲突和关系冲突。实质冲突是来自于对所面对问题的观念或行动方案上所存在的差异而引发的冲突，关系冲突则是来自于人际间的差异所引发的冲突。

三、冲突的成因

对冲突的形成原因的分析有几种观点，常见的有法约尔的“四基因冲突说”、杜布林的冲突系统分析模型、达夫特和诺伊的冲突来源的个体差异分析以及罗宾斯的冲突来源三因素说。

1. 法约尔的“四基因冲突说”

法约尔从心理学的角度提出了“四基因冲突说”，他认为冲突是信息基因冲突、认识基因冲突、价值观基因冲突和本位基因冲突的结果，如图 11—1 所示。

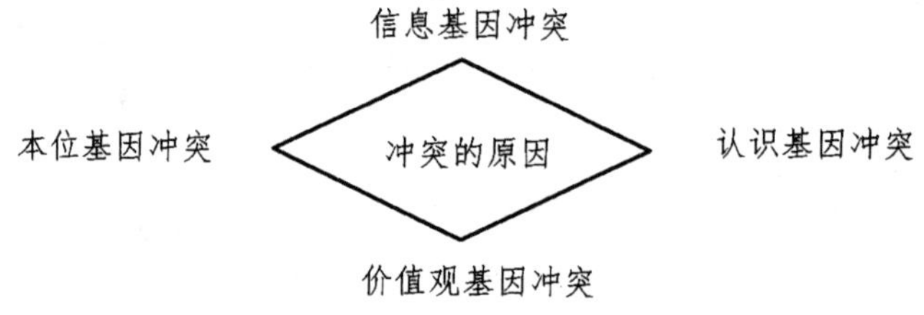

图 11—1 冲突成因的四基因观点

信息基因冲突指由于人们信息沟通渠道的不同，彼此间疏于交流而造成的冲突；价值观基因冲突指由于人们价值系统（如是非、善恶、美丑等）的不同而造成的冲突；认识基因冲突指由于人们的知识、经验、态度、观点的不同，进而对事物认知不同而产生的冲突；本位基因冲突指由于优先考虑本身或本部门利益而造成的部门之间的冲突。

2. 杜布林的冲突系统分析模型

该模型包括三个要素，即输入、干涉变量和输出。输入部分是指冲突的根源，输出部分是指冲突的结果，干涉变量是指处理冲突的手段。手段恰当与否将影响冲突的结果，而冲突的结果又会造成进一步的冲突，冲突的根源有人的个性、有限资源的争夺、价值观和利益的冲突、角色冲突、追逐权力、职责规定不清、组织出现变化和组织风气不正等。

(1) 人的个性。在一个群体或组织内，不同人之间的性格差异使得他们解决问题的作风和行事方式各不相同。群体内的个性差异越大，共性则越小，组织成员合作的可能性就越小，存在的分歧、矛盾就越普遍，工作和交往中的阻碍、争执和冲突也就越频繁。

情景故事

好胜的杰夫

杰夫异常好胜。他当销售代表时，什么事都想赢。在这种不夺第一死不休的欲望推动下，杰夫年复一年取得佳绩。杰夫成为经理后，全力推动部下力争第一。表面看来，这无可厚非。然而，作为经理，杰夫不仅与其他地区竞争，而且与自己手下的销售代表竞争。他始终要超过他们。遇到大客户，他总要争做主讲人，他无法忍受当旁观者，甚至在与员工谈话时，他也要压倒对方。本来是与员工谈个人发展，他却忍不住吹嘘自己如何技压群芳。结果，这种盛气凌人的言行气走了许多销售高手。

(2) 有限资源的争夺。资源是有限的，企业之间存在着有限资源的竞争，一个组织的不同部门之间可能会从公司总部为额外的预算分配或额外的人力资源展开竞争。当资源相对稀缺时及组织发展缓慢或根本不再发展时，这种在资源方面不可避免的冲突将变得更加激烈。

(3) 价值观和利益冲突。引起组织冲突的个人或群体价值观的差异，包括组织内部的个人之间、群体之间、个人与群体之间价值观的差异，以及代表组织整体的价值观与外部环境的个人或社会群体价值观的不同。此外，组织中不同群体和个人价值观的不同步变化也会引起冲突。

(4) 角色冲突。组织中的个人和群体由于承担的角色不同，各有其特殊的任务和职责，从而产生不同的需要和利益，因而发生了冲突。

情景故事

裁员问题的冲突

刘明是某机械设备有限公司的总经理。该公司上半年出现亏损，年底又要还清一大笔银行贷款。在实行了两个月的节约计划失败后，刘明向各部门经理和各厂长发出了紧急备忘录。备忘录要求各部门各工厂严格控制经费支出，裁减百分之十的员工，裁员名单在一周内交给总经理；并且规定全公司下半年一律不招新员工，现有员工暂停加薪。

该公司阀门厂的厂长王超看到备忘录后，急忙找到刘总经理询问："这份备忘录不适用于我们厂吧？"刘明回答："你们也包括在内。如果我把你们厂排除在外，那么别的单位也都想作为特殊情况处理，正像前两个月发生的一样，公司的计划如何实现？我这次要采取强制性措施，以确保缩减开支计划的成功。"王超辩解道："可是我们厂完成的销售额超过了预期的5%，利润也达到指标。我们的合同订货量很大，需要增加销售人员和扩大生产能力，只有这样才能进一步为公司增加收入。为了公司的利益，我们厂应免于裁员。哪个单位亏损就让哪个单位裁员，这才公平。"

刘明说："我知道你过去的成绩不错。但是，你要知道每一位厂长或经理都会对我讲同样的话，做同样的保证。现在，每个单位必须为公司的目标贡献一份力量，不管有多大的痛苦！况且，虽然阀门厂效益较好，但你要认识到，这和公司其他单位提供资源及密切的协作分不开的。"

"无论你怎么讲，你的裁员指标会毁了阀门厂。所以，我不想解雇任何人。你要裁人就从我开始吧！"王超说完，气冲冲地走了。刘明心想："这正是我要做的。"但是，当考虑到如何向董事会解释这一做法时，他又开始有点犯难了。

(5) 追逐权力。在任何群体或组织中，权力和追逐权力都是一种自然存在的现象，个体及群体权力欲的追逐有时会导致冲突。

(6) 职责规定不清。个体或部门工作职责规定不清，会使个体之间及部门之间对工作互相推诿，对责任各执己见，引起冲突。

(7) 组织的变动。当组织变动时，比如机构的精简和合并，使原来的平衡被打破，局部的利益受到威胁，员工与组织之间的冲突就在所难免。大公司兼并小公司，若干公司重组，必然导致双方在权力和其他方面的冲突。

(8) 织织风气不正。冲突与组织风气有关。组织风气正，则多为建设性冲突，且冲突程度适中；组织风气不正，则多为破坏性冲突，且冲突程度失控。组织风气起到一种潜移默化的作用，在此影响下冲突有"传染性"。

3. 达夫特和诺伊的冲突来源的个体差异分析

美国组织行为学家达夫特和诺伊从个体差异性（即价值观差异、目标差异、需求差异和对价值观、目标和需求的知觉差异四方面）的角度出发，总结了冲突的可能性来源，并认为个体之间的人格差异与资源稀缺是双方发生矛盾冲突的两个重要因素，如表 11—3 所示。

表 11—3　达夫特和诺伊的冲突来源

来源	产生的原因
价值观差异	文化差异、个体间差异、与角色有关的差异
目标差异	人格差异、任务或角色差异，资源稀缺
需求差异	人格差异、资源稀缺，权力不平衡
对价值观、目标和需求的知觉差异	关于角色、资源、任务含糊不清，知觉扭曲

4. 罗宾斯的冲突来源三因素说

罗宾斯在五阶段冲突理论中指出，冲突来源有三方面，即沟通因素、结构因素和个体因素。

(1) 沟通因素。沟通失效的因素来自误解、语义理解上的困难以及沟通渠道中的“噪音”。研究指出，语义理解的困难、信息交流不充分以及沟通渠道中的“噪音”等因素都构成了沟通障碍，并成为冲突产生的潜在条件，大量证据表明，培训的不同、选择性知觉以及缺乏其他的信息，都造成语义理解方面的困难。研究进一步指出，沟通的过多或过少(引发信息过多或过少)也会增加冲突产生的可能性。显然，沟通的增加在达到一定程度之前是功能性的，超过这一程度就可能是过度沟通，将导致冲突产生可能性的增加。另外，沟通渠道也影响到冲突的产生。人们之间传递信息时会进行过滤，来自于正式的或已有的渠道中的沟通偏差，都提供了冲突产生的潜在可能性。

(2) 结构因素。这里使用的“结构”概念包括以下变量，即群体规模、分配给群体成员的任务的专门化程度、管辖范围的清晰度、员工与目标之间的匹配性、领导风格、奖酬体系、群体间相互依赖程度。研究表明，群体规模和任务的专门化程度可能成为激发冲突的重要原因。群体规模越大，任务越专门化，则越可能出现冲突。另外，工作时间长短与冲突的产生成负相关，如果群体成员都很年轻，并且群体的离职率又很高时，出现冲突的可能性最大。由谁负责活动的模糊性程度越高，冲突出现的可能性就越大。管辖范围的模糊性也增加了群体之间为控制资源和领域而产生的冲突。组织内不同群体有着不同的目标，群体之间目标的差异是冲突的主要原因之一。就领导风格来说，严格控制下属行为的领导风格也增加了冲突的可能性。研究表明，参与风格也会引发冲突，这是因为参与方式鼓励人们提出不同意见。如果一个人获得的利益是以另一个人丧失利益为代价的，这种报酬体系也会产生冲突；如果一个群体依赖于另一个群体（而不是二者相互独立)或群体之间的依赖关系表现为一方的利益是以另一方的牺牲为代价的，都会成为激发冲突的原因。

(3) 个人因素。个人因素包括价值系统和个性特征，它们构成了一个人的风格，使得他不同于其他人。有证据表明，具有特定的个性特质的人，例如具有较高权威、做事武断和缺乏自尊的人将导致冲突；而价值系统的差异，例如对自由、幸福、勤奋、工作、自尊、诚实、服从和平等的看法不同，也是导致冲突的一个重要原因。

第二节　冲突沟通概述

冲突的水平直接影响着组织的绩效，如图 11－2 所示。在冲突管理中，冲突沟通是冲突处理的最基本的手段和工具，它在很大程度上保证了冲突管理的有效性。只有依赖良好的沟通技能，才能够有效地化解管理中的各类冲突。

冲突沟通是指为解决各类冲突，以沟通为手段所进行的一系列行为和过程。

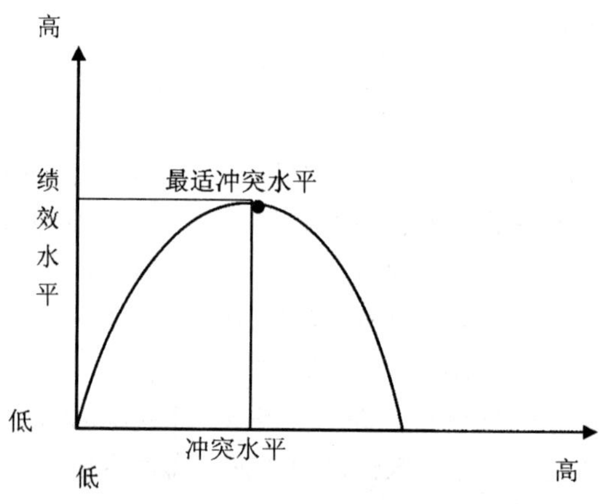

图 11－2　冲突水平与绩效的关系

冲突沟通的基本步骤如下。

步骤一：澄清并界定问题。即了解双方冲突的焦点是什么，先进行对焦，了解了双方对问题的看法，才知道该如何处理。

步骤二：找出彼此的需求或愿望。知道问题的症结后，还要能够了解彼此的需求或愿望，才能找到令双方满意的解决方法。

步骤三：评估各种可能的解决方法。冲突的双方可以讨论有哪些可能的解决方法，并讨论其可行性与彼此的接受度。

步骤四：达成共识。将所有解决方法列出之后讨论各个方法的优缺点，找到一个双方都同意的方法后，再加以施行。

步骤五：回顾与重新磋商。施行之后的结果有可能不如预期，此时双方便需要依这几个步骤重新磋商。

第三节　冲突的沟通策略

一、个人内心冲突的沟通策略

要化解个人内心的冲突，首先要弄清自己的价值取向。如果你无法确定自己的价值取向，你将永远无法化解个人内心的冲突。确定了自己的目标，再想办法排除限制你达到这个目标的障碍，这是解决个人内心冲突的关键。

情景故事

不过一碗饭

有一天，两个不如意的年轻人一起去拜望师父："师父，我们在办公室被欺负，太痛苦了，求您开示，我们是不是该辞掉工作？"两个人一起问。

师父闭着眼睛，隔半天，吐出五个字："不过一碗饭。"然后挥挥手，示意年轻人退下。两个年轻人回到公司，一个人递了辞呈，回家种田，另一个却没动。

日子真快，转眼十年过去了。回家种田的，以现代方法经营，加上品种改良，居然成了农业专家。另一个留在公司里的，也不差，他忍着气、努力学，渐渐受到器重，已经成为经理。

有一天两个人遇到了。"奇怪！师父给我们同样'不过一碗饭'这五个字，我一听就懂了，不过一碗饭嘛！日子有什么难过？何必硬巴着公司？所以辞职。"农业专家问另一个人，"你当时为什么没听师父的话呢？"

"我听了啊！"那经理笑道，"师父说'不过一碗饭'，多受气、多受累，我只要想'不过为了混碗饭吃'，老板说什么是什么，少赌气、少计较，就成了！师父不是这个意思吗？"

两个人又去拜望师父，师父已经很老了，仍然闭着眼睛，隔半天，答了五个字："不过一念间。"然后，挥挥手……

二、人际冲突、群体冲突、组织冲突的沟通策略

1. 整合性谈判沟通策略

整合性谈判是解决人际冲突、群体冲突、组织冲突的重要途径。与分配性谈判相比，整合性谈判更注重于双方的基本利益、共同满意的选择和产生明智协议的公正标准，追求一种双赢的局面，关注双方的长期关系。出现冲突时，以整合性谈判来解决冲突问题的前提是至少要有一个能达到双赢的解决办法，需注意以下几点。

(1) 把人和问题分开。如果谈判双方把注意力集中于实质性冲突而不是情感冲突，那么冲突问题更容易得到处理。在处理具体实质问题之前，人和问题必须相分离并分别处理。聚焦于问题，而不是另一方，这样有助于维持双方的关系。

情景故事

浓雾中的船桥

两艘正在演习的战舰在阴沉的天气中航行数日，一天傍晚，瞭望员在船桥上负责瞭望，浓重的雾气使能见度极差。此时船长也在船桥上指挥一切。

入夜后不久，船桥一侧的瞭望员忽然报告："右舷有灯光。"船长询问光线是正逼近还是远离。瞭望员答："逼近。"这表示对方会撞上战舰，后果不堪设想。

船长命令信号手通知对方:“我们正迎面驶来,建议你转向二十度。”对方答:“建议贵船转向二十度。”

船长下令:“告诉他,我是船长,转向二十度。”对方说:“我是二等水手,贵船最好转向。”

这时船长已勃然大怒,他大叫:“告诉他,这里是战舰,转向二十度。”对方的信号传来:“这里是灯塔。”

结果,战舰改了航道。

(2) 着眼于利益,而不是立场。所谓立场,就是在谈判中所提的要求或者想法,利益则是隐藏在要求背后的动机。要取得立场上的一致,极容易使谈判陷入僵局,而冲突管理的目标是满足双方的利益。立场实质上是一方为获得一定利益的特定的解决方法,而获得某种利益可以有多种可行方法。如果谈判双方一开始就以坚持自己的立场为目的,那么,极容易忽略了满足双方需要的创造性选择方案。

情景故事

埃以和平协定

1978 年在戴维营草签的埃以和平协定表明,就双方的利益而不是各自的立场进行谈判是十分有益的。自 1967 年“六日战役”以来,以色列一直占领着埃及的西奈半岛。1978 年埃以双方坐下来进行和谈时,各自的立场互不相容,以色列坚持要据有西奈的部分地区,埃及则强烈要求以色列归还西奈的每一寸土地。参与谈判的人员一次次地划分界线,把西奈分给埃及和以色列。埃及绝不接受这种妥协,以色列也拒不接受回到 1967 年以前的状态。

考虑双方的利益而不是立场,使谈判有了转机。以色列需要的是安全,他们不想让埃及坦克驻扎在边境,随时有开过来的威胁。埃及的利益则在于主权,西奈半岛自法老时代起就一直是埃及的领土。在被希腊人、罗马人、土耳其人、法国人和英国人统治了几个世纪后,埃及才完全获得国家主权,当然不会轻易向任何外国征服者割让领土。

埃及总统萨达特与以色列总理贝京在戴维营最终达成了一项协议,让埃及拥有西奈半岛的全部主权,同时又保证了以色列的安全。协议把西奈半岛大片区域划为非军事区,埃及的国旗可以在西奈半岛随处飘扬,但埃及坦克不得靠近以色列。

(3) 寻找互相得益的可行方案。当双方处于紧张的冲突阶段时,很难提出双方都能接受的创造性处理方案。但是只要双方共同努力,即使各方的利益互不相干,仍然有使双方互相得益的方案存在。因为对立的立场背后不止有冲突的利益,还有更多的其他利益。谈判的根本问题不在于双方立场上的冲突,而在于双方需求、愿望、想法等方面的冲突。利益是谈判的核心。

情景故事

对立立场背后的共同利益

两个人在藏书楼吵架，一个人要把窗户打开，另一个要把窗户关上。他们俩为了窗户应该开多大争执不休，是露条缝、半开还是打开四分之三？没有一种方案能让两人都满足。

这时藏书楼管理员走了过来，她问其中一个人为什么要开窗户，回答说："为了呼吸新鲜空气。"她又问另一个人为什么要关窗户，那人说怕有穿堂风。管理员想了一下，把隔壁房间的一扇窗户敞开了，这样既有了新鲜空气，又避免了穿堂风。

(4) 坚持使用客观标准。在有些谈判中，不可能出现"双赢"的局面。这时，如果双方仍然以自己的意愿为基础来解决冲突，只能导致无休止的争论。费希尔认为，解决问题的办法在于以独立于双方意志以外的东西为基础，即以客观标准为基础。人们通常引用的客观标准有市场价格、惯例、道德标准、科学判断、职业标准、习惯、效率和互惠等。

2. 基于相互作用分析的冲突沟通策略

相互作用分析理论20世纪50年代产生于美国，其创始人是埃里克·伯恩内和托马斯·A.哈里斯。该理论认为，沟通过程中人们在心理上有三种状态，即自我的三种状态、人际沟通的三种类型、有效沟通的三种基本能力。

伯恩内把人的性格(自我状态)分成三种，即父母自我状态(Parent)、成人自我状态(Adult)、儿童自我状态(Child)。个体的不同自我状态会呈现出不同的行为特征。父母自我状态是由父母或父母型人物的行为内化来的，是个人装在脑子里的早年获得的印象深刻的外部经验，包括"必须"和"应该"，父母自我状态的特征是"教诲"的、"权威"的。成人自我状态的特征是"理智的"、"逻辑的"，它注意事实资料的搜集，能够站在客观的立场上冷静地分析，而不受"父母自我状态"和"儿童自我状态"的干扰。儿童自我状态的特征是"情绪的"、"冲动的"、"自发的"，常常凭感觉。如在足球场上，当喜爱的球队获胜时，人们会不顾及周围的环境冲动地大叫大跳，就是儿童自我状态的表现。这种状态表现为服从和任人摆布，一会儿逗人爱，一会儿又大发脾气令人厌恶。这三种状态存在于所有的人身上，与年龄无关，与角色无关，而是不同的心理状态。个体的自我状态及相应行为特征如表11－4所示。

表11－4　个体的自我状态及相应行为特征

个体的自我状态	行为特征
父母自我状态	比较保守，喜欢控制、照顾别人，对人严厉，经常犯教条主义错误 讲起话来总是"你应该"、"你必须"
成人自我状态	比较理智，精于算计，较少出现非理性的行为 讲起话来总是"我个人的想法是"
儿童自我状态	期望得到他人的肯定并立即得到奖赏，类似孩子经验发展过程中的情绪问题 讲起话来总是"我猜想"、"我不知道"

相互作用分析主张，交往是双方的，任何一方在某一“自我心理状态”下的行为方式，都有与之交往对方某一“自我心理状态”下的行为方式与之相对应。根据交往双方心理状态的对应方式可分为两大类沟通模式。

(1) 互应性沟通模式。该模式的沟通过程如图 11－3 所示。该模式是平行式互应性沟通模式，又称 A－A 型，即一方以成人对成人的状态与另一方沟通，另一方也以成人对成人的状态回应对方。沟通过程相对理性、礼貌和有逻辑性，双方的对话都是 A 对 A 模式，模式匹配，双方的心情都不错，则沟通可以顺利进入下一轮。图的右边是对称式互应性沟通模式，又称 C－P、P－C 型，即一方以儿童对父母的状态与另一方沟通，另一方则以父母对儿童的状态回应对方。例如在下属和主管之间的沟通中，下属以 C 模式和主管沟通，而主管也对应以 P 模式，即下属是一种需要关怀的口气，而主管对应以关怀和教诲的方式，这种沟通模式体现的是一种长幼关系，也是一种能使沟通进入下一轮的模式。

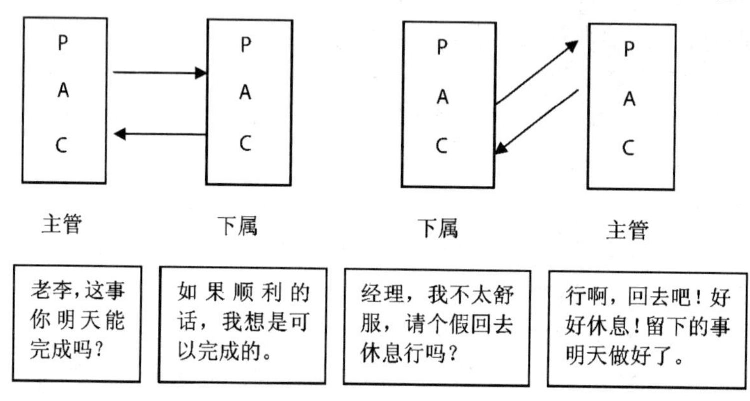

图 11－3　互应性沟通模式

互应性沟通模式是一种平行沟通模式，适用于上下级关系或者长幼辈关系的沟通过程，有利于沟通的顺利进行。

(2) 交叉性沟通模式。交叉性沟通有两种形式，如图 11－4 所示。第一种是 P－C、P－C 型，即沟通的双方一方以父母对儿童的状态与对方沟通，另一方也以父母对儿童的状态与对方沟通；第二种是 A－A、C－P 型，即沟通的双方一方以成人对成人的状态与对方沟通，而另一方则以儿童对父母的状态回应对方。

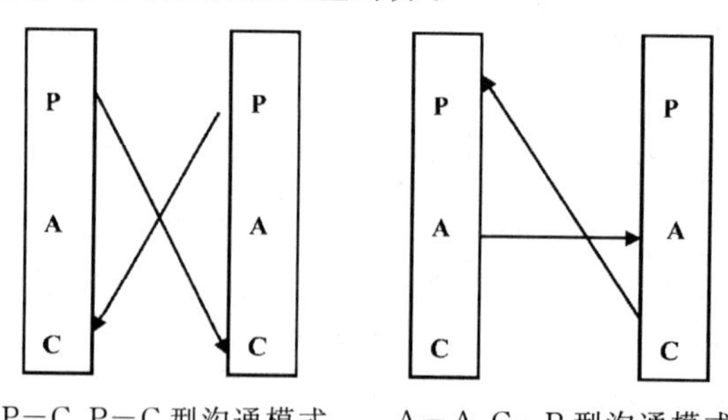

图 11－4　交叉性沟通模式

交叉式交流沟通是一种不良的沟通方式。例如下属以 A－A 模式和上司沟通，询问主管这个月是否有他的奖金，如果主管以 A－A 模式的语言应答：“我到财务部看过了，这个月有你的奖金，没问题，好好干。”那么就是互应性沟通模式。但是如果主管以 P－C 模式直接训了回来：“这个月任务都没完成，还谈什么奖金。”此时，沟通就会中断，下属要么和主管争吵起来，要么就会在私下里嘀咕，心里既不痛快也不服气，这种矛盾主要源于双方沟通模式不匹配。要克服这类冲突，就需要在日常的工作生活中有意识地修正自己的语言模式，通过沟通不断调整自己的语言风格。

3. 中介者化解冲突的沟通策略

情景故事

圣奥古斯丁的建议

一千五百年之前，有一位神父圣奥古斯丁说：如果有两个朋友要求你评断他们的纠纷，不要接受这种要求，因为你将因此失去一个朋友；如果两个陌生人对你做同样的要求，则接受他们的要求，因为你将因此赢得一个朋友。

作为中介者化解冲突，首先，分析自己是否适合当中介者(包含调停者与仲裁者两种身份，前者的意见没有约束力，后者则有)。假如充当中介者是自己的职务所系，那么你将责无旁贷。但如果有选择余地，你不妨考虑要不要接受担任中介者的角色。一旦决定扮演中介者角色，那么你就必须选择合适的中介策略。最差的策略是压制，这非但不能解决问题，反而可能制造进一步冲突；暂时回避只能冷却问题，但终究不能解决问题；偏袒任何一边，都是在制造问题；安抚只能求得问题之一时解决，而不可能永久解决。任何冲突，要是能够以整合收场，其结果最好；要是能够以妥协收场，其结果次好；妥协不成，至少也要以仲裁收场。

以调停化解冲突要注意下面的步骤。(1) 将冲突双方约到隐蔽的地方见面，述说中介者所观察到的冲突行为，以及表明高度的关注。(2) 轮流让每一方在不受对方干扰之下，述说己方对冲突的看法与感受。中介者应积极地聆听双方之话语。(3) 令每一方均确切了解对方之观点与感受。(4) 中介者指出双方意见、观点、动机、目标等相同的地方，并强调双方之相互依赖关系。(5) 令双方提出化解冲突之意见。(6) 令双方对化解冲突之步骤或条件达成协议，并决定追踪方式。(7) 中介者应对冲突事件进行追踪。这种次序在进行之后若仍无法化解冲突，可以隔一段时间再重复进行。

总而言之，不管是冲突当事人还是中介者，要根据当事人的利害考虑，并执行双赢或多赢的策略。但在化解冲突的过程中，有好的策略、正确的理念，还需要有良好的沟通协调技能。如果没有良好的沟通与协调，冲突的化解将遥遥无期。

第四节 谈 判

当在商业环境中提到谈判时，人们总是想到对手、对峙、剑拔弩张，谈判双方以谈判桌为战场，进行智慧的交锋、技巧的过招。双方均巧舌如簧言辞犀利，虚实结合真假莫辨，辗转腾挪无所不用其极。

一、传统的谈判：对抗到妥协

1. 谈判的含义

谈判有广义与狭义之分。广义的谈判是指除正式场合下的谈判外，一切协商、交涉、商量、磋商等，都可以看做谈判。狭义的谈判仅仅是指正式场合下的谈判，是各方在拥有共同利益和冲突利益的情况下，为化解冲突、解决问题或做出某种安排而进行沟通的过程，目的是使各方达成一项协议。

2. 谈判的分类

谈判的类型如表 11－5 所示。

表 11－5 谈判分类表

分类标准	类型	特点
按照性质	① 一般性谈判 ② 专门性谈判 ③ 外交性谈判	① 随意的、非正式的，双方无须做过多的准备 ② 具有明显的经济行为，是有准备的正式谈判 ③ 程序严谨、准备充分、效果明显、影响较大，对双方的制约性强
按照主题	① 单一型谈判 ② 统筹型谈判	① 只有一个谈判主题，必须确定某个能共同调节的“变量值”。由于双方事先会内定自己所能接受的“临界值”，尽量争取好的结果，因此冲突性较高 ② 具有多个谈判主题，为了得到某项利益，通过统筹考虑而甘愿放弃另一项利益去换取它。因此双方的冲突性随之降低
按照层次	① 销售谈判 ② 原有合同的重新谈判 ③ 索（理）赔谈判	① 谈判的主要内容包括总价、质量要求、特殊服务、包装、运输、结算方式、交货时间或发货时间 ② 长期合同中，一般都有一些允许买主和卖主在合同截止期前重新谈判的条款或条件。初始合同应当设定重新谈判之前必须具备的条件，这样，可以避免使购销双方陷入“为重新谈判”而谈判的困境 ③ 卖方交货时无法履行合同义务（品质不符、数量短缺、包装不符、延期交货），或者买方擅自变更条件、拒收货物和延期付款等而给对方造成损失时，都可能引起索赔（或理赔）

续　表

按照 接触形式	① 直接谈判 ② 间接谈判	① 在商务谈判活动中，参加谈判的双方当事人之间不需要加入任何中介组织或中介人直接进行的谈判形式，包括面对面的口头谈判和利用信函、电话、电传等通讯工具进行的书面谈判形式。这种谈判形式及时、快速，易于保守商业秘密，节约谈判费用 ② 谈判的双方或一方当事人不直接出面参与商务谈判活动，通过熟悉当地情况的中介人（委托人、代理人）进行的谈判。这种谈判形式不直接发生利益冲突，便于找到合理的解决问题的办法，也不易损失被代理人的利益，适用于冲突性较大的谈判或出现僵局时
按照议题 的商谈顺序	① 横向谈判 ② 纵向谈判	① 在确定谈判所涉及的所有议题后，开始逐个讨论预先确定的议题，在某一议题上出现矛盾或分歧时，就把这一问题暂时搁下，接着讨论其他问题，如此周而复始地讨论下去，直到所有内容都谈妥为止。这种谈判形式议程灵活，有利于寻找解决问题的变通办法，有利于谈判人员创造力和想象力的发挥，便于谈判策略和技巧的使用，不容易形成谈判僵局 ② 在确定谈判的主要议题后，逐一讨论每一问题和条款，讨论一个问题，解决一个问题，直至所有问题得到解决。其特点在于集中解决一个议题，即只有在第一个讨论的问题解决后，才开始全面讨论第二个议题。这种谈判形式程序明确，每个问题讨论透彻，避免多头牵制、议而不决的弊病，但不利于双方沟通交流，问题之间不能相互通融，易陷入僵局

二、现代的谈判：合作到双赢

1. 组织内部的谈判

组织内部的谈判无所不在，我们更熟悉的说法是解决团队冲突、消除同事误会等在组织的日常管理中遇到的沟通问题。这类问题因为涉及一些重大的问题（如加薪、不被裁员），可能面临较大的分歧（个人升职、公司决定涉足某个市场），沟通过程会面临较大的情绪波动（要求员工不再迟到、指责下属延误进程）而变得棘手。科里·帕特森等将此类谈判定义为“关键对话”。他们针对500个高效组织进行了研究，结果表明，最佳的绩效与旨在改善绩效管理的形式、程序和政策之间根本没有任何关系，其中有一半的组织几乎没有正式的绩效管理规范。帕特森等认为这些组织成功的原因是组织内部的人们处理关键对话的方式，这也是关键领域的成功与关键对话之间的关系。在关键领域取得显著改善的公司与其他公司在行动上（如培训、标语、演讲等）并没有什么区别，不同之处在于如何对待员工甚至是管理者出现的错误。在关键领域有显著改善的公司在有问题出现时，不会等待政策来干预，或管理者来负责，会有员工立刻站出来，说出问题，并最终改善状况。同样重要的是，如果做错事的是一位领导，员工也会自觉地把问题说出来。问题解决了，公司自然就会进步。关键对话如果处理不及时且不得当，会影响员工士气、工作效率以及对外形象。

组织内部的谈判总是以沟通中司空见惯的形式出现，而谈判却总是让人联想到“对手”这个词。其实，组织的管理者可以把谈判对方设想成潜在的合作伙伴，双方合作把问题解决得皆大欢喜，而不是不欢而散。下面是常见的发生于组织内部的关键谈话：与某位防范心很强的同事谈话（或者提出建设性的建议），批评某位同事的工作，对老板的行为提出建议，要老板信守对安全或质量的承诺，与一个没有信守承诺的团队成员谈话，与一位封锁信息或资源的同事谈话，进行检讨性质的绩效面谈，与同事谈论有关个人卫生的问题。

很多时候，组织内部的交流在一开始只是简单的对话，但是随着意见的不同、对方情绪激动等，谈话会变得越来越困难，即对话由最初的工作日程沟通变成了关键对话，貌似双方必须有一方妥协时，掌握处理关键对话的技巧就变得尤为重要。作为组织的管理者，应意识到有可能随时处于关键谈话的状态，对于那些关键性议题的处理要尤为谨慎，否则会削弱管理者的影响力，进而影响组织的发展。帕特森等发现，在业绩好的企业，当某位员工没有实现预期目标时，他的同事会自愿并且非常有效地与他讨论这个问题；而在糟糕的企业，绩效差的员工通常会被忽略或者被调职。在好的公司里，老板会去处理问题；而在最棒的公司，每个人都觉得该对其他人负责，而不论级别和职位的高低。取得好的业绩并不需要一个静止的系统，而是要通过所有级别成员面对面的交流。关键谈话经常被用来解决组织内部的棘手问题。按照沟通内容，关键谈话可分为以下形式，如表 11－6 所示。

表 11－6　关键谈话的形式

<table>
<tr><th rowspan="2">沟通内容</th><th rowspan="2">举例描述</th><th colspan="2">关键谈话的形式</th></tr>
<tr><th>同一个部门</th><th>部门之间</th></tr>
<tr><td>组织效率</td><td>① 员工未做分内事
② 员工未实现承诺
③ 组织内部效率低</td><td rowspan="4">① 上级对下属
② 换位思考：无法达成一致时，先指出对方想法合乎情理的一面，再对自己的观点进行解释。但是须拒绝提供理由，如非提供不可，只提供一个
③ 发生冲突的时候，用陈述感觉的办法来拒绝下属的要求，或者强调自己无法做到
④ 选择好的时机与地点</td><td rowspan="4">① 强调部门之间的关系与合作，以及公司利益
② 尽量选择面对面沟通
③ 用 must 和 want 比较对方需求之后，提出理由支持己方立场
④ 通过增加资源、利益重合、结盟等方式减少对方让步成本
⑤ 寻求上级帮助
⑥ 给予对方好处，实现利益交换
⑦ 平息冲突（治标）
⑧ 解决冲突（治本）</td></tr>
<tr><td>质量/安全</td><td>① 出现质量问题
② 违反操作规程
③ 进行不安全操作</td></tr>
<tr><td>人事变动</td><td>① 负面绩效评估
② 调离岗位
③ 辞退
④ 加薪</td></tr>
<tr><td>人际关系</td><td>① 冒犯
② 骚扰
③ 威胁
④ 侮辱</td></tr>
</table>

情景故事

凯文的发言

凯文是某公司的副总裁。在一次会议中，他和同事以及老板要一起决定他们新的办公地点，究竟是在本城另找一个地方，还是在本州另找一个地方，或者搬到其他州。其中有两个人提出了他们的选择，其余人对此提出了各种各样尖锐的问题，对他们所有模糊的声明和没有证据支持的论断进行了质疑。

接下来，公司的CEO克里斯提出了他的选择，这是个既不受人欢迎，又存在潜在危险的建议。但是当人们试图对此表示不同看法，让他收回建议时，克里斯的表现非常糟糕。因为他是大老板，他完全没有必要威胁人们接受他的建议，但是恰恰相反，他开始自我防卫起来。他扬起眉毛，伸出手指，最后抬高了声音——尽管只是提高了一点点，人们就不再质疑他了。克里斯这个不佳的提议被默认了。

这时，凯文开始说话了。他的话非常简单，大概是说："嘿，克里斯，我能向你确认几个问题吗？"在接下来的几分钟里，他指出克里斯违背了自己制定的关于如何进行决策的指导原则，他在利用他的权力把新的办公地点移到他的家乡。屋里的每个人都屏气凝神，但是凯文好像根本没有意识到同事们的紧张。

凯文继续解释他所看到的状况，当他结束这次微妙的谈话时，克里斯沉默了一会儿，然后他点了点头，说道："你确实是对的，我试图把我的观点强加给你们。让我们回到起点，重新开始讨论吧。"

在这次关键对话中，凯文并没有玩弄任何花招，也没有像他的同事一样沉默，更没有试图将他的观点强加给别人。结果，公司选择了一个更好的办公地点，凯文的老板也很欣赏他的直率。

当在组织的沟通中有可能发生冲突时，有技巧的沟通者会设法把所有相关的信息(包括自己或对方的)开诚布公，自由交流相关信息，分享感受。这有赖于关键对话的推动者在沟通时做到以下几点：尽最大的努力使对某个问题的所有观点都能够公开地表达出来，包括那些不同的、相悖的意见；避免采用控制(把观点强加于人或者控制谈话)、贴标签(给某人或者观点归入某个模式或类别，从而完全不再考虑)和攻击(蔑视和威胁，让别人不好过)等行为；建立舒适安全的沟通氛围，使关键对话的接收方意识到此次沟通的双方是有着共同的目标、利益和价值的；尊重谈话目标，保持良好的沟通过程，即使是对不值得尊重的人；慎重使用道歉，适当使用"我希望"、"我不希望"等句式。

帕特森认为组织内部的沟通技巧有：承诺寻找共同目标，这些目标最好是以言语表述的；确认策略背后的目的，创造共同目的，在双方的目标无法一致的情况下，管理者需要找到一个比双方现有的目标更有意义或报酬更高的目标，超越短期的妥协，建立起共同目标；通过头脑风暴寻找新的策略。这样做的优点很多。组织的员工会接触到更多准确的、相关的信息，并且可以公开且自由地分享看法，他们可以做出更好的选择，获得更高品质的决策成果，也能够极大地提高团队的能力；组织的员工会尽力去执行自己曾经参与过的决策或者解决方案，这是因为在共享信息的前提下，员工参与了信息的自由交流，愿意为他们所做出的任何决定而努力；组织的员工会因关键对话意识到管理者与自己一样，都是朝着共同的目标努力的，有助于组织目标的实现；组织的员工会因受到尊重而鼓舞士气，明确指出管理者希望（不希望）什么则会消除不必要的误会；组织的成员在沟通时可以有效地避免可能发生的冲突，或者退出冲突的内容，通过使用该方法来寻找或创造共同目标，直到找到一种可以满足所有人要求的解决办法。

2. 组织外部的谈判

你和供应商因所供商品发生了争执。按照你的公司的观点，从对方的月报表看，供货条件有明显错误，你应该怎么办？公司办事处的租赁合同已经到期，准备续租，估计房主会要求将租金提高20%，负责此事的你该怎么办？公司为某地承建了一处公共工程，合同中有延迟交工的罚款条款。因分包商有一重要机械部件未能如期交货，以致将影响工程的按期交工。负责此工程的你又该怎么办？

组织在经营活动中会与外部的各种利益相关者打交道，上述情形只是组织外部商务谈判的冰山一角。在时效性很强的情况下，派出合适的谈判人员，按照事先预期完成与组织外部利益相关者的谈判，对组织的管理者而言，其沟通是一个复杂而微妙的动态管理过程。

（1）谈判前的管理沟通。首先需要了解谈判者的谈判行为特征，这既包括己方的，也包括对方的，所谓“知己知彼”。盖温·肯尼迪将谈判者行为分为以下四种。

驴：对何为可能懵然无知。其特点是：不动脑筋，轻率反应，明知不对顽固坚持，或是死抱着不切实际的所谓“原则”不放。以无知做主导，谈判时必然干蠢事。

羊：对任何东西都能接受，听人摆布做抉择，行事无主见，任人左右，缺乏为自身利益而斗争的意识，往往事事屈从，唯恐得罪对方，甚至对方不高兴他也怕。

狐：能洞察谈判的发展，不择手段地攫取想要的东西，诱使旁人钻入圈套，只要能达目的就无所不用其极，最善于抓住“羊”的弱点肆行压榨，对“驴”就更加不客气。

枭：在谈判中具有长远眼光，重在建立真诚的关系，以求取得想要得到的东西。面对威胁与机遇都能处变不惊，从容应对，以自己的言行赢得对方的尊敬（这种人不会去欺凌羊、狐和驴）。但谈判者应警惕谨防冒充为枭的狐。

不同的文化体系在思维方式、权利差距、个人主义与集体主义的选择等方面存在差异，其谈判风格也就体现出单方面的不同。比如，中美文化不同，其谈判风格自然不同。中方注重“先原则，后细节”的策略，而美方重视细节胜过重视整体。中方在对谈判议题做出决策时，通常要进行集体协商；而美方谈判代表通常有足够的权力，在授权范围内可以直接对谈判议题做出决策。在谈判目标上，中方重视长期友好的商业关系的建立，而美方则更注重合同的签订。具体的表现如表11－7所示。

表 11－7　中美商务谈判风格影响因素表

谈判因素	中国	美国
谈判目标	集体主义：重视关系的建立；合同只是关系的起点	个人主义：重视签订合同，认为合同是双方角色、权利和义务的有效约束；建立关系是签订合同的一种手段
个人风格	正式：注重礼仪，初次见面尤为重视；重视头衔、地位，使用敬语	非正式：除重要场合、初次见面及高规格会议外，都较为随意
沟通方式	间接，复杂	直接，简单
时间敏感	低：喜欢寒暄以建立友好气氛，回复相关邮件较随意	高：开门见山，喜欢把会议控制在事先规定好的时间内；一天之内回复相关邮件
感情主义	克制：讲求喜怒不形于色	不掩饰：会直接在谈判桌上表达不满
表达同意的形式	泛泛：用隐晦、泛泛的口头形式来表达关系的建立和对对方的信任；如果有意料之外的问题出现，会着眼于合作关系而不是合同本身来解决问题	具体：用清晰、具体的书面合同来预期所有可能出现的问题，问题的解决会依据合同文本

其次，要明确此次谈判的目的，即以何为核心。组织对外的商务谈判涉及的因素很多，代表组织的谈判者的需求和利益也表现在众多方面，要以组织的商业利益为谈判的根本目的，价值是商务谈判的核心内容，其他利益因素上也须争取应得的利益。比较常见的情形有以下几种：商务方面，包括价格、交货、保险，国际商务谈判涉及面更广，包括商品的品质、规格、数量、包装、价格、装运、保险、支付、商检、异议索赔、仲裁、不可抗力等各项交易条件；技术合作方面，除销售合同内容外，还包括设备、工程、技术、培训、工艺、知识产权、诀窍、管理方法、双方所占资本份额等核心内容。

最后，要组建合适的谈判团队。谈判人员必须具有良好的专业基础知识，能迅速有效地解决随后可能出现的问题；必须遵循知识、性格、能力具有互补性，分工明确性等具体细则；谈判人员的搭配必须与公司人力资源、谈判的目标、谈判的规模、谈判的内容相适应，尽量避免多余的人员设置，力求成本最小化；谈判团队的规模控制为 4－6 人，但依具体情况而定，随着谈判各个阶段内容的变化，谈判队伍中的人员可根据需要及时变更。参与人员可以运用谈判小组的战略战术，可以进行分工，一个人讨价还价，另一个人可针对不同情况采取不同的对策；一个人身体出现不支，可由另一个人继续洽谈，这在国外谈判中尤为重要；遇到困难，可以一起商量，这在国外谈判且通讯设施很差的情况下更能体现出它的好处。

第一，人员构成。商务方面，包括价格、交货、保险等；技术方面，包括产品的规格、生产程序、生产工艺等；法律方面，包括合同文件、合同中各项条款的法律解释等；金融方面，包括货款的支付方式、信用保证、资金担保等；谈判技术方面，具有一定的谈判经验，能融洽地处理同事之间的关系以及与谈判对手的关系；谈判管理者，可以是上述方面的人员，也可是专司领导；其他方面，包括翻译人员、记录人员等。

第二，领导者的选择。谈判小组的领导人必须有指挥的能力，小组领导人的工作方式必须与本企业的工作方式相一致，小组的负责人应尽可能全面掌握谈判所涉及的各方面的知识。谈判小组领导人的职责包括：挑选谈判小组的成员；制订一个周密的谈判计划；总管谈判进程并对谈判中的具体问题做出决策；做好谈判的汇报工作；负责振奋大家的精神，使大家在任何情况下都能以高昂的士气参加谈判。

(2) 谈判中的管理沟通。在谈判中，尤其是在远离国门的国际商务谈判中，地理间距和面对的压力会使谈判团队内部不可避免地产生冲突，主要原因有以下几种。来自组织不同部门的成员，彼此容易发生利益冲突，即内讧；各成员的谈判风格存在差异，彼此之间缺乏磨合；前期准备不充分或对谈判现场的控制能力不够而导致的谈判桌上可能出现重大失言，如与对方盲目较劲，泄露重要信息，或者急于向对方做出承诺，却没有要求对方也做出相应让步等；不遵守既定的谈判策略，甚至蓄意破坏谈判纪律。

应当采取的措施包括以下几种。

第一，确立谈判领导者的核心地位。高效的谈判团队离不开优秀的团队领导。一个优秀的谈判团队领导，不仅能够营造相互信任的良好工作气氛，建立共同的谈判目标，培养团队成员的责任感和信心，而且直接参与谈判任务的计划与决策，促进谈判团队中各种技能的组合，用人所长，让谈判团队成员在充满兴奋、富于挑战的环境中充分协作。

第二，统一谈判团队的利益，协调利益冲突。谈判团队的参与成员来自企业内部的各个部门，每位成员的关注重点与立场也就是其所在部门的关注重点与立场，谈判团队的管理者应积极主动地让相关部门知晓所有事实，使他们认识到共同的职责和职权，看到大局而做出更多让步。这就要求管理者在挑选团队成员时，应选择那些擅长跨部门沟通的人。团队领导如果无法挑选成员，就得亲自与各部门沟通，或者设立协助谈判团队的正式机制，指派公司协调人(通常是首席高管)加入团队，他们拥有正式权力，可以要求所有相关部门统一行动。

第三，制订内部沟通计划。为了避免在谈判桌上出现重大意外，谈判团队可以就关键问题召开核心会议，以加强沟通，这些方式包括公开沟通、私下沟通，既包括低科技方式，又包括高科技方式，如私信、视频等。同时用数据说服成员，团队成员接触到的数据不一样，这往往是利益冲突的根源所在。但是，向成员提供更多数据，并不像听上去那样易于操作。团队成员可能不信任来自其他部门的数据，怀疑其中会掺杂偏见和私心。管理者可以在谈判团队内部成立专项任务小组，共同分析各部门提供的信息；或者从外部聘请咨询顾问来收集和分析数据。

第四，根据团队成员的长处与兴趣安排角色。团队领导应赋予每一位成员特定角色，帮助他们适应团队策略。例如，某个团队为了保护长期关照客户的成员，会帮他“挡箭”，让其他成员来跟客户砍价。有特殊专长的成员，在团队需要其提供专业意见时，当然应准备发言，但是他们应该事先想好该说多少话，什么时候说，什么时候不说。团队领导不应事必躬亲，而是要充分利用整个团队。

(3) 谈判后的管理沟通。每一次谈判结束后，管理者需要对谈判行为及过程进行正确的思考、总结、评估，评估的时候管理者要问以下几个问题：是否使团队成员都发挥了最大功效？是否使谈判成本最低？是否最大程度地实现了目标？是否使风险最小化？除商业风险之外，还需考虑货币风险、交易风险、政治风险等。

组织管理者应将谈判管理作为日常管理的一部分，实施常态化管理。组织的管理者应该意识到，好的谈判也是一种生产力。这就需要管理者从下面几个方面做好日常的管理与沟通，这样就可以做到在筹备谈判团队时，需要的成员“召之即来，来之能战”，如表11－8所示。

表11－8 日常管理沟通要点

方面	管理重点	管理方式
管理理念	谈判成员的日常培养	挖掘人才，重点开发和培训
管理内容	谈判成员的力量放大	激发成员活力，主动性、创造性强 培养团队的归属感、向心力和凝聚力
管理形式	谈判团队的整体开发	将谈判目标和成员个人目标相结合，做好规划，树立良好的团队心态，增强谈判团队的大局意识、协作观念和服务精神
管理方式	谈判团队的人性化管理	在对成员准确的角色定位的基础上，考虑成员的情感、自尊与价值，体现管理者的人文关怀
管理手段	谈判决策的数据分析	利用定量的分析方法对谈判中的行为进行风险性预测，及时准确地提供决策依据
管理层次	谈判团队的内部职位	确定谈判领导者的核心地位 协调谈判团队中其他成员各司其职

小 结

1. 冲突泛指各式各类的争议，例如对抗、不搭调、不协调，甚至抗争。

2. 冲突是直接以对方为攻击目标的一种互动行为，冲突双方必须有直接的交锋，冲突各方所追求的目标既可能相同又可能不同，冲突在形式上比竞争激烈得多。

3. 冲突观念的演变分为三个阶段，即传统的观点、人际关系观点和相互作用观点阶段。

4. 根据冲突对象涉及的范围，冲突分为五种基本类型，即个体内部冲突、人际冲突、群体冲突、组织内部冲突和组织外部冲突。

5. 对冲突的形成原因的分析有几种观点，常见的有法约尔的“四基因冲突说”、杜布林的冲突系统分析模型、达夫特和诺伊的冲突来源的个体差异分析以及罗宾斯的冲突来源三因素说。

6. 冲突沟通是指为解决各类冲突，以沟通为手段所进行的一系列行为和过程。

7. 冲突沟通的基本步骤如下：澄清并界定问题—找出彼此的需求或愿望—评估各种可能的解决方法—达成共识—回顾与重新磋商。

8. 整合性谈判是解决人际冲突、群体冲突、组织冲突问题的重要途径。

9. 互应性沟通模式是一种平行沟通模式，适应于上下级关系或者长幼辈关系的沟通过程,有利于沟通的顺利进行。

10. 要克服交叉式交流冲突,需要在日常的工作生活中有意识地修正自己的语言模式,通过沟通不断调整自己的语言风格。

复习思考题

(1) 解释冲突的含义。

(2) 冲突的基本类型有哪些?

(3) 解释冲突的成因。

(4) 什么是冲突沟通? 它包括哪些基本步骤?

(5) 冲突沟通的策略有哪些?

案例分析一

淘宝商城新规风波

淘宝商城 2011 年 10 月 10 日发布规定称:每年技术服务费从 0.6 万元升至 3 万和 6 万两档,年营业额 60 万以上,且动态评分超过 4.6,才够返还部分该项费用;增设保证金,从最低 1 万到最高 15 万,分为 1 万、5 万、10 万、15 万四档;"传统滋补品/其他保健营养品"和"品牌保健品"的技术服务费率将由 2%上调至 3%。此外,淘宝商城对假货、水货采取"零容忍"。商家一旦出售假货、水货,将被立即封店,并且扣除全部违约责任保证金,同时消费者将获得"假一赔五"的赔偿。

因对淘宝商城提高收费的新规定不满,部分商户组织对一部分淘宝卖家进行持续两天的攻击行为,希望迫使淘宝改变规定。对此,淘宝方面报警处理,马云则在其微博表示:"鼓起勇气做选择,可能会一意孤行。"

1. 小卖家指淘宝过河拆桥

自 2011 年 10 月 11 日晚间开始,淘宝商城一些大卖家开始接到很多订单,这些订单的共同特点是大多会咨询人工客服、要求开具发票、要求货到付款,或在付款后马上给差评再要求无理由退款。据一个服装大卖家"韩都衣舍"的负责人透露,其店铺遭到一两千人同时攻击。

截至 10 月 12 日凌晨,为了防止上述攻击,韩都衣舍、七格格、优衣库等淘宝商城服装类大卖家已对店内大部分货品进行下架处理。

这次攻击源于淘宝商城于 10 月 10 日推出的"2012 年度新招商办法和规则调整公告",该公告大幅提升了进驻商家的技术服务费和保证金。以前每年最低 0.6 万元的技术服务费提高至 3 万元或 6 万元,在年销售额达到 36 万至 120 万时(数额因销售品类不同),这部分费用将予以返还。此外,商家进驻淘宝商城将根据所经营或者代理的品牌缴纳违约保证金。商家一旦有达到一定程度的违约行为,将扣除至少 1 万元的保证金,用以对消费者进行先行赔付。

10 月 11 日，有小卖家在 YY 语音频道中表示："淘宝商城刚创立时靠大量小卖家抬高了人气和销售额，现在又要提高资金门槛把我们排挤出去，这种过河拆桥行为无法容忍。"

2. 小卖家聚集人数猛增

在部分小卖家建立的 YY 语音频道中，聚集人数从 10 月 11 日晚的 7000 人猛增到 10 月 12 日下午高峰时的两万多人。10 月 14 日开始有小的商城自发组织反淘宝联盟，5 万多小卖家"围攻"淘宝大商户。YY 语音频道和一些 QQ 群不定时发出指令，让大家去某个大卖家购物或集中点击淘宝 C2C 大商家的"淘宝直通车"服务，以迫使后者无法正常经营，引发淘宝重视并修改招商条款。

记者在几个小卖家群中看到，因淘宝对买家资格无限定，部分小卖家注册了大量淘宝临时账号免费发放，以供集中下单、攻击使用。

淘宝商城总裁张勇对记者表示，这种攻击"站不住脚，没有道义"，淘宝商城定位 B2C（商家对顾客），本身即需要一定的资金实力和消费额做保障。淘宝商城不会因攻击行为"容忍和妥协"。

阿里巴巴董事局主席马云在其微博中谈及"淘宝大卖家遭围攻"时称："一生中总有那么一些时刻，我们需要鼓起勇气去做选择。而这些选择不仅不符常理，违背理性，甚至离经叛道得罪亲友。即便如此，我们可能还会一意孤行！"

3. 受攻击商家必须得到保护和补偿

淘宝商城总裁张勇接受记者采访时表示，对于受到无辜攻击的商家，他们的利益必须得到保护和补偿，但补偿方案目前"没办法详细说"。

记者：对于部分被集中攻击的商家，淘宝商城有什么保护、补偿措施？

张勇：对于现在受到无辜攻击的商家，我们的态度很明确，他们的利益必须得到保护和补偿。现在事件在发展当中，补偿方案没有办法详细说，但只要是正当商家，我们都会尽一切可能保护这些商家利益。

记者：新规中大幅度提高资金门槛，是否与卖家进行过沟通？

张勇：整个规则的升级，我们在 6 月份淘宝网一拆三（即沿袭原 C2C 电子商务业务的淘宝网、平台型 B2C 电子商务服务商淘宝商城和一站式购物搜索引擎一淘网）时就开始讨论了。在此期间，我们跟一些卖家就整个方案做过沟通。即使现在，我们也愿意跟商家进行沟通，但是最关键的是有些商家到底要解决问题还是要扰乱市场。再怎么样的沟通，我想都不能容忍一件事，就是你不能因为自己有情绪，去伤害跟你毫不相干的其他人的利益。

记者：无论是淘宝商城还是淘宝 C2C，都是靠中小卖家起步的，现在商城把进驻费用一下提这么高，是否有抛弃小卖家的嫌疑？马云曾经说淘宝是创业者的乐园，现在还是吗？

张勇：很多人可能对淘宝商城和淘宝网（C2C）这两个品牌的定位发生了一些混淆。淘宝网从来都是创业者的乐园，永远都是中小卖家从无到有的乐园。而淘宝商城在阿里巴巴集团的定位上，从开始就是一个 B2C 平台，商城必须是一个真正的企业化经营的场所。

记者:强化商城的企业化经营特性,必须靠提高收费来完成吗?

张勇:我们的年费是可以返还的,这是很多片面强调"淘宝商城提高收费"的人所忽视的。我们制定的基本条件是说,整个服务能力达到动态评分的基本标准4.6分后,就达到了年费可以返还的基本条件,所以服务能力的达标是基本条件,同时有一个最基本的经营规模条件。举个例子,服装商家的年度交易额达到120万,整个年费可以全部返还。120万是什么概念?就是一天3000多元,对于一个企业化经营的商家来讲,一天销售额3000元是一个最基本的标准。所以从这个角度来讲,我们没有提高标准,而是制定了最低标准,这是一个准入门槛。

4. 账本:明年起商家每年至少缴6万

据悉,淘宝商城店需要给淘宝缴纳的费用分三个部分,分别是技术服务年费、技术服务费和保证金。技术服务年费每年缴纳,基本含义是商家使用淘宝商城的网站、程序、后台所需缴纳的使用费,相当于商场中的年度租金。这是此次调整中主要提高的部分,调整前最低为0.6万元,调整后的2012年收费标准,依据品类不同调整为3万元至6万元。技术服务费按照费率计算,实际上是销售佣金,或者说是提成。在商品成交后,商城从销售额中提取一部分作为佣金,这部分的费率从0.5%到5%不等。保证金通常为服务保障押金,如果商家出现服务问题,淘宝商城会从保证金中扣除费用做消费者赔付。这部分保证金依照店铺旗舰店或专营店等规模的不同,上调至5万元至15万元。

以淘宝商城2012年新规为例,一个淘宝商城女装销售商家需要缴纳6万元技术服务年费,最少5万元的保证金;年度结束后,若该店铺营业额达到120万元,则6万元年费退还,但需按照5%的费率缴纳技术服务费,最低为6万元。因此,一个店家最终将给淘宝缴纳6万元服务费,冻结在支付宝中至少5万元。

据淘宝商城人士透露,在新规调整前,淘宝商城共有50000家以上的商家。

5. "战争史"

2006年5月10日,淘宝推出名为"招财进宝"的竞价排名服务,尝试根据销售情况向卖家收费,这激起部分卖家抵制,并发动"六一罢市"。上线不久的腾讯拍拍网亦紧跟着推出"蚂蚁搬家"活动,打出将免费进行到底的旗号。淘宝网就此进行投票,有61%的投票者反对"招财进宝"计划。6月12日,淘宝宣布取消该计划。

2010年7月8日,淘宝更改商品搜索排序规则,集中打击刷信用等行为。受搜索新规影响的店家组织部分人员,于8月下旬、9月初多次赴杭州淘宝总部示威。马云态度强硬,发出邮件称:"对那些不愿意拥抱变化,喜欢活在昨天的人,喜欢卖假货,喜欢做不诚信的人,我想说'你们就恨我吧'!"此次冲突以淘宝坚持调整搜索规则结束。

2011年10月10日,淘宝商城推出2012年度新招商办法和规则调整公告。10月11日晚间开始,淘宝商城一些大卖家开始遭恶意攻击。部分小卖家建立的YY语音频道中,聚集人数到10月12日下午增至两万多人。

思考与分析

(1) 本案例中,冲突各方都是谁?他们之间存在什么样的关系?

(2) 冲突产生的根源是什么?

(3) 当事人可能遇到的沟通障碍有哪些?

(4) 站在淘宝商城的立场上如何管理冲突?

案例分析二

年终奖带来的冲突

L公司会议室里,中高层管理成员齐聚一堂,正为年终奖金的分配争论不休。L公司是国内知名的手机生产厂商,在2002年国内手机厂商业绩飙红时,上至公司高管,下至生产线的普通员工,均分得了数目不低的奖金。而在过去的2003年,国产手机市场在国外品牌的打压下,萎缩非常严重,这给管理层带来一个非常严重的问题:盈利额与去年相比不可同日而语,而今年的绩效标准却是在去年的基础上往上调整的,这样一来,奖金肯定是非常低,这对按绩效付酬的薪酬制度而言无疑是一大挑战,尤其是一些核心员工及中层管理人员,他们的薪酬收入中绩效奖金占了非常重要的一部分。此外,如何兑现对一些新员工的入职承诺?

"我反对补贴年终奖的计划。"市场总监黄然翔态度非常果断,"今年我们公司的利润本来已经非常薄了,其中一个重要原因就是我们忽视了对市场的投入,以为在去年品牌铺垫的基础上,无需做更多的投入仍然可以取得同样的业绩。必须修正这一思路,为明年的市场推广做更好的预备。"

"你们所谈到的困难与资金需求,我都理解。"人力资源总监于薇满脸愁容,"问题在于,假如我们严格按去年底制订的绩效薪酬计划实施,按目前财务部开列的预算,我们给员工支付的年终奖金,只是年初我们承诺一些核心员工的六分之一。一方面,这些员工会认为公司欺骗了他们,从而增加他们对公司的不信任;另一方面,对一些核心员工而言,这一收入水平意味着严重低于同行的薪酬水平,在竞争如此激烈、跳槽如此频繁的手机行业,我们无法挽留住员工呀!假如增加900万的预算,我们可以将年终奖的水平维持在去年的三分之一,至少公司可以对员工做个交代,员工也能理解公司的做法。"于薇把求助的目光投向总裁刘明。

看得出,刘明的内心也非常矛盾,他没有正视于薇的目光,而是转向财务总监:"春节前后,挤出900万元的预算是否非常困难?"

财务总监满脸难色:"这要看销售回款,不过从第四季度的回款情况来看,非常困难。"

"越是困难的时候,越需要重视人力资本!"于薇半威胁半认真地提醒总裁,"没有兑现公司对员工的年终奖的承诺,给员工留下缺乏诚信的印象,如此低的薪酬收入,人力资源部更无法保证一些核心员工的去留。还谈何吸引呢?"

主管营销的副总裁张时反对说:"整个行业都是萧条的,这个问题我认为并不需要考虑!即使那些员工离开公司,就能保证在其他地方获得更高的收入?今年这种情况,我敢担保没有几家手机厂商能发得出高额的年终奖!"

整个会谈议而不决,于薇起身离开会议室,走向停车场,不经意地瞄了一眼,看到了公司研发部经理贺刚的车刚好停在边上，就笑着问贺刚："不会是有什么好事要告诉我吧？"

素来说话玩笑多于实话的贺刚却一脸严厉："于总，我想辞职！"

于薇的心"咯噔"一沉，老练的她没在脸上表现出来，而是表情轻松地问道："为什么？"

"我觉得，公司太没诚信了。"贺刚非常直接地说，"去年底，公司挖我过来做这个经理的时候，许诺我的年收入至少可以达到20万，现在呢？我连14万都拿不到，这个差距实在太大了。还不如我的前一个东家呢，至少15万稳稳到手呀。"

"你就为了这个钱而想离职？"于薇盯着贺刚说。在她看来，这个小伙子技术出众，对新技术尤为敏感，堪称手机研发的良材。由于与她私交颇佳，所以她与他说起话来也没那么多的遮遮掩掩，更为直接。

"这只是一个因素，重要的是一种感觉，公司尊重我们这些员工的感觉！"贺刚解释说，"我们也知道，今年整个行业都不是非常景气，公司不能兑现年终奖的承诺，我们在一定程度上也是理解的。但你看看吧，现在大家都知道，公司正预备向国外大采购，扩大生产线，在市场上要作大投入，为何却没有考虑过我们这些员工的感受呢？究竟，公司去年底预备大扩张的时候，挖来了很多人才，对这些员工作出了年薪的承诺，现在这个年薪承诺却无法兑现，你让我们如何不寒心？"

末了，贺刚补充说："这不是我一个人这么想的。我们议论了一个下午，不少人当场就说要离职，有同事直接骂公司太没诚信，都有一种受骗的感觉。而且，我听设计部经理说，他们那边也很有意见。"

对手机生产厂商来说，研发与设计是两个最为重要的部门，一听此话，于薇无法掩饰自己的紧张，语气开始变得焦虑："这一点钱，你们真看得如此重要？你们也要理解公司的困境，不在市场和生产上做投入与储备，如何保证今年的销售呢？你们看问题也有点简单化了，当初对你们的年薪承诺，按当时公司的销售收入，肯定是没有问题的。招聘你们的时候，是按当时的营收情况、薪酬制度做出的承诺，但市场的变化是谁都无法保证的呀！"于薇接着说，"再说，你在公司的一年，也进步不少呀。从原来的研发主管跳槽过来后直接提升为经理，你一年时间也锻炼不少，为何不能看远一点，而只盯着眼前的这么点现实利益呢？"于薇知道，只要留住贺刚这个研发部经理就好办了，这小伙子人缘颇佳，在研发人员中话语权和影响都很大。

"没错，我们无法控制市场的变化，但这与公司对我们的薪酬承诺没有关系呀。"贺刚说，"去年底，我们都和公司签订了绩效合同，我们在过去的一年时间里，兢兢业业，我们完成了我们的绩效计划目标，我们的工作是有目共睹的。"于薇点了点头，表示认同。

"但是，公司的市场盈亏凭什么要我们如此高额的收入风险参与承担呢？"贺刚说，"从目前公司的情况来看，并不是没钱，而是不愿意在员工身上投入！为了保证今年的营收，公司需要在市场与生产上作大投入，照公司的逻辑，即使今年盈利额很大，那也同样可以用需要扩张的理由，不兑现年终奖的承诺，普通员工和谁理论去？"

于薇一时语塞，她脑子里飞速地思忖着对策。

"假如离开公司，你预备怎么办？"于薇忽然转换了话题。

贺刚一愣："我还没想好呢，不过我肯定会另投其他手机厂商。"

"你也知道，今年整个手机行业都极其萧条，并不是只有L公司没能兑现年终奖的承诺。这段时间我也做过一些调查，国内手机厂商没有一家兑现承诺。说明出现了行业发展的困境，你怎么看这个问题?”于薇说。

看到贺刚接不过话来，于薇趁机接着说：“你还这么年轻，现在公司如此信任你，放手让你管这么大的一个研发部，正是你学习、成长和展现才能的好平台、好机会，你何必为了这点钱而如此冲动呢？再说你也知道，公司本来就是不得已而为之呀!”

在于薇的苦口婆心劝说之下，贺刚终于同意了于薇的建议，选择职业发展为重，继续留在公司!

在停车场与贺刚道别之后，于薇松了口气，驱车往家赶，看了一下手机，已晚上10点了，她叹了口气，刚欲把手机放下，一阵美妙的音乐声起，手机响了。于薇瞄了一眼，是设计部经理的电话，她的心一沉：不再年轻且家庭负担颇重的设计部经理，该用什么办法来说服、挽留他呢？于薇忽然觉得异常的疲惫。

思考与分析

(1) 年终奖冲突的原因何在?

(2) 如果没有兑现当初的年终奖承诺，于薇应采取什么冲突管理策略来尽力挽留设计部经理及其他准备辞职的员工?

自测题

你是谈判高手吗?

(1) 你认为商务谈判

A. 是一种意志的较量，谈判双方一定有输有赢

B. 是一种立场的坚持，谁坚持到底，谁就获利多

C. 是一种妥协的过程，双方各让一步一定会海阔天空

D. 双方的关系重于利益，只要双方关系友好必然带来理想的谈判结果

E. 是双方妥协和利益得到实现的过程，以客观标准达成协议可得到双赢结果

(2) 在签订合同前，对方谈判代表说合作条件很苛刻，按此条件自己无权做主，还要通过上司批准，此时你应该

A. 说对方谈判代表没有权做主就应该早声明，以免浪费这么多时间

B. 询问对方上司批准合同的可能性，在最后决策者拍板前要留有让步余地

C. 提出要见决策者，重新安排谈判

D. 与对方谈判代表先签订合作意向书，取得初步的谈判成果

E. 进一步给出让步，以达到对方谈判代表有权做主的条件

(3) 为得到更多的让步，或是为了掌握更多的信息，对方提出一些假设性的需求或问题，目的在于摸清底牌，此时你应该

A. 按照对方假设性的需求和问题诚实回答

B. 对于各种假设性的需求和问题不予理会

C. 指出对方的需求和问题不真实

D. 了解对方的真实需求和问题,有针对性地给予同样假设性答复

E. 窥视对方真正的需求和兴趣,不要给予清晰的答案,并可将计就计促成交易

(4) 谈判对方提出几家竞争对手的情况,向你施压,说你的价格太高,要求你给出更多的让步,你应该

A. 更多地了解竞争状况,坚持原有的合作条件,不要轻易做出让步

B. 强调自己的价格是最合理的

C. 为了争取合作,以对方提出竞争对手最优惠的价格条件成交

D. 既然竞争对手的价格如此优惠,你为什么不与他们合作

E. 提出竞争事实,说对方提出的竞争对手情况不真实

(5) 当对方提出如果这次谈判你能给予优惠条件,保证下次给你更大的生意时,你应该

A. 按对方的合作要求给予适当的优惠条件

B. 为了双方的长期合作,得到未来更大的生意,按照对方要求的优惠条件成交

C. 了解买主的人格,不要以"未来的承诺"来牺牲"现在的利益",可以其人之道还治其人之身

D. 要求对方将下次生意的具体情况进行说明,以确定是否给予对方优惠条件

E. 坚持原有的合作条件,对对方所提出的下次合作不予理会

(6) 谈判对方有诚意购买你整体方案的产品(服务)但苦于财力不足,不能完整成交,此时你应该

A. 要对方购买部分产品(服务),成交多少算多少

B. 指出如果不能购买整体方案,就以后再谈

C. 要求对方借钱购买整体方案

D. 如果有可能,协助贷款,或改变整体方案,改变方案时要注意相应条件的调整

E. 先把整体方案的产品(服务)卖给对方,对方有多少钱先给多少钱,所欠之钱以后再说

(7) 对方在达成协议前,将许多附加条件依次提出,要求得到你更大的让步,你应该

A. 强调你已经做出的让步,强调"双赢",尽快促成交易

B. 对对方提出的附加条件不予考虑,坚持原有的合作条件

C. 针锋相对,对对方提出的附加条件提出相应的附加条件

D. 不与这种"得寸进尺"的谈判对手合作

E. 运用推销证明的方法,将已有的合作伙伴情况介绍给对方

(8) 在谈判过程中,对方总是改变自己的方案、观点、条件,使谈判无休止地拖下去,你应该

A. 以其人之道还治其人之身,用同样的方法与对方周旋

B. 设法弄清楚对方的期限要求,提出己方的最后期限

C. 节省自己的时间和精力,不与这种对象合作

D. 采用休会策略，等对方真正有需求时再和对方谈判

E. 采用"价格陷阱"策略，说明如果现在不成交，以后将会涨价

(9) 在谈判中双方因某一个问题陷入僵局，有可能是过分坚持立场之故，此时你应该

A. 跳出僵局，用让步的方法满足对方的条件

B. 放弃立场，强调双方的共同利益

C. 坚持立场，要想获得更多的利益就得坚持原有谈判条件不变

D. 采用先休会的方法，会后转换思考角度，并提出多种选择策略以消除僵局

E. 采用更换谈判人员的方法，重新开始谈判

(10) 除非满足对方的条件，否则对方将转向其他的合作伙伴，并与你断绝一切生意往来，此时你应该

A. 从立场中脱离出来，强调共同的利益，要求平等机会，不要迫于威胁而做出不情愿的让步

B. 以牙还牙，不合作拉倒，去寻找新的合作伙伴

C. 给出供选择的多种方案以达到合作的目的

D. 摆事实，讲道理，同时也给出合作的目的

E. 通过有影响力的第三者进行调停，赢得合理的条件

计分说明：

(1) A，2 分；B，3 分；C，7 分；D，6 分；E，10 分。

(2) A，2 分；B，10 分；C，7 分；D，6 分；E，5 分。

(3) A，4 分；B，3 分；C，6 分；D，7 分；E，10 分。

(4) A，10 分；B，6 分；C，5 分；D，2 分；E，8 分。

(5) A，4 分；B，2 分；C，10 分；D，6 分；E，5 分。

(6) A，6 分；B，2 分；C，6 分；D，10 分；E，3 分。

(7) A，10 分；B，4 分；C，8 分；D，2 分；E，7 分。

(8) A，4 分；B，10 分；C，3 分；D，6 分；E，7 分。

(9) A，4 分；B，6 分；C，2 分；D，10 分；E，7 分。

(10) A，10 分；B，2 分；C，6 分；D，6 分；E，7 分。

评价方法：95 分以上，谈判专家；90—95 分，谈判高手；80—90 分，有一定的谈判能力；70—80 分，具有一定的谈判潜质；70 分以下，谈判能力不合格，需要继续努力。

第十二章 跨文化沟通

【学习目的与要求】

理解什么是文化及文化的层次；分析跨文化沟通的瓶颈是什么；了解文化差异的原因和表现；掌握跨文化沟通的基本技能，学会用文化观念分析沟通问题。

【教学重点与难点】

教学重点是：文化的含义、层次；文化差异的原因和表现。教学难点是：跨文化沟通的基本技能。

引导案例

在罗马的等待

情景Ⅰ：你的新任务是拓展公司在南欧的销售量。你决定在罗马开始你的营销之旅，在那里会遇见你们最大的意大利客户雷兹·比安奇博士。他在电子邮件中说，下午7点30分，他将在宾馆的休息厅里会见你，吃晚餐之前，会在他喜欢的餐饮店喝点饮料。但是直到7点50分，比安奇先生才出现。他微笑着走向你，握手后开始和你亲切地聊天，没有任何解释或者道歉。

情景Ⅱ：你在公司的责任是在南欧开展采购业务。你开始在罗马的旅行，参观卖主的设施，并在那里会见最大的意大利供应商保罗·沃迪先生。他在电子邮件中告知，下午7点30分，他将在宾馆的休息厅里会见你，吃晚餐之前，会在他喜欢的餐饮店喝点饮料。但是直到7点50分，保罗·沃迪先生才出现，他在和你进入宾馆酒吧时，简短地解释了迟到的原因，然后聊起了就餐计划。

思考与分析

(1) 为什么情景Ⅱ中的保罗·沃迪先生为迟到向你道歉，而情景Ⅰ中的雷兹·比安奇先生迟到了却没有向你道歉？

(2) 沟通情景Ⅰ和情景Ⅱ有哪些不同之处？

(3)此类沟通过程中最大的障碍或挑战是什么？

第一节　文化及文化差异

跨文化沟通(Cross－Cultural Communication),通常是指不同文化背景的人之间发生的沟通行为。跨文化沟通可能发生在国际间,也可能发生在不同的文化群体之间。

跨文化沟通的概念,来源于经济的全球化。国际间的交流首先是文化的交流。所有的国际政治外交、企业国际化经营、民间文化交流与融合,都需要面对文化的普遍性与多样性,研究不同对象的文化特征,从而获得交流的效果。因为文化差异的存在,新进入的人群在适应中往往会遭遇文化冲击(Cultural Shock)。即便同在中国,不同省份,方言可能不同;南方与北方也有气候差异、饮食差异,交流中会遇到个性差异,也会出现“水土不服”的问题,这些其实都是跨文化沟通中的适应问题。

一、文化的概念及其特征

1. 文化的概念

来自不同文化领域的不同学者对“文化”赋予了不同的定义,数量之多令人眼花缭乱。有统计称,自 1871 年至 1951 年间的 80 年里,关于文化的定义就有 164 条之多。其中,人类学的鼻祖泰勒是现代第一个界定文化的学者,他认为:“文化或者文明就是由作为社会成员的人所获得的,包括知识、信念、艺术、道德法则、法律、风俗以及其他能力和习惯的复杂整体。”从广义上看,文化是指人类在社会历史发展过程中所创造的物质财富和精神财富的总和,狭义上的文化仅指意识形态所创造的精神财富,包括宗教、信仰、风俗习惯、道德情操、学术思想、文学艺术、科学技术和各种制度等。

对文化的结构解剖,有两分说,即分为物质文化和精神文化;有三层次说,即分为物质、制度、精神三个层次;有四层次说,即分为物质、制度、风俗习惯、思想与价值四个层次;有六大子系统说,即物质、社会关系、精神、艺术、语言符号、风俗习惯系统。

2. 文化的特征

(1) 文化的内隐性和外显性。文化由人们的内隐和外显的行为组成,这当然包括人们的交际行为;人们的行为具有规则性,正是由于行为规则的存在,文化和交际才能被认识和研究。

(2) 文化是后天才有的。文化不是与生俱来的,而是通过符号被人们习得和传授的知识。

(3) 文化是群体行为规则的集合。文化可以在也可以不在个人行为中反复出现,但可以被理想化地推定可能出现在某一社会或群体的所有成员的行为之中。

(4) 文化的宽外延性。文化与社会是潜在现实中两种类型和两个层面上的概念,这意味着社会组织、社会结构、社会关系、社会地位等都属于文化范畴。

(5) 文化的可编辑性。文化和历史所衍生及选择的传统观念,尤其世界价值观念等文化的核心成分,尽管不属于行为范畴,但也会像电脑一样为人们编制行为和思维程序,规定交际行为的内容和方式以及编码过程,因此,世界观、价值观等常被称为"文化实体"、"民族性格"或"规则之规则"。

(6) 文化是动态多变的。对交际来讲,文化不是静止不变的。

(7) 文化具有选择性。人类可供选择的行为规则是无限的,然而,每一特定文化所选择的规则是有限的。

(8) 文化的本质是群体或民族中心主义。这一集体无意识的不可避免的产物是群体或民族中心主义,从群体或民族中心主义的概念本身,我们可以看出它与交际的关系。

(9) 文化构成要素的关联性。文化所涉及的方方面面是相互关联、相互作用的,文化是个非常复杂的系统。

二、文化差异

文化差异是跨文化沟通的最大障碍。不同的文化在相遇时,能否互相尊重、有效沟通和理解,是跨文化沟通成败的关键。文化差异的理论很多,最具有代表性的有爱德华·T. 霍尔(Edward·T. Hall)的高低语境文化理论、吉尔特·霍夫斯塔德(Geert Hofstede)的文化维度理论。

1. 霍尔的高低语境文化理论

语境是社会语言学的概念,指使用语言的情景场合。语言会由于使用环境不同而产生不同的语境意义。语境包括语言语境、情景语境和文化语境。语言语境指所使用语言系统内语音、词汇、语法等因素及其相互关系,情景语境指语篇产生时的周围情况、事件性质、参与人关系、时间地点、方式、上下文及前言后语,文化语境指语篇所涉及特定社会的文化、经济、宗教和政治背景。在跨文化沟通中,文化语境较前两类语境更为重要。

美国文化人类学家霍尔认为,人类交际(包括语言交际)都受到语境的影响,从交际与感知的角度提出了一种研究文化异同的有效方式,即将语境分为高语境(High Context)与低语境(Low Context)。霍尔认为:"高语境(HC)传播的讯息中绝大部分信息或存在于物质语境中或内化在个人身上,而极少数处在清晰、被传递的编码讯息中。低语境(LC)传播正好相反,即将大量的信息置于清晰的编码中。"由此我们可以看出,高语境文化中语义的承载主要不是语言性的,而是非语言和语境性的。传达信息时并不完全依赖语言本身,因为人们对语言的局限性有充分的认识。语义主要从存储的非语言及语境中衍生出来,信息不是包含于语言传输中。然而在低语境文化中,语言的作用较为突出,因为信息主要是通过语言传递的,语言在人们的交际中始终处于中心地位。高语境中的信息解码更多地依赖交际者双方共享的文化规约和交际时的情景,而低语境中的信息解码则主要在言语中,交际信息对语境的依赖性较小。

2. 吉尔特·霍夫斯塔德的文化维度理论

霍夫斯塔德认为文化差异表现在五个维度上,即个人主义和集体主义(individualism & collectivism)、权力差距(power distance)、不确定性规避(uncertainty avoidance)、男性主义和女性主义(sexism & feminism)、长期取向与短期取向(long-tern orientation &

short orientation)。

(1) 个人主义和集体主义。文化的个人主义和集体主义层面反映的是不同的社会对集体主义的不同态度。在集体主义盛行的国家，每个人必须考虑他人利益，组织成员对组织具有精神上的义务和忠诚；而在推崇个人主义的社会，每个人只顾及自身的利益，他们可以自由选择自己的行动。一般来说，在集体主义倾向的公司中，管理者在决策时常鼓励员工积极参与决策，决策达成时间较长，但执行和贯彻决策迅速，因为几乎每个员工都参与了决策过程，明白决策的目的和内容；而个人主义倾向强烈的公司管理者，常常自己独立决策，决策迅速但执行贯彻需时较长，因为他们不得不用更多的时间向员工“推销”自己的决策目的和内容等。

(2) 权力差距。权力差距在组织管理中常常与集权程度、领导和决策联系在一起。在一个高权力差距的组织中，下属常常趋于依赖其领导人，在这种情况下，管理者常常采取集权化决策方式，管理者做决策，下属接受并执行；而在低权力差距的组织中，管理者与下属之间只保持一个较低程度的权力差距，下属广泛参与影响他们工作行为的决策。

(3) 不确定性规避。不确定性规避倾向影响一个组织使其活动结构化需要的程度，也就是影响到一个组织对风险的态度。在一个高不确定性规避的组织中，组织趋向建立更多的工作条例、流程或规范以应付不确定性，管理也相对以工作和任务指向为主，管理者决策多为程序化决策；在一个弱不确定性规避的组织中，很少强调控制和工作条例，流程规范化和标准化程度较低。

情景故事

因为我对不同国家的人说了不同的话

有一艘轮船在大海上航行，航行到一半路程时，轮船出了故障，船长要求大家弃船逃生，转移到救生艇上。他到船舱里向游客解释了轮船目前遇到的状况，要求大家马上跳到救生艇上，但是等他解释完毕以后，居然没有一个人愿意这样做。

船长十分生气，懊恼地回到甲板上。大副见到他一个人出来了，就向他了解情况，然后自告奋勇向船长请命去说服这些游客。五分钟以后，这些游客居然都自愿跳到了救生艇上，船长感到十分奇怪，问大副是怎么做到这件事的。大副对船长说：“因为我对不同国家的人说了不同的话。我对英国人说：‘这是一件很有绅士风度的事。’我对德国人说：‘这是命令。’我对法国人说：‘这是一件很浪漫的事。’我对美国人说：‘你是被保了险的。’”

(4) 男性主义和女性主义。文化的价值观中，男性度与女性度两个维度也在不同程度上影响着管理者的决策方式。

(5) 长期取向与短期取向。长期取向的文化关注未来，注重节约、节俭和储备，做任何事情均留有余地。如日本，国家以长远的目光来进行投资，每年的利润并不重要，重要的是逐年进步以达到一个长期的目标。在短期取向的文化里，价值观倾向于过去和现在。人们尊重传统，关注社会责任的履行，但此时此地才是最重要的。在管理上最重要的是此时的利润，上级对下级的考绩周期较短，要求立见功效，急功近利，不容拖延。如美国，公司更关注季度和年度的利润成果，管理者在逐年或逐季对员工进行的绩效评估中关注利润。

第二节　文化差异对沟通的影响

情景故事

从处理“落榜”方式看文化差异

日本的一家公司要招聘10名员工，经过严格的笔试和面试，公司从三百多名应征者中选出了10位佼佼者。放榜这天，一个叫水原的青年看见榜上没有自己的名字，悲痛欲死，回到家中便要切腹自杀，幸好亲人及时抢救，水原没有死成。正当水原悲伤之时，从公司却传来好消息：水原的成绩原是名列前茅的，只是由于电脑的错误导致了水原的落选。正当水原一家人欣喜若狂之时，从公司又传来消息：水原被公司除了名。原因很简单，公司老板说：如此小的挫折都受不了，这样的人在公司是成不了什么大事的。

美国的一家公司要招聘10名员工，经过严格的笔试和面试，公司从三百多名应征者中选出了10位佼佼者。放榜这天，一个叫汤姆的青年看见榜上没有自己的名字，悲痛欲死，回到家中便要举枪自尽，幸好亲人及时抢救，汤姆没有死成。正当汤姆悲伤之时，从公司却传来好消息：汤姆的成绩原是名列前茅的，只是由于电脑的错误导致了汤姆的落选。正当汤姆一家人欣喜若狂之时，美国各大州的著名律师都来到汤姆的家中，他们千方百计地鼓动汤姆到法院告这家公司，声称需支付巨额的精神赔偿，并自告奋勇地充当汤姆的律师。

德国的一家公司要招聘10名员工，经过严格的笔试和面试，公司从三百多名应征者中选出了10位佼佼者。放榜这天，一个叫萧恩的青年看见榜上没有自己的名字，悲痛欲死，回到家中便要跳河自杀，幸好亲人及时抢救，萧恩没有死成。正当萧恩悲伤之时，从公司却传来好消息：萧恩的成绩原是名列前茅的，只是由于电脑的错误导致了萧恩的落选。正当萧恩欣喜若狂之时，萧恩的父母却坚决反对自己的儿子进入这家公司。他们的理由不容置疑：这家公司工作效率如此低劣，进这家公司对儿子的将来毫无益处。

中国内地的一家公司要招聘10名员工，经过严格的笔试和面试，公司从三百多名应征者中选出了10位佼佼者。放榜这天，一个叫向东的青年看见榜上没有自己的名字，悲痛欲死，回到家中便要悬梁自尽，幸好亲人及时抢救，向东没有死成。正当向东悲伤之时，从公司却传来好消息：向东的成绩原是名列前茅的，只是由于电脑的错误导致了向东的落选。正当向东欣喜若狂之时，向东的父母来到公司，一看到公司老板便跪了下来，他们含泪说多亏你救了我儿子，我们家世世代代感谢你的大恩大德！

台湾的一家公司要招聘10名员工，经过严格的笔试和面试，公司从三百多名应征者中选出了10位佼佼者。放榜这天，一个叫俊杰的青年看见榜上没有自己的名字，悲痛欲死，回到家中便要喝药自杀，幸好亲人及时抢救，俊杰没有死成。正当俊杰悲伤之时，从公司却传来好消息：俊杰的成绩原是名列前茅的，只是由于电脑的错误导致了俊杰的落选。正当俊杰欣喜若狂之时，媒体大幅报道此事，并邀请俊杰参加各种CALL IN评论及综艺节目，全岛舆论热烈讨论电脑为何会出错，以及自杀的方式，是否有黑道参与或官商勾结，反对党更进一步提出"阿扁下台、以示负责"的要求……

一、文化差异对语言沟通的影响

文化差异对语言沟通的影响是多方面的，这里主要阐述口头沟通的直接与委婉、插嘴与沉默两个方面。

美国心理学家霍特格雷夫(Holtgraves)曾对说话的直接和婉转做过一系列研究，并编制了测量工具以准确测定一个人的说话风格。下面的题目就是从这份量表中抽取的，尝试做一下，以判断自己说话的直接与婉转程度。

计分标准：强烈不同意1——2——3——4——5强烈同意。　1 2 3 4 5

很多时候我都愿意委婉地表达自己。□□□□□

我说话时常常话里有话。□□□□□

我通常不花时间去分析别人讲的话。□□□□□

别人很多时候都无法确信我话里的真正含义。□□□□□

我说的话常常可以用不同的方法去理解。□□□□□

我对别人话里的含义一般不深究。□□□□□

我讲的话里面总是比表面上呈现的意义要复杂。□□□□□

别人必须花些时间才能琢磨出我话里的真实含义。□□□□□

我通过别人说的话搞清他们的动机。□□□□□

我说的大部分话都明白易懂，没必要寻找深意。□□□□□

我会考虑别人话里的各种意思再决定他们想说的真正含义。□□□□□

要了解他人的真实意思，必须深度分析他们所说的话。□□□□□

我经常透过别人语言的表面去了解他们的真实想法。□□□□□

为理解别人的话，我经常去分析他们为什么说而不是他们说了什么。□□□□□

没有必要透过我说的话的表层意思来理解我的真实意图。□□□□□

在很多我观察或参与的聊天中，我发现最重要的意思常常隐藏在表面之下。□□□□□

我想通过琢磨一个说话者的深层意思使自己成为一个有效的沟通者。□□□□□

我讲话的意思常常一目了然。□□□□□

我常常觉得别人的话里有潜台词。□□□□□

从这些题目可以看出，该量表所测的说话的直接与婉转程度主要包括两个方面：一方面是一个人在多大程度上会主动去寻找别人言辞背后的间接含义；另一方面则是一个人在多大程度上喜欢拐弯抹角地说话。如果你在这两方面得分都很高，那么你的婉转程度就非常之高，别人要听懂你说话的真实含义会相当困难。

语言表达的直接与委婉可能是文化差异对语言沟通影响的最显著表现。例如，在低语境文化中，人们常常被要求直白地表露自己的意思，不要拐弯抹角。低语境文化下的人们更看重人的自我表达、个人观点的陈述还有说服他人的能力。美国应该属于低语境文化国家，加拿大、以色列还有大多数的现代欧洲国家也都属于这样的文化。而在高语境文化的国家中，人们从小就被教育说话要婉转，不能太过直接，例如日本人、韩国人、新西兰的毛利人以及美国的土著人。在这些社会当中，保持社会的和谐、防止与他人发生冲突显得更为重要一些。因此，人们讲话更加婉转，行为也更加谨慎，他们往往通过脸部表情以及声调等微妙的行为信息或语境线索来表达自身的意思。

情景故事

买一张从东京去大阪的机票

大卫：买一张从东京去大阪的机票。

满脸笑容的服务员：嗯，去大阪的飞机票……请稍等。

大卫：多少钱？

服务员：从东京坐火车去大阪挺不错的，沿途可以看风景。是不是要买一张火车票？

大卫：不要。请给我一张飞机票。

服务员：那……其实，坐长途巴士也很好，上面设备齐全，豪华舒适。要不要买一张巴士票？

大卫：不要。请给我一张飞机票。

……

个人主义与集体主义的文化差异也会影响到人们语言表达的直接与委婉程度。例如，生活在个人主义文化下的人发生了矛盾，他们可能会很直接地把矛盾表达出来，并且寻求方法去解决这个矛盾。而生活在集体主义文化下的人则会用更加间接的方法来处理这种矛盾，为了保持社会的和谐以及人际关系的和睦，他们往往选择忍耐。

文化差异对语言沟通的影响还表现在说话的风格上。例如，我们知道许多人在进行公开演讲的时候会紧张，生活在集体主义文化背景下的人更是如此。在集体主义文化中，人们常常被教导要“韬光养晦”，而不要“锋芒毕露”。但个人主义文化则鼓励人们果断坚决地“站出来表现自己”，这往往会使集体主义的人们尴尬或者羞愧。当两个来自不同文化背景的人谈话时，彼此不同的说话风格可能就会导致问题的产生。

情景故事

玛莎与珍妮特的对话

玛莎：谈判进行得怎样？

珍妮特：不是很好，我们位于下风。

玛莎：出什么事了？

珍妮特：哎，我说了我方的起价，Maruoka 先生什么也没说。

玛莎：什么也没说？

珍妮特：他就坐在那里，看上去很严肃的样子。所以，我就把价格放低了。

玛莎：后来呢？

珍妮特：他还是没说话，但是有点惊讶的样子。所以我就把我方的价格降到了底线，再等他的反应。我已经不能再降了。

玛莎：他怎么说？

珍妮特：他沉默了一会儿，就答应了。

玛莎：我们最后还是成交了。你应该开心才是。

珍妮特：我也这样想的。但后来我得知 Maruoka 先生认为我们的起价太优惠了。

很明显，美国人与日本人对"沉默"的理解非常不同。美国人害怕沉默，如果沉默，会认为是对方不满意、不高兴的表现，而不是在深思熟虑。所以当 Maruoka 先生不说话时，玛莎就担心他嫌价格太高而不肯答应成交。因为想做成生意，玛莎就主动降价。美国人对沉默的不可忍受恐怕是世界之最，不管是上课、开会，还是一起出去午餐，他们总是说个不停，所有的时间都用言辞填满。如果偶尔出现大家都不作声的场面，很快就会有人"冲"进来填补这个空白，否则会让大家产生尴尬的感觉。在这里，Maruoka 先生无意间用沉默获得了有利于自己的交易，令人拍案叫绝。

二、文化差异对非语言沟通的影响

非口头语言沟通是指不通过口头语言在沟通中传达信息的过程，这些非口头语言包括语音语调、眼神交流、身体接触、脸部表情和空间距离等方面。语言学家艾伯特·梅瑞宾的研究表明，人与人之间的沟通 93％是通过非语言沟通进行的，只有 7％是通过语言沟通进行的。非语言沟通中，有 55％是通过面部表情、形体姿态和手势等肢体进行的，只有 38％是通过音调的高低进行的。艾伯特·梅瑞宾还提出了一个著名的沟通公式，即沟通的总效果＝7％的语言＋38％的音调＋55％的面部表情。

文化差异对非语言沟通的影响主要表现在不同文化背景下人们语音语调、目光接触、手势、触摸和空间距离上的不同。

1. 语音语调

全世界的人可以简单地分成三大类，即盎格鲁-撒克逊人、拉美人和东方人，他们在说话的语音语调上有鲜明的不同。盎格鲁-撒克逊人说话抑扬顿挫，有起有伏，跌宕有致；拉美人说话语调很高，而且保持亢奋状态，情绪激昂；东方人语调平缓单一，很少起伏，不紧不慢。这种区别通常可以从这些国家的领导人作演讲、报告时看出来。来自东方国家的领导人作报告时一般都表情中性，语调平稳，常常看着稿子读，使人昏昏欲睡；拉美国家的领导人包括意大利人讲话的语调有起有伏，以激起听众的兴趣，有点像演戏；欧美国家的领导人讲话时语调处于两极之间，有时平和有时夸张。

2. 目光接触

眼神交流是沟通中一个非常重要的组成部分。在美国和其他盎格鲁-撒克逊文化中，没有眼神接触的沟通几乎是不可能的事。与对方讲话时，或听对方讲话时，一定要看着对方，否则会被视为对话题没兴趣，或心里有鬼不敢正视，或性格过于羞怯，总之是负面的评价，即使在地位不相等的两个人之间对话时也是如此。但在东方文化中，目光接触并不一定要有。当两个地位不等的人对话时，地位低的那个一般不看对方，因为直视反而会被认为不尊敬。在这一点上，不少在美国生活的中国人有过教训，尤其是在面试时，他们常常不看着对方，或不一直看着对方。访谈者完全想不到这是对他们尊敬的表现，反倒觉得他们是否隐藏了什么，或者没说真话，总之，达不到有效沟通的效果。

3. 空间距离

在对话时，人与人之间应该保持多大距离，不同文化之间也有很大差别。距离最近的要数拉美人了，最远的是日本人，而欧美人处于两者之间。对空间距离的舒适感觉与对话时用的语言也有关系。美国心理学家萨斯曼和罗森非在 1982 年做过一个实验，请 32 名日本籍学生、31 名委内瑞拉籍学生和 39 名美国籍学生，让他们在同性同籍之间进行两场 5 分钟的对话。一场用母语对话，另一场用英语对话。他们发现在用母语对话时，日本人之间的距离最远，委内瑞拉人的距离最近，美国人居中。但在用英语对话时，来自三个国家的学生所保持的距离没有显著差异，都与美国人差不多。

4. 手势、触摸

在交谈过程中，使用手势的多少，是否触摸对方，以及身体面向对方的多少都因文化而异。地中海以南国家的人，如土耳其人或者西班牙人，其彼此之间的触摸程度就远比北欧文化或亚洲文化高得多。很多亚洲人或印第安土著人甚至连家庭成员之间的触摸都很少，更别提陌生人之间了。意大利人在与你交谈时喜欢不停地拍拍你、碰碰你，表示亲热和友好，你不习惯的话，就会觉得紧张。美国人大部分不喜欢触摸，除非是熟人或友人。手势在不同的文化中有时会有不同的含义。阿吉尔曾在《肢体的沟通》一书中对各种文化中用的肢体沟通、手势沟通有详尽的描述。比如，美国人的 OK 手势在法国南部就是“不好”的意思，在日本是“谈论与钱有关的事情”的意思，而在拉美、东欧、俄罗斯则表示性暗示。

三、文化差异对沟通策略选择的影响

文化的不同，不仅会影响沟通风格、沟通语言、非文字信息（包括身体语言、声调、语速、实物和空间等）的选择，还会影响沟通策略的选择。

从沟通者策略看，不同的文化可能影响到沟通者的沟通目标、沟通形式和沟通者的可信度。如在团队观念强的组织中，沟通者往往倾向于咨询性沟通策略；而在个人观念强的组织中，沟通者可能更倾向于指导性的沟通策略。独裁者喜欢指导性策略，而民主观念强的人喜欢以咨询性策略进行沟通。

从受众策略看，文化因素会影响受众策略的选择。根据文化取向中对地位、权威和组织形象的不同期望，主要受众的选择可能有所不同。同样，不同的文化也会决定不同激励方式的有效性。比如有些文化强调物质财富与"关系"，而另一些则注重工作关系、挑战性因素和个人地位；文化中团队关系和团队形象的相对重要性决定了个人关系和可信度的变化。

从信息策略看，文化差异导致不同信息结构的选择。例如，喜好节奏缓慢、仪式性强的谈判方式的文化大多倾向于间接靠入主题的结构，偏向节奏快、高效率否定方式的文化则倾向于开门见山。

从渠道策略看，文化也可以影响沟通渠道的选择。例如，注重个人信义的文化倾向于选择口头沟通和协议，而注重事实和效率的文化则倾向于书面的沟通和协议。

第三节　跨文化沟通管理

一、提高跨文化敏感度

跨文化敏感度是跨文化沟通能力的一个重要方面，是跨文化沟通的前提条件。在跨文化沟通中，文化差异是客观存在的，不同背景的人在文化取向、价值观念、宗教信仰、伦理规范、思维方式和生活方式等方面存在着差异，如果忽视这些文化差异，就极易引发矛盾、误解、摩擦和偏见，导致沟通失败。因此，跨文化敏感度的重要性在国际沟通中已经越来越充分地显现出来。提高文化敏感度，至少要从以下两个方面来努力。

首先，要克服民族中心主义。民族中心主义(ethnocentrism)是一种认为自己民族的文化优于他族文化的信条，广义上说就是轻视其他群体的文化。美国社会学家孙墨楠(William Graham Sumner)给它下的定义是："以其个人所属群体为一切事物的中心为出发点来看待事物，对其他所有群体则按照自己的标准把它们分成等级……每个群体都认为只有自己的社会习俗是恰当的，看到别的群体有不同的社会习俗，就会嘲笑。"总之，它是一种主观主义的态度，偏爱本群体的生活方式，以自己的生活方式为标准，否定或贬低其他民族群体的生活方式和文化成就。其实，每一种文化都具有其独创性和充分的价值，每一种文化都是一个不可重复的独立的体系。一切文化价值都是相对的，各民族文化在价值上是平等的。民族中心主义是一种应该摒弃的思想观念。在跨文化沟通中，我们应摆脱民族中心主义的束缚，不以本民族的价值观念看待和评判其他文化，而是站在另一种文化模式中进行思维，从而淡化或减少长期积淀的民族文化的影响，保证跨文化交流的顺利实现。

其次，承认文化的多元性和平等性。全世界有着数不尽的文化形式，世界各国文化都有其独特的产生和发展过程，在生活、艺术等方方面面中以不同的形式、外延表现出来，因此，每种文化都有其独特的个性特征。同时，世界各国文化是平等的，它们有着不同的文化取向、价值观念、宗教信仰、思维模式、伦理规范，但却没有高低、优劣之分。所以不能唯本民族文化独尊，而将别的文化贬得一文不值，或者对某一文化盲目崇拜。我们要明确别的文化有值得我们学习的长处，同时我们自身的文化也有着必须改进的地方，文化的全球化使我们得以实现文化的大融合，这也是跨文化沟通的最高目的。

二、学习和了解文化

文化也有层次之分，有表层的，有中层的，还有深层的。表层的文化包括语言表达、手势姿态、服饰穿戴、节日庆祝、礼仪习俗等比较表面的部分。一般来说，这些是人们首先观察到的，也是比较容易学到的部分。比如，来到一个英语国家，首先看到的就是这些表层的文化，我们会注意到当地人的语言表达方式和我们不同，手势姿态与我们两样，着装习惯和我们也有种种差异。居留的时间稍长一些，我们还会发现他们的礼仪习俗与我们有很多不同之处。即使我们没去过这些国家，通过观看有关这些国家的影像材料，我们也会注意到这些表层的文化。再深入一步，我们会接触到中层的文化，这就是社会组织和人际关系。比如，他们的家庭模式如何，是核心家庭还是三代同堂为主，家庭成员之间的关系怎样，邻里之间、同事之间、朋友之间、上下级之间的关系都是什么情形等。这些不是短时间内可以观察到的，只有深入到他们的文化中，经过比较长时间的接触才能逐步了解。深层的文化指人们的信念、价值观念、审美观点、宗教信仰等。这些观念和看法都是一个人长期生活在一种文化中逐步获得的，一旦被接受就会深藏于人们的意识之中，成为指导人们行动的准则。一般来说，这些不是我们可以直接观察到的，需要经过长期的努力和细心的体会才能把握，但它们是了解一种文化的一把钥匙。一旦真正了解对方的信念和价值观，我们就可以解释对方的相当一部分行为模式和为人处世的原则。

三、跨越文化鸿沟

为了有效地进行跨文化沟通，避免无谓的价值冲突、无效沟通或沟通误会，正确对待文化差异是一种基本要求。为此，在沟通前，沟通双方至少应当了解对方文化和自己文化存在的各方面差异，并做好相关的心理准备。理论上说，有效的跨文化沟通的目标是实现文化认同。但为了达到这一目标，在实际沟通过程中，沟通各方对彼此文化要有一种宽容的立场、积极的态度。具体来说，主要包括以下两个方面。

文化上求同存异，即暂时搁置不同文化之间存在的差别，积极寻求两种文化的共同点。当然，要做到文化上求同存异，就要坚持沟通双方的文化地位是平等的。要有效避免严重的文化冲突，并减少摩擦的威力和损伤，往往有赖于双方对两种文化在价值观和行为表现上的差异的认识。

沟通中相互适应，即在跨文化沟通中努力适应对方文化。我们应当将每一次跨文化沟通当做一次极好的学习机会，通过学习不断地提升自己的适应性；思维上消除定势，即打破跨文化沟通中的思维定势，尽可能地做到客观公正。思维定势往往并不是沟通者主观上的故意，在沟通中很容易被我们忽视，因此在调整的过程中，有必要提醒自己：他人对你的反应或想法未必都是针对你个人的，反之亦然。也就是说，这些反应和想法通常是双方文化价值观不一致的结果，而不是人与人个性上的摩擦。

四、为反文化冲击做好准备

文化冲击（Culture Shock）主要是由两种不同文化之间的差异引起的。文化冲击可以发生在任何时候，任何新环境。当你到达一个地方觉得很陌生、很困惑，不知道自己的角色是什么，应定位在哪里，应怎么表现才恰当，觉得很不舒服、很不自在时，就是"shock"。很多时候，文化冲击会引起身体上的一些症状：极度的思乡；竭力地躲开那些自己不适应的公众场合；身体不适，睡眠不安或者心理上的焦虑、沮丧；精神压抑，感觉无助；压力大，无法全神贯注于工作或学习；失去原有的幽默感；感觉沉闷而疲倦；对客居文化抱有敌对情绪。

几乎每一个进入异地环境下的人都经历过文化冲击，只是有时当事人并不清楚自己正在经历或曾经经历过。其实文化冲击并不是指突发一次即结束的感觉，而是在一段时间内，密集式的有强有弱的震惊、仓皇和被冲击到的感觉。过去的文化背景和新文化差异愈大，冲击的感觉愈强且愈密集。文化冲击从开始到结束，其实就是一个适应新文化的过程，这一心理过程包括蜜月期、沮丧期、调整期和适应期四个阶段，一般呈"U"型曲线，如图 12－1 所示。接触到新的文化模式的人会由最初蜜月期的兴奋状态，慢慢转为沮丧期的不适应，经过调整直至适应。调整后的你会恢复最佳学习、生活和工作状态，容人容己，融入新生活。

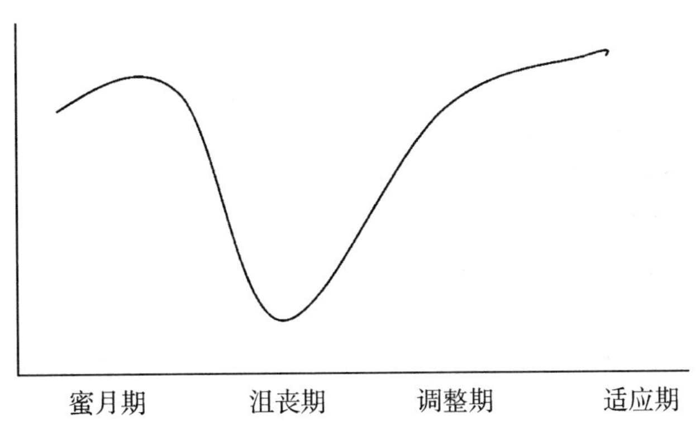

图 12－1　文化冲击的心理过程

正如初到异地会遭遇文化冲击一样，在经历一段异地文化背景下工作或生活经历后返回自己文化环境的那一刻，你同样会感觉不适应。这种不适应就是反向的文化冲击。往往，反向文化冲击比那种自然的文化冲击来得更剧烈，因为人们一般不会想到有这样的事发生，或者根本不相信这样的事会发生，而且越是带着怀旧的心态回到自己曾经熟悉的环境，就越是会感觉到反文化冲击的威力。反向文化冲击建立在文化冲击的基础上，二者的心理变化过程类似，呈现出一种“W”型曲线，如图 12－2 所示。当经历了异文化冲击的人回到曾经熟悉、现在却可能陌生的母文化环境后，会再度经历蜜月期、沮丧期、调整期、适应期。

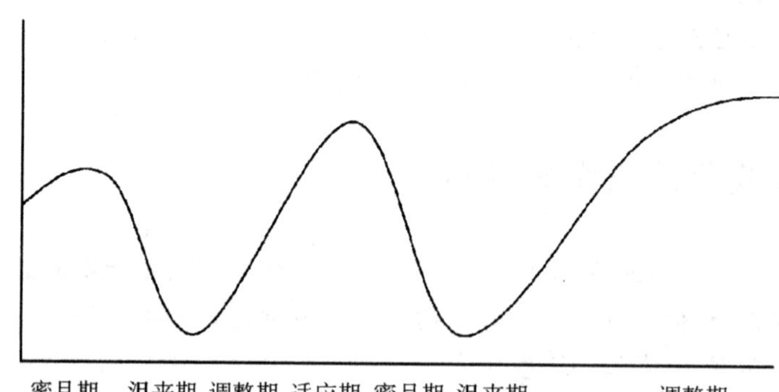

图 12－2　反向文化冲击的心理过程

面对反向文化冲击，首先要从心态入手，事前多了解国内信息，做好充分的心理准备，这是缓和反文化冲击的最佳策略。返回母文化前有必要提醒自己，故乡的生活条件已经改善，国家的大气候也在变，家庭内部的关系也可能有所变动，这一切都非常自然，就正如你在他乡也有了许多长进一样，你的家人或朋友也在成长。从前的朋友也可能早已经成家或迁移到别的地方。其次，积极利用当地的大众媒介等，观察和了解风俗民情，努力尝试改变。结交新朋友，加入校友会，迅速重建社交圈，在关键时刻寻求他人的支持和帮助。当然，我们还可以参考以下恢复职业之技巧。

通过某个知名的跨文化培训组织，进行归国培训。

从你的经理和人力调配代表那里获得有关公司运转的精确情况。

要和以前调整自己去适应国外工作一样来调整现在国内的工作，对于模棱两可的情况事先要有心理准备，对此要能忍耐，保持虚心，要看到分歧的价值，还要不断地提出问题。给自己几个月的时间进行调整。

把在国外学到的特殊工作能力运用到现在的工作中来。

尽量不要以国际组织为背景和标准对国内工作作出评价。

在新的工作环境中建立起自己的信誉度。

把你所受的挫折告诉一位值得信任的同事，最好他是一位在国外工作后又成功回国工作的人。

给自己定目标时要现实一些。在所列的时间表中留出一些额外的备用时间，这样就可以按时完成了。

要腾出时间评估并选择正确的机会。还要预测可能的结果，制订一份备用计划。

把问题分成几步进行处理。

参加技能培训，赶上工作技术的不断进步。

和以前的同事重新建立联系。但你得首先听他们讲，而不要先急于把你的经历告诉他们，因为他们在生活上也经历了重大的改变。把你常驻国家及其文化讲给那些对此感兴趣的同事听。

小　　结

1. 从广义上看，文化是指人类在社会历史发展过程中所创造的物质财富和精神财富的总和；狭义上的文化仅指意识形态所创造的精神财富，包括宗教、信仰、风俗习惯、道德情操、学术思想、文学艺术、科学技术和各种制度等。

2. 文化由人们的内隐和外显的行为组成；文化不是与生俱来的，而是通过符号被人们习得和传授的知识；文化是群体行为规则的集合；文化是动态多变的；文化具有选择性；文化是个非常复杂的系统。

3. 跨文化沟通是指不同文化背景的人之间发生的沟通行为。文化差异是跨文化沟通的最大障碍。

4. 文化差异对沟通的影响是多方面的，文化差异不仅会影响沟通风格、沟通语言、非文字信息（包括身体语言、声调、语速、实物和空间等）的选择，还会影响沟通策略的选择。

5. 提升跨文化沟通技能，首先要提高跨文化敏感度；其次，要学习和了解文化；再次，要跨越文化鸿沟；最后，为反文化冲击做好准备。

复习思考题

(1) 什么是文化？

(2) 解释文化差异的原因及表现。

(3) 阐述文化对沟通的影响。

(4) 如何应对跨文化沟通？

案例分析一

中村丰：一个自己国家里的外国人

1. 在美国的幸福生活

中村丰是一个44岁的日本人，在日本某大公司工作。他的妻子千鹤40岁，毕业于一所日本大学。他们有两个可爱的孩子，哥哥健一14岁，妹妹雪美11岁。在出国之前，他们一家人过着典型的日本中产阶级生活，和谐而美满。

四年前，中村丰被公司派往加利福尼亚。在付出了一番努力之后，他适应了在美国的工作与生活。与东京相比，加州的生活节奏缓慢，工作也相当悠闲。

最初，千鹤很不适应在美国的生活。几个月之后，她才能以基本熟练的英语去杂货店购物，并学会了开车。虽然她学英语要比其他家庭成员吃力，但最终还是达到了能与邻居自由交谈的水平，并开始懂得享受在美国生活的乐趣。与之相反，两个孩子很快就适应了加州的生活，尤其是健一，他喜欢在海边度过的所有快乐时光，也学会了美国孩子喜欢的冲浪运动。两个孩子在学校都十分优秀，仅仅用了一年的时间，他们的英语已完全达到了同龄美国孩子的水平。他们平时在普通的美国学校上课，周末在专门的日语学校学习一天半的日语。

千鹤保持着与日本的通信联系，并在周末帮助孩子们补习数学、自然科学及日文阅读和写作。总的来说，中村一家很喜欢他们现在的新生活：三间卧室，2600 平方英尺的房子，两部汽车，周末的野餐、博物馆参观和露营，晚上全家一起在后院烧烤，以及一年一度的回日本度假。

2. 回国后的种种困境

四年后，他们回到了日本。出人意料的是，他们在自己的国家里却遇到了种种麻烦。首先是两个孩子。他们难以跟上当地孩子的日语水平，他们在加州买的服装受到了同学的嘲笑，他们听不懂日本孩子讲的笑话，他们的数学及其他科学课程的水平也明显低于同龄的孩子。同时，邻居也在抱怨他们不懂礼貌，学校的老师也嫌他们在课堂上提出了太多的问题，并且“不尊重”老师（谈话直来直去，缺少礼貌用语等）。其次是千鹤。与孩子们相比，千鹤遇到了更大的麻烦。她放弃了工作，只能做家庭主妇。由于家里空间小，她不得不进行经常性的小批量购物，而不是像在美国那样每周一次；她原来的朋友也在指责她炫耀美国的经历，并逐渐疏远了她；孩子们在学校和社区遇到的麻烦也使她非常苦恼；她不习惯穿日本家庭主妇的传统围裙，并因此遭到了邻居的嘲笑；更为重要的是，她的婆婆和小姑子经常邀请她去拜访，但她很害怕处理与她们微妙的关系，经常推脱，为此，她常常受到丈夫严厉的批评（“以自我为中心”，而不是以家庭成员为重）。最后是中村。回国后，他不得不把全部精力放在工作上，而且经常加班。他习惯阅读新闻周刊（TIME——THE WEEKLY NEWSMAGAZINE，英语杂志），但同事们指责他炫耀自己的语言能力。他在美国已适应了充分的自主决策的权力，但在日本，许多简单的小事也需要漫长的讨论。他有很强的工作能力，但上司不给他自由发挥的机会，且经常提示他要尊重领导。他感到自己在美国学到的独立工作的能力、判断能力和社交技巧在日本一无所用。

为了工作（主要是为了保持与同事在工作上的同步），中村经常半夜才能回家，他和妻子及孩子都失去了在美国的幸福生活，连和家人共进晚餐都变成了一件极为奢侈的事，更不要说一起度假和野营了。

3. 何去何从

回到自己的国家后，他们一家人都失去了在美国的美好生活，陷入了深深的痛苦之中。孩子们经常吵着要回美国，千鹤也曾委婉地透露过类似的想法。想想在国内的处境，中村也曾有过类似的念头。但问题是，他们永远都不回来了吗？他们到底是哪国人？

思考与分析

(1) 该案例反映的是什么文化现象？

(2) 该文化现象的形成原因及表现是什么？

(3) 该文化现象包括哪几个发展阶段?

(4) 在跨文化沟通中应如何化解此类现象?

案例分析二

秘　书　门

2006 年 4 月 7 日晚,EMC 大中华区总裁陆纯初回办公室取东西,到门口才发现自己没带钥匙。此时他的私人秘书瑞贝卡已经下班。陆纯初试图联系后未果。数小时后,陆纯初还是难抑怒火,于是在凌晨 1 时 13 分通过内部电子邮件系统给瑞贝卡发了一封措辞严厉且语气生硬的"谴责信"。

陆纯初在这封用英文写就的邮件中说:"我曾告诉过你,想东西、做事情不要想当然!结果今天晚上你就把我锁在门外,我要取的东西都还在办公室里,问题在于你自以为是地认为我随身带了钥匙。从现在起,无论是午餐时段还是晚上下班后,你要跟你服务的每一名经理都确认无事后才能离开办公室,明白了吗?"陆纯初在发送这封邮件的时候,同时传给了公司其他几位高管。

面对大中华区总裁的责备,一个小秘书应该怎样应对呢? 一位曾在 GE 和甲骨文服务多年的资深人士告诉记者,正确的做法应该是,同样用英文写一封回信,解释当天的原委并接受总裁的要求,语气注意要委婉有礼。同时给自己的顶头上司和人力资源部的高管另外去信说明,坦承自己的错误并道歉。

但是瑞贝卡的做法大相径庭,并最终为她在网络上赢得了"史上最牛女秘书"的称号。两天后,她在邮件中回复说:"首先,我做这件事是完全正确的,我锁门是从安全角度上考虑的,如果一旦丢了东西,我无法承担这个责任。其次,你有钥匙,你自己忘了带,还要说别人不对。造成这件事的主要原因是你自己,不要把自己的错误转移到别人的身上。第三,你无权干涉和控制我的私人时间,我一天就 8 小时工作时间,请你记住中午和晚上下班的时间都是我的私人时间。第四,从到 EMC 的第一天到现在为止,我工作尽职尽责,也加过很多次的班,我也没有任何怨言,但是如果你们要求我加班是为了工作以外的事情,我无法做到。第五,虽然咱们是上下级的关系,也请你注重一下你说话的语气,这是做人最基本的礼貌问题。第六,我要在这里强调一下,我并没有猜想或者假定什么,因为我没有这个时间也没有这个必要。"

本来,这封咄咄逼人的回信已经够令人吃惊了,但是瑞贝卡选择了更加过火的做法,她回信的对象选择了"EMC(北京)、EMC(成都)、EMC(广州)、EMC(上海)"。这样一来,EMC 中国公司的所有人都收到了这封邮件。

邮件的发送开始在 EMC→Microsoft→MIC→HP→SAMSUNG→Honeywell→Thomson→Motorola→Nokia→GE……这些大名鼎鼎的大多为 IT 或电子类相关外企之间循环,并且很快成为了社会热门事件。事情发生的一周内,该邮件被数千名外企白领接收和转发,几乎每个人都不止一次收到过此邮件,很多人还在邮件上留下了诸如"真牛"、"解气"、"骂得好"之类的点评。其中流传最广的版本署名居然达 1000 多个,而这只是无数转发邮件中的一个而已。

"秘书门事件"发生以后，瑞贝卡辞职，陆纯初更换女秘书；近日，陆纯初离开 EMC 公司，官方解释是业绩原因……至此，EMC、陆纯初、瑞贝卡三方尽输，"秘书门事件"告一段落。

思考与分析

(1) 结合本案例中体现出的跨文化沟通问题，分析文化因素在此类沟通中的影响作用。

(2) 你怎么看待秘书瑞贝卡的做法？为什么？

参考文献

1. 李锡元.管理沟通[M].武汉:武汉大学出版社,2006.

2. 张昊民.管理沟通[M].上海:格致出版社(上海人民出版社),2008.

3. 查尔斯·E.贝克.管理沟通——理论与实践的交融[M].康青等译.北京:中国人民大学出版社,2003.

4. 苏勇,罗殿军.管理沟通[M].上海:复旦大学出版社,1999.

5. 约翰·V.希尔,考特兰·L.博韦.卓越的商务沟通(第7版)(翻译版)[M].张莉,杨洋译.北京:北京大学出版社,2010.

6. 卢有杰,王勇.项目管理知识体系指南[M].北京:电子工业出版社,2005.

7. 郭文臣.管理沟通[M].北京:清华大学出版社,2010.

8. 安德鲁·杜布林.心理学与工作[M].王佳艺译.北京:中国人民大学出版社,2007.

9. W. L. Benoit. Apologies, Excuse, and Accounts: A Theory of Image Restoration Discourse[M]. Albany, NY: State university of New York Press, 1996.

10. T. Coomos. Ongoing Crisis Communication: planning, managing and responding (2nd edition) [M]. London: Sage, 2007.

11. 陈晓萍.跨文化管理[M].北京:清华大学出版社,2009.

12. 林忆夏.当海归遭遇"逆文化冲击"[N].人民日报海外版,2012—03—02.

13. 魏江.管理沟通[M].北京:高等教育出版社,2009.

14. (美)基蒂·洛克.商务与管理沟通[M].梁波洁译.北京:机械工业出版社,2000.

15. (美)迈克尔·E.哈特斯利,林达·麦克詹妮特.管理沟通原理与实践[M].北京:机械工业出版社,2000.

16. (美)玛丽·蒙特.管理沟通指南——有效商务写作与交谈[M].钱小军等译.北京:清华大学出版社,2003.

17. (美)基恩·泽拉兹尼.用图表说话:高级经理形象化沟通指南[M].刘军译.长春:长春出版社,2002.

18. (美)巴巴拉·明托.金字塔原理:思考、写作和解决问题的逻辑[M].北京:民主与建设出版社,2006.

19. (美)盖伊·拉姆斯登,唐纳德·拉姆斯登.群体与团队沟通[M].北京:机械工业出版社,2001.

打造学术精品　服务教育事业

河南大学出版社

读者信息反馈表

尊敬的读者：

感谢您购买、阅读和使用河南大学出版社的____________________一书，我们希望通过这张小小的反馈表来获得您更多的建议和意见，以改进我们的工作，加强我们双方的沟通和联系。我们期待着能为您和更多的读者提供更多的好书。

请您填妥下表后，寄回或发 E－mail 给我们，对您的支持我们不胜感激！

1. 您是从何种途径得知本书的：

□书店　□网上　□报刊　□图书馆　□朋友推荐

2. 您为什么决定购买本书：

□工作需要　□学习参考　□对本书感兴趣　□随便翻翻

3. 您对本书内容的评价是：

□很好　□好　□一般　□差　□很差

4. 您在阅读本书的过程中有没有发现明显的专业及编校错误？如果有，它们是：

____

____

____

5. 您对哪一类的图书信息比较感兴趣：____________________

____

6. 如果方便，请提供您的个人信息，以便于我们和您联系（您的个人资料我们将严格保密）：

您供职的单位：____________________

您教授的课程（老师填写）：____________________

您的通信地址：____________________

您的电子邮箱：____________________

请联系我们：

电话：0371－86059712　0371－86059713　0371－86059715　0371－86059721

传真：0371－86059713

E－mail：hdgdjyfs@163.com

通信地址：河南省郑州市郑东新区 CBD 商务外环路商务西七街中华大厦 2304 室

河南大学出版社高等教育出版分社